HAIYANG YUYE SHIHUA
ZHEJIANG

浙 江
海洋渔业史话

白 斌 叶怡希 何 宇 著

◆ "浙江海洋文化史话丛书" ◆

韩伟表 程继红 主编

浙江工商大学出版社
ZHEJIANG GONGSHANG UNIVERSITY PRESS

杭州

图书在版编目（CIP）数据

浙江海洋渔业史话 / 白斌，叶怡希，何宇著. — 杭州：浙江工商大学出版社，2023.5
（浙江海洋文化史话丛书 / 韩伟表，程继红主编）
ISBN 978-7-5178-5193-6

Ⅰ. ①浙… Ⅱ. ①白… ②叶… ③何… Ⅲ. ①海洋渔业－渔业经济－经济史－史料－浙江 Ⅳ.
①F326.475.5

中国版本图书馆 CIP 数据核字（2022）第 217240 号

浙江海洋渔业史话
ZHEJIANG HAIYANG YUYE SHIHUA

白　斌　叶怡希　何　宇著

出 品 人	郑英龙
策划编辑	任晓燕
责任编辑	张晶晶
责任校对	何小玲
封面设计	芸之城
责任印制	包建辉
出版发行	浙江工商大学出版社
	（杭州市教工路 198 号　邮政编码 310012）
	（E-mail：zjgsupress@163.com）
	（网址：http://www.zjgsupress.com）
	电话：0571-88904980，88831806（传真）
排　　版	杭州朝曦图文设计有限公司
印　　刷	杭州宏雅印刷有限公司
开　　本	880 mm×1230 mm　1/32
印　　张	11.75
字　　数	276 千
版 印 次	2023 年 5 月第 1 版　2023 年 5 月第 1 次印刷
书　　号	ISBN 978-7-5178-5193-6
定　　价	96.00 元

总　序

　　浙江与海洋之间，是永恒的共存关系。这不但指自然地理上的浙江山海的相连，更指浙江文化与海洋的交融。

　　浙江的海洋文明可以上溯到 8000 多年前。2013 年发现的浙江余姚史前海岸贝丘遗址——井头山遗址，经考古发掘，出土了大量泥蚶、海螺、牡蛎、缢蛏、文蛤等海洋生物的贝壳，以及用大型贝壳加工磨制的一些贝器。井头山遗址是中国先民适应海洋、利用海洋的最早实证，表明浙江沿海地区是中国海洋文化的重要源头区域。它与河姆渡文化一起，向世人雄辩地证明浙江海洋文化的源远流长。

　　越人作为浙江先民，是中国海洋文化重要的创造者和发扬者。《越绝书·越绝吴人内传》记载："越王勾践反国六年，皆得士民之众，而欲伐吴……习之于夷。夷，海也。"《越绝·计倪内经》中，作者借越王勾践之口，把越人的濒海生活情景描述得更为详细，说他们生活的地区，"东则薄海，水属苍天，下不知所止。……浩浩之水，朝夕既有时，动作若惊骇，声音若雷霆"。于越人的海洋航行环境十分艰险，"波涛援而起，船失不能救，未知命之所维。念楼船之苦，涕泣不可止"。

　　《越绝书》有"地方志鼻祖"之称，更是浙江的第一部地方志。根据《越绝书》记载，身为浙江先民的越人是东夷的一脉，

所以其亘古的血统里就有海洋的因素。越人所居住的地方,紧邻海洋,而且还有许多越人,即后世所说的"外越",更是深入海洋,成为浙江众多岛民的先祖。由越人构成的古越族,也因此成为"我国最早面向海洋走向世界的民族"。

"外越"之后,代代都有大量内陆居民移居海岛。尤其是南宋时期,随着海洋活动的日益频繁,浙江沿海地区和海岛地区人口大增。舟山群岛等许多本来荒芜的岛屿,都成了兴旺发达之地。内陆文明和海洋文明日益交融。

浙江的海洋文明历史悠久,在后世的发展中,海洋始终是浙江人勇于探索的经济、社会和文化空间。可以说中国的海洋发展史,在浙江体现得尤为显著。

在海洋交通方面,浙江的宁波—舟山,是古代海上丝绸之路中线的最重要的起点。徐兢《宣和奉使高丽图经》有力证明了这条航线的存在。而唐代鉴真东渡在舟山避风的传说、郑和下西洋时船队的大船由浙江制造等,都昭显着浙江海域在对外交流中的重要贡献。

在海洋对外贸易方面,北宋政府在明州(宁波)开设的市舶司,是中国最早一批市舶司之一。元代政府在庆元(宁波)、澉浦(海盐)开设了市舶司。明代虽然厉行海禁,但朝廷特许宁波保留市舶司,专门用于与日本的"通贡"。这些都可以佐证浙江在中国海洋对外贸易中的重要地位。

在海洋渔业经济方面,从宋代就开始形成和辉煌的舟山渔场,至今都是中国海洋捕捞的核心区域。以大黄鱼、小黄鱼、带鱼和墨鱼四大经济鱼类为代表的海洋鱼类,广泛分布于舟山群岛等浙江海域。每到渔汛,浙江海域到处都是帆影桅灯,源源不断地为全国人民提供高质量的海洋食物。

在海疆海防方面,浙江海域更是书写了中国的苦难和辉煌。早在北宋时期,浙江嵊泗的洋山地区,就已经成为"北洋要冲"。南宋时期,朝廷在大洋山岛长期驻军。明代抗倭,浙江海域是最重要的战场,也是抗倭最坚强的防线。岑港大捷、普陀山大捷等著名抗倭战役,都发生在浙江境内。浙江定海还是两次鸦片战争的主战场。

浙江的海域是辽阔的,浙江的海洋人文是丰富的。这套"浙江海洋文化史话丛书",就是对数千年来浙江海洋文明产生、发展的图谱式记录和叙述。

浙江海洋文化历史的辉煌是当下海洋文化继续发展前行的基础和动力。2022年中国共产党浙江省第十五次代表大会报告提出,要"加快海洋强省建设"。"海洋强省",不仅是一个经济概念,而且是一个文化概念。浙江海洋强省建设,必定要同时推进浙江海洋文化建设。今天,我们梳理、描述浙江的海洋文化传统,既是温故,也是为了知新。

这个"新"是什么? 我们认为,这个"新"就是响应习近平同志在中国共产党第二十次全国代表大会上提出的"以中国式现代化全面推进中华民族伟大复兴"的号召。现代化强国必然包含海洋强国因素,所以"中国式"必然也包含了"中国式海洋文化建设"。因此这个"新",就是"中国式的海洋文化构建",也就是梳理、描述和打造中国式海洋话语和叙事体系。

海洋强省建设是新的海洋发展实践,必然又会产生新的海洋话语和叙事元素。这套"浙江海洋文化史话丛书"仅仅是对浙江海洋文明发展过程中一段时期的梳理和描述。希望它能为浙江海洋强省背景下的海洋文化建设提供一种借鉴和认识,为浙江的海洋强省建设、为中国式海洋话语和叙事体系构建贡献一点微薄力量。

韩伟表　程继红

前　言

　　渔业是中国传统农业的重要组成部分,是沿海、沿江和沿湖区域民众食物的重要来源之一。最新考古发现,中国原始先民对海洋生物资源的利用可以上溯到 8000 年前。浙江是中国重要的沿海省份,也是中国海洋经济最发达的区域之一。站在历史的长河中来看,浙江有着漫长的海洋渔业活动痕迹。不过由于文献记载的匮乏,我们已经无法在字里行间体会早期先民从事海洋渔业活动的智慧和艰辛。就海洋渔业史研究本身而言,对漫长历史时期被历朝政府所不重视的沿海经济活动,我们对其审视更多的是来自考古实物的支撑和地方文献的梳理。

　　随着浙江沿海考古挖掘成果的日益丰富,浙江对于海洋渔业起源的历史不断向前延伸。从最新的余姚井头山考古遗址挖掘成果来看,浙江的海洋渔业活动可以追溯到距今 8000 年前。之后的余姚河姆渡考古成果与其他秦汉时期考古成果,则进一步丰富和衔接了浙江沿海先民在海洋渔业采集活动与捕捞工具上的进步。中国古代早期,文字记载中涉及浙江海洋渔业的内容寥寥无几,《临海水土异物志》《答车茂安书》和《浙东论罢进海味状》较为集中地展示了秦汉至隋唐时期浙江海洋渔业的基本情况和特点。这一时期,潮间带的采集是浙江海洋渔业的主要形式,因此蚶、蛤等逐渐成为浙江远近有名的海产品。

另外,风干和盐渍等加工方式逐渐被使用和推广开来,成为浙江海洋水产加工的主要形式。

宋元以降,随着江南区域的开发和中国经济中心的南移,浙江沿海区域得以加速发展,人口规模的增长和先进渔业生产方式的探索都推动了这一时期海洋渔业的进步。基于罗盘技术的应用和造船技术的提高,浙江海洋渔业捕捞已经突破潮间带的限制,开始向近海进军。自宋代以来,浙江沿海地方志的编纂传统使得我们可以更为清晰地了解当时沿海渔民的海洋渔业活动情况。相关文献表明,宋元时期,浙江海洋渔业的规模较之前都有明显的扩大,渔业捕捞工具开始出现分化,人们对海洋鱼群活动的认知逐渐丰富。明清时期,尽管政府对浙江的海洋渔业活动有一定的管制,但海洋渔业的长足发展是毋庸置疑的。渔民对渔汛的掌握有利于捕捞产量的提高,养殖技术的进步推动了区域特色养殖的出现。此外,明清时期水产加工领域中冰鲜成为重要的加工与运销方式。明清时期,浙江海洋渔业的产业化不仅吸引大量沿海渔民参与到海洋生产活动中来,也进一步推动和完善了浙江传统海洋渔业经济各产业链。小到渔网的编织和天然冰的保藏,大到鱼行对水产行业的主导作用与各种渔业民间组织的出现,浙江传统海洋渔业产业结构愈加成熟。

自清朝晚期,涉及浙江海洋渔业的文献更加多样化。除了传统的地方志文献记载外,以海关档案和地方文人著述为代表的各类报告与文集从不同角度,运用不同方式描绘了晚清民国时期浙江海洋渔业活动的方方面面。值得注意的是,随着新式报刊的涌现,以《申报》为代表的一批报纸不间断地记录了浙江海洋渔业的日常活动。此外,随着新式水产学校的筹办和新式水产人才的培养,成长起来的新式水产人才在 20 世纪 30 年代对浙江沿海渔业情况做了非常科学和细致的调研,其所形成的调研报告不仅丰富了我们对近现代时期浙江海洋渔业活动的认知,而且让我们更为直观地了解到浙江沿海渔业活动的艰辛。随着新式捕捞和养殖技术的使用与推广,浙江海洋渔业缓慢但坚定地开始由传统渔业向现代渔业转变。

鸣　谢

宁波渔文化促进会
为本书提供图片

目 录
CONTENTS

浙江
海洋渔业史话

第一章　史前至宋元时期的浙江海洋渔业

浙江海洋渔业的发端可以追溯到史前时期浙江沿海先民在滩涂的海洋生物采集。此后,随着生产工具的进步,特别是船只与捕捞工具的发明,浙江沿海的渔业活动从滩涂逐渐向潮间带(潮间带是指平均最高潮位和最低潮位间的海岸,也就是海水涨至最高时所淹没的地方开始至潮水退到最低时露出水面的范围)和近海延伸。鱼类和各种贝壳类是这一时期的主要海产品。在海产品加工方面,干制和腌制是保藏海产品的主要方式。宋元时期,随着浙江海洋渔业的发展,相关的渔业税收成为地方政府财政收入的重要来源之一。从史料记载来看,至宋元时期,浙江沿海渔民已经掌握了鱼汛的规律,每年在特定时间从事海洋渔业捕捞活动。

一、史前时期的浙江海洋渔业

在史前时期,浙江沿海先民主要是通过采集食物来保证日常的饮食需求,定居农业的发展还需要很长时间。靠山吃山,靠海吃海,海洋生物成为浙江沿海先民食谱中的重要组成部分。潮起潮落,大量贝类生物在海滩上聚集,人们发现这些生物竟然是可以食用的。因此,在采集野果、猎捕陆地动物的同时,对在滩涂聚

集的海洋生物的捡拾,也成为浙江沿海先民的日常活动之一。可以说,捡拾滩涂海洋生物是浙江海洋渔业的发端。(图 1-1)

图 1-1　滩涂钩钓螃蟹

对早期人类的渔业活动,英国学者布莱恩·费根(Brian Fagan)认为其源自"人性中的机会主义倾向",并以 200 万年前非洲人的渔业活动进行举例:

> ……200 万年前,我们的非洲祖先小心翼翼地观察水塘,等待鲇鱼浮出水面,然后紧紧抓住这个难得的机会。他们要悄悄接近鲇鱼,不能让自己的身影投射在水面上,再以极其灵巧的手法将困在浅水滩中的鲇鱼抓出来。捉鲇鱼的技巧在于懂得选择观察鲇鱼出现的时间和方位,这跟采集蜂蜜、与狮子夺食和追赶小羚羊是同一个道理,只不过抓鲇鱼是在水里作业而已。我们很难把这种活动称为"捕鱼",它更像是一种延续了数万年并带有机会主义色彩的狩猎活动。

> 虽然软体动物比鱼容易抓,但上述观察方法也同样需要。蛤蜊、帽贝、牡蛎和海螺都是成群结队生长在一起的,至于能否采集到,要取决于它们的可采性、水流或潮汐状

况。与鱼类一样,软体动物也是一种起补充性作用而非人们首选的食物。对采集狩猎者来说,贝壳是一种可预知的食物,也是维持生命的保障。每到深冬和春季,其他事物供应不足时,人们就去河床寻找软体动物。①

从现有考古发掘可知,浙江早期沿海先民所捡拾的海洋生物主要是海生贝壳和鱼类。海洋植物在这一时期应该也已进入沿海居民的食谱,只不过因为基本无法保存而至今未被发现。与内地居民的饮食历史一致,浙江沿海先民对海洋生物的加工也经历了从生食到熟食的过程。不过,这一加工方式的改变应该经历了漫长的历史岁月。人类演变的历史可以追溯到 25 万年前,而目前浙江考古挖掘显示,浙江先民使用熟食的历史不晚于距今 8000 年。

2020 年,除了蔓延全球的新冠疫情外,更值得浙江居民关注的就是余姚井头山遗址的挖掘成果。随着井头山遗址挖掘成果的陆续公开,浙江的历史,特别是海洋文明的历史向前推进到距今 8300 年前。(图 1-2)

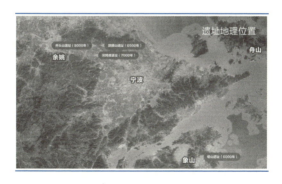

图 1-2　宁波史前遗址地理位置

---

① 〔英〕布莱恩·费根:《海洋文明史:渔业打造的世界》,新世界出版社 2019 年版,前言 vi—vii。

井头山遗址位于浙江省宁波市余姚市三七市镇,临近河姆渡遗址和田螺山遗址。2013 年 10 月,该遗址因厂房建设打桩而被发现,遗址埋藏在地表之下 8 米左右。2014 年以来,经考古勘探确认为一处埋藏很深、时代较早的史前文化遗址。2019 年 9 月,经国家文物局批准立项、浙江省文物局统筹组织,由浙江省文物考古研究所联合宁波市文物考古研究所、余姚河姆渡遗址博物馆等对该遗址进行了考古发掘。2020 年 5 月 30 日上午,浙江省余姚市井头山遗址考古发掘成果正式发布:"井头山遗址是浙江境内首次发现的一处史前贝丘遗址,也是中国沿海地区年代最早、埋藏最深的一处史前贝丘遗址。该遗址的发现将宁波地区的人类活动史和文明发展史前推到了距今 8000 年前。"此外,井头山遗址"出土大量精美的陶器、石器、木器、骨器、贝器等人工遗物和早期稻作遗存,以及极为丰富的水生、陆生动植物遗存,考古工作取得了突破性收获"[1]。孙国平认为:"把井头山先民居住的环境想象为一个渔村,他们住在海边的山脚上。如果海面上涨,他们就往山上退;如果海面下降,就往山下走。最东边就已经是当时的海面了。"井头山遗址发现的贝类中,"牡蛎最多,其次是蚶、螺、蛏、蛤,都是纯天然的"。除此之外,遗址所发现的草篓、草筐痕迹显示,这些容器除了盛放海产品外,还有可能作为捕捞工具用于滩涂浅水区捕鱼。[2] 同时,井头山遗址还发现了少量稻作遗存,由此表明,井头山先民的农业生产方式其实已经开始从采集、捕猎为主向以稻作农业

---

① 顾小立、郑梦雨、冯源:《浙江余姚发现早于河姆渡文化 1000 年的史前遗址》,新华网,2020-05-30,http://www.xinhuanet.com/politics/2020-05/30/c_1126053761.htm.

② 冯源、顾小立、郑梦雨:《"河姆渡之祖"与中国海洋文化基因》,《新华每日电讯》,2020 年 6 月 19 日第 10 版。

与采集作业并重转移。

到了晚于井头山遗址 1000 余年、距今 7000 年的河姆渡文化遗址，浙江先民已经进入以稻作农业为主、采集渔猎为辅的农业社会形态。经过大规模的考古发掘发现，河姆渡遗址出土的大量珍贵动物遗存中涉海类动物有 15 种，其中无脊椎动物 3 种，脊椎动物 12 种。（表 1-1）

表 1-1　浙江余姚河姆渡遗址中涉海类动物种类统计

无脊椎动物 Invertebrata		无齿蚌 Anodonta sp.；方形环棱螺 Bellamya quadrata Benson；锯缘青蟹 Scylla serrata（Forskal）
脊椎动物 Vertebrata	鱼类 Pisces	真鲨 Carcharhinus sp.；鲟 Acipenser sp.；鲤 Cyprinus sp.；鲫鱼 Carassius auratus；鳙 Aristichthys sp.；鲇 Parasilurus asotus；黄颡鱼 Pseudobagrus fulvidraco（Richardson）；鲻鱼 Mugil cephalus L.；灰裸顶鲷 Gymnocranius griseus（Temm. & Schl.）；乌鳢 Ophiocephalus argus Cantor
	爬行类 Reptilia	海龟 Cheloniamydas（L.）
	哺乳类 Mammalia	鲸 Cetacea indet.

数据来源：魏丰、吴维棠、张明华、韩德芬：《浙江余姚河姆渡新时期时代遗址动物群》目录，海洋出版社 1989 年版。

从表 1-1 中的鱼类而言，我们不仅看到淡水鱼类，还有大量的海水鱼类，甚至包括鲨鱼等深海鱼类。考古发现，当时河姆渡居民的肉食来源主要是水生动物。"被食用的水生动物，有一部分是属于海产，如鲨鱼（图 1-3）、鲸。"由此可见，除了农业生产外，当时人们的狩猎活动主要是下水捕捞，其捕捞区域涉

图 1-3 宽尾斜齿鲨

及海滨滩涂和近岸浅海①。除了前面提到的鲨鱼和鲸鱼,还有螃蟹、海龟和贝类等。除此之外,河姆渡遗址还出土了大量的土骨镞。考古学家认为,当时河姆渡居民应该已经可以使用弓箭射杀水中的鱼类,同时使用芦苇编织的渔网捕捞也是存在的。此外,在余姚河姆渡遗址发掘出来的木桨和跨湖桥遗址出土的独木舟均证实了当时的浙江沿海居民已经可以在沿着海岸的潮间带上进行捕捞活动,而不仅限于在海滩上进行采集作业。不过,尽管通过考古挖掘和相应的技术鉴定,我们发现了大量可供人们食用的海洋生物,里面甚至有鲨鱼和鲸鱼等深海生物,但我们有理由相信,在风帆技术没有发明之前,人们是很难跨越潮间带海域的。这些捕捞到的深海生物更多的是偶然进入潮间带被人们捕捞,或自然搁浅到海滩上被人们食用。

1976 年,考古学家在舟山岛的定海小碶跟发掘出"一批完整的直径 5 厘米左右的蚶、蛤"等贝类化石。结合之前考古学家在舟山衢山发掘的新石器时代文物,可以肯定"早在公元前4500 年间舟山主要的几个岛屿上就有人类定居,并且已在从事

---

① 魏丰、吴维棠、张明华、韩德芬:《浙江余姚河姆渡新时期时代遗址动物群》,海洋出版社 1989 年版,第 95 页。

采捕鱼贝类的活动了"①。此外,考古学家在温州永嘉和乐清相继发现的石网坠、蟹化石、石锚、铜鱼钩等文物,说明在距今4000—5000 年前的新石器时代,浙江沿海居民已经在浙江沿海浅海滩涂使用网具捕捞鱼类了②。另外,同时期良渚遗址发现的大量竹编器物证实了浙江北部已经出现了专门用于鱼类捕捞的网具——"倒梢"③。

二、远古至汉唐时期的浙江海洋渔业

从远古时期到秦王朝的建立,包括浙江的中国沿海区域在海洋渔业捕捞活动中经历了两个变化:一个是捕捞工具的变革,另一个是捕捞船只的变化。尽管在现存的浙江本地文献中我们很难看到这一变化过程中浙江沿海渔业捕捞活动的记载,但随着国家政权的统一,北方沿海的渔业生产技术与南方沿海的渔业生产技术的交流是实际存在的。因此我们可以从当时全国性的对于海洋渔业描述的文献中去窥视浙江海洋渔业发展的轮廓。

---

① 《舟山渔志》编写组编著:《舟山渔志》,海洋出版社 1989 年版,第 10 页。

② 浙江省水产志编纂委员会编:《浙江省水产志》,《浙江省志丛书》,中华书局 1999 年版,第 96 页。

③ 林华东:《浙江通史》(史前卷),浙江人民出版社 2005 年版,第 302—303 页。

图 1-4 岸礁作业

先秦文献中已经有诸多帝王命令海中捕鱼的记载,除了用渔网在潮间带捕捞外(图 1-4),还有使用带绳索的标枪和弩箭来射杀大型海洋生物的活动,这表明浙江沿海先民已经开始探索近海捕鱼。如《竹书纪年》载:帝芒十三年(前 1838),"东狩于海,获大鱼"①。《管子》载:"渔人之入海,海深万仞,就彼逆流,乘危百里,宿夜不出者,利在水也。"②此外,战国中期哲学家庄子(约前 369—前 286)的代表作《庄子》中就收录了两篇与海洋渔业有关的故事:

庄周家贫,故往贷粟于监河侯。监河侯曰:"诺。

① [清]陈逢衡:《竹书纪年集证》卷十一《帝芒》,清嘉庆癸酉年(1813)裛露轩藏版,载《续修四库全书》编纂委员会编:《续修四库全书》第三三五册《史部·编年类》,上海古籍出版社 2002 年版,第 149 页。
② [唐]房玄龄注,[明]朱长春榷:《管子榷》卷十七《禁藏第五十三·杂篇三》,明万历壬午年(1582)刊本,载《续修四库全书》编纂委员会编:《续修四库全书》第九七○册《子部·法家类》,上海古籍出版社 2002 年版,第 250 页。

我将得邑金,将贷子三百金,可乎?"庄周忿然作色曰:
"周昨来,有中道而呼者,周顾视车辙,中有鲋鱼焉。
周问之曰:'鲋鱼来,子何为者邪?'对曰:'我,东海之
波臣也。君岂有斗升之水而活我哉!'周曰:'诺,我且
南游吴越之王,激西江之水而迎子,可乎?'鲋鱼忿然
作色曰:'吾失我常与,我无所处。吾得斗升之水然活
耳。君乃言此,曾不如早索我于枯鱼之肆。'"

任公子为大钩巨缁,五十犗以为饵,蹲乎会稽,投
竿东海,旦旦而钓,期年不得鱼。已而大鱼食之,牵巨
钩,陷没而下。骛扬而奋鬐,白波若山,海水震荡,声
侔鬼神,惮赫千里。任公子得若鱼,离而腊之,自制河
以东,苍梧已北,莫不厌若鱼者。已而后世辁才讽说
之徒,皆惊而相告也。夫揭竿累,趣灌渎,守鲵鲋,其
于得大鱼难矣!饰小说以干县令,其于大达亦远矣。
是以未尝闻任氏之风俗,其不可与经于世亦远矣![1]

鲋鱼,又称鲫鱼,可在淡水与海水中存活。从第一则故事就
可以看出,时人对鲋鱼的认识已经非常清晰,海水和江水均能救
活鲋鱼。第二则故事则是对浙江沿海捕鱼活动的描述。会稽地
处浙江沿海,"制"通"浙"。任公子在浙江沿海用牛为饵钓鱼,最
后捕杀到鲸鱼,可见当时海洋捕捞技术的进步。其对鲸鱼活动的
描述:"骛扬而奋鬐,白波若山,海水震荡,声侔鬼神,惮赫千里。"

---

[1] [清]王先谦:《庄子集解》卷七《杂篇·外物第二十六》,清宣统己
酉(1909)闰三月思贤书局刻本,载《续修四库全书》编纂委员会编:《续修
四库全书》第九五八册《子部·道家类》,上海古籍出版社 2002 年版,
第 202 页。

是对海洋捕捞活动的描述,具有很高的文学价值。另外,值得注意的是,"腊"体现了当时的渔业加工技术,即当时的人们已经掌握了将鱼肉用海盐浸渍后晒干的保鲜技术,使得鱼肉可以从捕捞地长途运输到浙江沿海以外的其他区域而未腐烂。

中国的渔业管理有非常悠久的历史。伴随海洋渔业生产,相关的组织管理和海产品分配已经逐渐形成系统性的惯例。但由于没有文字记载,仅凭考古成果,我们目前仍无法推断出原始社会时期涉及海洋渔业的管理形态。到了原始社会末期,根据之后的文献记载,当时的舜就曾设置"虞"的职位,该职位的职责之一就是掌管"打猎捕鱼和驯养家畜、家禽",而伯益是第一个掌管这项职务的官员①。到了夏朝,随着文字的出现,涉及渔业管理的文献逐渐增多。针对当时滥捕渔业资源和滥伐森林等现象,禹制定了中国历史上第一个保护渔业的法令:"春三月山林不登斤斧,以成草木之长;夏三月川泽不入网罟,以成鱼鳖之长。"②意思就是夏季的三个月是鱼类繁殖的季节,禁止渔网下水捕鱼,让其休养生息。(图1-5)这一法令的实施和目前在中国沿海针对不同海产品实施的禁渔期有同样的作用,可见当时的人们就已经有了保护渔业资源的意识和具体措施。到周朝,周文王也颁布了类似的禁令,"山林非时不升斤斧,以成草木之长;川泽非时不入网罟,以成鱼鳖之长"③。成书于战国时期的《管

---

① 浙江省水产志编纂委员会编:《浙江省水产志》,《浙江省志丛书》,中华书局1999年版,第697页。

② 佚名撰,袁宏点校:《逸周书》卷四《大聚解第三十九》,载[晋]皇甫谧等撰,陆吉等校点:《帝王世纪·世本·逸周书》,齐鲁书社2010年版,第38页。

③ 佚名撰,袁宏点校:《逸周书》卷三《文传解第二十五》,载[晋]皇甫谧等撰,陆吉等校点:《帝王世纪·世本·逸周书》,齐鲁书社2010年版,第18页。

图 1-5　谢洋节

子》载："江海虽广,池泽虽博,鱼鳖虽多,罔罟必有正,船网不可一财而成也。非私草木爱鱼鳖也,恶废民于生谷也。"①这段话的意思是:江河湖海虽然很宽,池塘沼泽虽然很大,鱼类资源虽然很多,但捕捞的网眼必须有大有小,船网之民不可只依靠单一财路来维持生活。这并不是对草木、鱼鳖有偏爱,而是怕人民荒废了粮食的生产。从这一记载可以看到,当时政府对海洋渔业的管理已经涉及捕捞工具的限制,不允许竭泽而渔,过度捕捞。

　　先秦时期,从相关文献记载来看,除了关于渔禁的法令外,政府还出台了诸多涉及渔业生产和渔业民俗方面的规定,其中论述最全面的当首推《礼记》。《礼记》卷六《月令》对不同月份

---

　　①　[唐]房玄龄注,[明]朱长春榷:《管子榷》卷五《八观第十三》,明万历壬午年(1582)抄本,载《续修四库全书》编纂委员会编:《续修四库全书》第九七〇册《子部·法家类》,上海古籍出版社 2002 年版,第 80 页。

的渔业活动均有相应的规定,具体内容如下:

孟春之月(一月),"东风解冻,蛰虫始振,鱼上冰,獭祭鱼,鸿雁来";

仲春之月(二月),"毋竭川泽,毋漉陂池,毋焚山林";

季春之月(三月),"天子始乘舟,荐鲔于寝庙,乃为麦祈食";

季夏之月(六月),"命渔师伐蛟、取鼍、登龟、取鼋,命泽人纳材苇";

季秋之月(九月),"鸿雁来宾,爵入大水为蛤(图1-6),鞠有黄华,豺乃祭兽戮禽";

孟冬之月(十月),"水始冰,地始冻,雉入大水为蜃,虹藏不见";"乃命水虞渔师,收水泉池泽之赋";

季冬之月(十二月),"命渔师始渔,天子亲往,乃尝鱼,先荐寝庙;冰方盛,水泽腹坚,命取冰,冰以入"①。

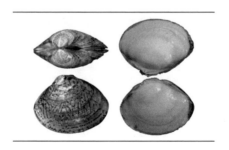

图1-6　文蛤

---

① [清]王夫之:《礼记章句四十九卷》卷六《月令》,清同治四年(1865)刊本,载《续修四库全书》编纂委员会编:《续修四库全书》第九八册《经部·礼类》,上海古籍出版社2002年版,第141、145、147、153—154、160、162、164、167页。

从上述记载内容可以看到,在先秦时期,中国已经有专门从事渔业管理和生产的"渔师",人们对水生生物已经有了初步的认知。同时,除按季节从事捕捞活动外,水产品的天然冰保鲜技术已经出现。这一时期,对水产品的管理主要是对捕捞时间的管理,还没有出现专门的涉及海洋渔业的管理内容。浙江海洋渔业管理仍处在酝酿阶段,这与当时浙江海洋渔业生产仍没有大规模展开有关。此外,上述文献记载中值得注意的是,在水产品消费领域,海鲜除了日常饮食外,已经用于祭祀活动。出于祭祀活动的需要,中国沿海区域所产海产品经常以贡品的形式上交朝廷①。

吴越时期的文献记载表明,浙江海洋渔业资源的开发已经渐成规模。如《国语》载:越自建国即"滨于东海之陂,鼋鼍鱼鳖之与处,则蛙黾之与同陼"②。勾践与吴人作战失败后,逃亡浙东沿海,"上栖会稽,下守海滨,唯鱼鳖见矣"③。《史记》载,"楚越之地,地广人稀,饭稻羹鱼,或火耕而水耨,果隋蠃蛤,不待贾而足,地势饶食,无饥馑之患,以故呰窳偷生,无积聚而多贫"④。尽管没有文献记载,但我们可以推断出当时海产品的销售已经

①　[清]简朝亮:《尚书集注述疏》卷三《夏书禹贡》载青州"厥贡盐絺,海物惟错",清光绪三十三年(1907)刻本,载《续修四库全书》编纂委员会编:《续修四库全书》第五二册《经部·书类》,上海古籍出版社2002年版,第153页。

②　[战国]左丘明著,[三国吴]韦昭注、胡文波校点:《国语》卷二十一《越语下·范蠡谏勾践勿许吴成卒灭吴》,上海古籍出版社2015年版,第441页。

③　[汉]赵晔撰,[明]吴管校:《吴越春秋》卷三《夫差内传第五》,载王云五主编:《丛书集成初编》,商务印书馆1937年版,第87页。

④　[汉]司马迁:《史记》卷一百二十九《货殖列传》第六十九,中华书局1963年版,第3270页。

具备了突破沿海岸线区域、向内陆辐射的能力。受地理环境和
饮食习惯的影响,越人十分喜欢吃鱼、虾等海产品。相传越王
勾践有一天对范蠡说:我老待在山上,很长时间没有吃上鱼肉
了。于是范蠡便献计提倡人工养鱼,解决山区吃鱼难的问题①。
之后,范蠡在《养鱼经》一文中颇有见地描述了渔业养殖的经济
价值②,在范蠡眼中渔业养殖是当时农副业生产中最赚钱的方
法。从其论述内容我们可以推测出,这一时期浙江渔业养殖已
经兴盛起来。

春秋战国时期,海洋渔业捕捞已经成为中国沿海诸侯国的
主要活动与富强的源泉之一,越国也成为当时"海王之国"之
一。由于地理环境的影响,在以海产品为主要肉食来源的浙江
沿海区域,人们对海产品的需求是十分巨大的。当加工的海产
品可以长途运输的时候,海洋渔业的消费市场也随之扩展,进
而带动海洋渔业捕捞的进一步发展。这些都为海洋渔业成为
独立的海洋经济产业奠定了基础。另外,值得注意的是,先秦
时期风帆技术的出现和推广使得浙江沿海渔船的捕捞活动区
域突破了潮间带的限制,进入茫茫大海之中。但早期造船与航
海技术的不成熟使得其活动主要集中在近海区域。此外,浙江
沿海人口的稀少也一定程度上限制了渔船的近海活动,因为潮
间带的捕捞和采集就已经能够满足沿海居民对海产品的消费
需求。

秦汉时期,海洋渔业已经成为浙江农业生产的重要组成部

---

① 徐建春:《浙江通史》(先秦卷),浙江人民出版社 2005 年版,
第 150 页。

② [宋]李昉等:《太平御览》卷九百三十六《鳞介部八·鲤鱼》,宋庆
元五年(1199)刊本,《景印文渊阁四库全书》第九〇一册《子部第二〇七
册·类书类》,(台北)台湾"商务印书馆"1986 年版,第 353、354 页。

分。汉代宁波所产列鲔酱已经被列为贡品,有"四方玉食之冠"的美称①。可见当时浙江海产品加工除了曝晒,还可以做成酱制品保藏。(图1-7)此外,奉蚶之类的贝类海鲜已成为宁波居民佐餐的佳品。2005年11月28日,由浙江省考古研究所、宁波市考古研究所及奉化市(现奉化区)文物保护管理所组成的联合考古队,在奉化市(现奉化区)白杜村一个考古点的一座古墓中挖掘出满满的一罐奉蚶,重约2.5千克②。出土的奉蚶外壳色泽如新,保存完好。从挖掘到的器物推断,古墓年代为西汉中晚期。从古墓为土坑墓这一点,可以推断这一古墓的墓主为平民百姓,而出土的奉蚶系随葬物品。这说明早在2000多年前,奉化先民已经普遍食用奉蚶。(图1-8)2006年在奉化市白杜南岙石菊花地古墓群考古发掘中,考古人员在清理一座西汉晚期墓葬随葬的陶壶时,发现其中装满了贝壳③。盛贝壳的陶壶为当时人们日常生活用器,显然贝类应为死者随葬的食物。出土的近二百枚贝壳色泽如新,形状、质地与现在的贝壳并无多大区别,甚至还有几枚未食用过的蚶子。

　　秦汉时期,国家对海洋利益的关注大多集中在沿海社会的稳定和海洋盐业的开发上,对远洋贸易和海洋渔业的管理还处在初步的探索当中,这或许与当时海洋渔业经济发展仍未形成规模有关。不过当时渔税的征收管理工作就已经出现。秦朝设

---

　　①　王志邦:《浙江通史》(秦汉六朝卷),浙江人民出版社2005年版,第115页。

　　②　马一知:《白杜汉代古墓惊现满罐奉蚶,证明早在2000多年前奉邑先民已尝此佳肴》,中国宁波网,2005-11-29,http://news. cnnb. com. cn/system/2005/11/29/005048120. shtml。

　　③　陈朝霞、王力军:《奉化发现跨越汉唐古墓群,对研究浙东历史有意义》,浙江在线新闻,2006-05-25,https://zjnews. zjol. com. cn/05zjnews/system/2006/05/25/006638465. shtml。

图 1-7　酱青蟹

图 1-8　毛蚶

置少府官制,掌管"山海池泽之水"①,沿海渔税也属于少府征收
范围。少府下属的都水在中央和地方均有设置,主管水利设施

―――――――

①　[汉]班固撰,[唐]颜师古注:《汉书》卷十九上《百官公卿表第七
上》,中华书局 1964 年版,第 731 页。

18

的修护或收取渔税①。汉初承秦制,仍由少府下属的右属少府主管,不过这一时期征收的渔税供王室所有,不是政府税收。《后汉书·百官志》载:"王者以租税为公用,山泽陂池之税以供王之私用。"②正因为如此,当时渔税的征收其实与政府没有太大关系。《汉书·食货志》就记载了汉武帝、汉宣帝时期增加海洋渔税事宜,具体内容如下:

> 宣帝即位,用吏多选贤良,百姓安土,岁数丰穰,谷至石五钱,农人少利。时大司农中丞耿寿昌以善为算能商功利得幸于上,五凤中奏言:"故事,岁漕关东谷四百万斛以给京师,用卒六万人。宜籴三辅、弘农、河东、上党、太原郡谷足供京师,可以省关东漕卒过半。"又白增海租三倍,天子皆从其计。御史大夫萧望之奏言:"故御史属徐宫家在东莱,言往年加海租,鱼不出。长老皆言武帝时县官尝自渔,海鱼不出,后复予民,鱼乃出。夫阴阳之感,物类相应,万事尽然。今寿昌欲近籴漕关内之谷,筑仓治船,费直二万万余,有动众之功,恐生旱气,民被其灾。寿昌习于商功分铢之事,其深计远虑,诚未足任,宜且如故。"上不听。漕事果便,寿昌遂白令边郡皆筑仓,以谷贱时增其贾而籴,而利农,谷贵时减贾而粜,名曰常平仓。民便之。上乃下诏,赐寿昌爵关内侯。而蔡癸以好农使劝郡

---

①　吕宗力主编:《中国历代官制大辞典》(修订版),商务印书馆 2015 年版,第 715 页。

②　[宋]范晔撰,[唐]李贤等注:《后汉书》志第二十六《百官三·少府》,中华书局 1965 年版,第 3592、3600 页。

国,至大官。①

　　这一文字可以说是较早关于中国海洋渔业税收的记录,当时
汉朝皇室针对中国沿海各地的渔税加倍,应该也包括浙江沿海。
文中所载"海租"即是现在的渔税,海租加倍导致捕不到鱼,笔者
以为这应该是由渔税的征收方式决定的。在各种渔税中,以渔获
数量为主征收的渔税会直接影响到渔民捕捞的积极性。早期的
渔业捕捞大多是沿海农民在农闲期兼职作业,即沿海大多数渔民
本身也有农田,在渔民捕捞海产品的收益大为减少的情况下,宁
可放弃捕捞。这就是当时"海租"加倍导致渔民消极抵制,最终出
现"鱼不出"的原因。同时,作为高度依赖渔民经验的捕捞活动,
没有渔民引导,再加上地方士族的抵制,地方官府自行去捕捞基
本是找不到鱼群聚集海域的,更何况捕捞上来的海产品税收并不
归政府。除了征收渔税外,汉代上贡的海产品应该也是直接供皇
室使用的。如《汉书·地理志》载:"贡盐、绨,海物惟错。"②(师古
曰:葛之精者曰绨。海中物产既多,故杂献)

　　将渔税划归皇室收入的情况到东汉时期发生变化。东汉
光武帝刘秀将山泽陂池划归大司农,汉中央应由大司农中丞主
管此事,少府下属的都水在这一时期也转为郡国官职③。此后,
渔税正式列入政府的税收范围,边县各郡"有水池及鱼利多者
置水官,主平水收渔税。在所诸县均差吏更给之,置吏随事,不

---

　　① 〔汉〕班固撰,〔唐〕颜师古注:《汉书》卷二十四上《食货志第四
上》,中华书局 1962 年版,第 1141 页。
　　② 〔汉〕班固撰,〔唐〕颜师古注:《汉书》卷二十八上《地理志第八
上》,中华书局 1964 年版,第 1526 页。
　　③ 〔宋〕范晔撰,〔唐〕李贤等注:《后汉书》志第二十六《百官三·少
府》,中华书局 1965 年版,第 3600 页。

具县员"①。此外,除了征收渔税外,政府在特定时期会禁止捕鱼。如东汉永平年间(58—75),朝廷"下令禁民二业",即"谓农者不得商贾也"。该政策在实际执行中,"郡国以官禁二业,至有田者不得渔捕"。其实际情况是"今滨江湖郡率少蚕桑,民资渔采以助口实,且以冬春闲月,不妨农事。夫渔猎之利,为田除害,有助谷食,无关二业也"②。

三国时期(220—280),吴国丹阳太守沈莹(?—280)所著《临海水土异物志》为目前所见最早记载浙东沿海水产资源种类的著作。据现存佚文统计,该书记载的东南沿海的海洋捕捞动物有鹿鱼、土鱼、鲮鱼、比目鱼、鲤鱼、牛鱼、石首鱼、槌额鱼、黄灵鱼、印鱼、寄度鱼、邵鱼、陶鱼、石斑鱼(图1-9)、乌贼以及蚶、蛎、蛤蜊等90多种③。从种类众多的近海与远洋生物种类来看,这一时期包括浙江在内的东南沿海渔民已经掌握了驾船出海捕鱼的技术,无论是造船技术还是捕捞技术都随着捕捞区域的变化而进步。三国时期,渔税征收仍沿袭东汉之制,《三国志·吴孙皓传》载司空孟仁担任监池司马这一渔官时:"自能结网,手以捕鱼,作鲊寄母,母因以还之,曰:'汝为鱼官,而以鲊寄我,非避嫌也。'"④对此事,唐代诗人李瑞曾做《送吉中孚拜官归业》诗一首:"南入华阳洞,无人古树寒。吟诗开旧帙,带绶上荒

---

① 〔宋〕范晔撰,〔唐〕李贤等注:《后汉书》志第二十八《百官五·边县》,中华书局1965年版,第3625页。

② 〔宋〕范晔撰,〔唐〕李贤等注:《后汉书》卷三十九《刘赵淳于江刘周赵列传第二十九·刘般》,中华书局1965年版,第1305页。

③ 〔三国吴〕沈莹撰,张崇根辑校:《临海水土异物志辑校》(修订本),《中国农书丛刊综合之部》,农业出版社1988年版,第7—33页。

④ 〔晋〕陈寿撰,〔宋〕裴松之注:《三国志》卷四十八《吴书·三嗣主传第三·孙皓》,中华书局1959年版,第1169页。

坛。因病求归易,沾恩更隐难。孟宗应献鲊,家近守渔官。"①

图 1-9　青石斑鱼

西晋时期(265—317),浙江海洋渔业捕捞技术有了进一步发展,无论是渔业捕捞品种还是捕捞区域都有所扩展。吴郡人陆云(262—303)在《答车茂安书》中对浙江海洋渔业生产方式有详细的描述。

……[鄮]县去郡治,不出三日,直东而出,水陆并通。西有大湖,广纵千顷,北有名山;南有林泽;东临巨海,往往无涯,泛船长驱,一举千里。北接青、徐,东洞交、广,海物惟错,不可称名。遏长川以为陂,燔茂草以为田,火耕水种,不烦人力。决泄任意,高下在心。举锸成云,下锸成雨,既浸既润,随时代序也。官无逋滞之谷,民无饥乏之虑,衣食常充,仓库恒实。荣辱既明,礼节甚备,为君甚简,为民亦易。季冬之月,牧既毕,严霜陨而兼葭萋,林鸟祭而爵罗设,因民所

① 《御定全唐诗》卷二百八十五《李瑞》,清康熙四十二年(1703)御定本,《景印文渊阁四库全书》第九〇一册《集部第三六四册·总集类》,(台北)台湾"商务印书馆"1986年版,第694页。

欲,顺时游猎。结罝绕埋,密网弥山,放鹰走犬,弓弩乱发,鸟不得飞,兽不得逸。真光赫之观,盘戏之至乐也。若乃断遏海浦,隔截曲隈,随潮进退,(图 1-10)采蟏捕鱼,鳢鲔赤尾,鲲齿比目,不可纪名。鲙鳢鲅,炙鲥鮻,烝石首,臁鲨鳘,真东海之俊味,肴膳之至妙也。及其蟏蛤之属,目所希见,耳所不闻,品类数百,难可尽言也。①

图 1-10　串网作业

从此文中可以看到,与三国时期相比,两晋时期浙江的海洋渔业从原先的在潮间带采集捕捞开始逐渐向近海扩张,其最明显的证据就是一些海洋鱼类如石首鱼、鲅鱼已经成为烹饪的常见原料。这些鱼类一般无法在潮间带捕捉,唯一的可能就是当时浙江沿海渔民已经逐步掌握了近海捕捞技术,这也从另一面佐证了这一时期浙江沿海的渔船已经普遍使用风帆。海洋渔业生产技术的进步带来的是海味在浙东人民的饮食结构中逐渐占有重要地位。陆云举出的海鲜菜肴的烹饪技法有鲙、炙、蒸、臁(做成肉羹)等四种,制

---

① ［晋］陆云撰,黄葵点校:《陆云集》卷第十《书集·答车茂安书》,《中国古典文学基本丛书》,中华书局 1988 年版,第 174—175 页。

作方式相比秦汉时期有明显的增多。此外,陆云在《答车茂安书》中提到的烹饪原料还有蚌蛤之属、石首鱼科的鲵齿(银牙的鲵古称)、鲟科鱼类中的鳣鲔、鲽形目鱼类中的比目等。对于当时浙江海味的烹饪,时人写出了《会稽郡造海味法》一书,专门总结了会稽郡的饮馔经验①。在海产品加工方面,南朝时,今苍南县蒲城一带以毛虾焯食,余者晒干。腌鱼更是十分普遍,当时称腌制的鱼为鲊。东晋隆安年间(397—401),孙恩领导的起义军几次从海上进攻又退回海上,人数众多,说明会稽、临海郡海域一时间可以不依赖大陆的粮草供应而生存,其中水产品丰富不能不说是重要的因素②。

到唐代,据宁波人陈藏器(约 687—757)所著《本草拾遗》《日华子本草》,明州(宁波)常见海产品有淡菜、海蜇、牡蛎、鲳鱼、脆鲈、海虾、乌贼、蟳蜉、蚶、蛤等③。可见到唐代,除了海洋生物鱼虾蟹之外,包括淡菜等海洋植物也逐渐被采集,成为沿海居民日常生活中的常用食材。除此之外,唐代浙江在海产品的加工与保藏方法上也有所创新。干、腌、浸、糟、酱、鲙(把物料细切成丝,一般生食)、脯等成为海洋生物加工的常用方法,其中最为著名的如红虾米等干货,是非常利于储藏和远销的食品。除了干晒外,酒糟、腌渍也成为海产品保藏的常用手段。陈藏器总结民间经验,提到海蜇成为"常味",是利用明矾水淹渍,使其去毒、脱水、防腐、变白,说明预加工技术已被宁波人所掌握。

———————————

① 张如安、刘恒武、唐燮军:《宁波通史》(史前至隋唐五代卷),宁波出版社 2009 年版,第 183 页。

② 王志邦:《浙江通史》(秦汉六朝卷),浙江人民出版社 2005 年版,第 398、400 页。

③ 张如安、刘恒武、唐燮军:《宁波通史》(史前至隋唐五代卷),宁波出版社 2009 年版,第 353 页。

在海产品消费方面,唐五代明州已经可以熟练运用煮、炸、臛、鲊、炙、脯、汤等加工烹饪技法,并有所讲究食用美感和外观美感。如鲊的做法,以盐、米酿鱼为菹,熟而食之,即将鱼肉加盐和米(糁、米饭)一起酿制。(图1-11)酿制而成的鲊,经蒸熟后产生的特殊香味,是非常诱人的。至于各类鱼鲙、鱼头羹,也是常见的佐食佳品。在唐朝,浙江宁波是上贡海产品最多的地区之一,而且贡品除淡菜、海蛤少数几种为鲜货外,绝大多数为海产加工品,说明唐代浙江海洋渔业加工有一定程度的发展。

图1-11　醉鱼生

唐代,国家对海洋渔业的管理仍旧集中在渔业税收的征管上。根据张震东和杨金森合著《中国海洋渔业简史》论述,唐代海洋渔业税收包括两种形式:一种是土特贡品,凡是京城附近不易得到的重要海产品,都需要沿海各地进贡;二是"类似于土地人丁税的税课,或按渔户、蟹户征收,或按船只网具的大小和数量征收"[①]。

据现有文献资料记载,浙江向朝廷上供海鲜,最晚始于唐

① 张震东、杨金森:《中国海洋渔业简史》,海洋出版社1983年版,第52页。

代开元年间(713—741)。据《元和郡县图志》记载,温州开元年间上贡鲛鱼皮三十张,元和年间(806—820)上贡鲛鱼皮;台州开元年间上贡鲛鱼皮,元和年间上贡鲛鱼皮一百张①;明州元和年间上贡海肘子、红虾米、鲭子、红虾鲊、乌鲗骨②。鲛鱼皮即大海中皱唇鲨科动物白斑星鲨或其他鲨鱼的皮,有较高的药用价值。在当代,运用现代化捕鱼工具去捕杀鲨鱼尚且不是容易的事,唐代浙江沿海各州每年要上供一百三十张鲛鱼皮,其难度可见一斑。此外,其他同时期典籍也有浙江沿海温州、台州和明州上贡海鲜的记载。如《通典》载:临海郡(台州)上贡鲛鱼皮百张,永嘉郡(温州)上贡鲛鱼皮三十张③。《新唐书》载:明州上贡海味,台州和温州上贡蛟革④。

除上述海鲜外,唐代明州上贡的海味还有淡菜、蚶、蛤等。考虑到海鲜的保鲜时间,这些海鲜要在短时间内从浙江转运到京师,需要大量人力与交通工具转运。因此元和年间,时任华州刺史的孔戣上奏朝廷,以海味"自海抵京师,道路役凡四十三万人"为由,要求取消上贡⑤。不过孔戣的请求应该没有被接受,因为同时期的白居易就说:"明州岁进海物,其淡蚶非礼之

---

① [宋]陈耆卿:《[嘉定]赤城志》卷三十六《风土门·土贡》,清嘉庆戊寅年(1818)临海宋氏重梓本,《宋元方志丛刊》,中华书局1990年版,第7558页。

② [唐]李吉甫撰,贺次君点校:《元和郡县图志》卷第二十六《江南道二·浙东观察使》,中华书局1983年版,第626、627、629页。

③ [唐]杜佑:《通典》卷六《食货六·赋税下·大唐》,《景印文渊阁四库全书》第六〇三册《史部第三六一册·政书类》,(台北)台湾"商务印书馆"1986年版,第65页。

④ [宋]欧阳修、[宋]宋祁:《新唐书》卷四十一《志第三十一·地理五·江南道》,中华书局1975年版,第1061、1063页。

⑤ [宋]欧阳修、[宋]宋祁:《新唐书》卷一百六十三《列传第八十八·孔戣》,中华书局1975年版,第5009页。

味,尤速坏,课其程,日驰数百里。"①长庆二年(822)担任御史大夫浙东观察使的元稹在赴任途中看到从明州上贡的海物,以"明州岁贡蚶,役邮子万人,不胜其疲"为由②,上奏《浙东论罢进海味状》请求朝廷停止上贡,其全文如下:

> 浙江东道都团练、观察、处置等使当管明州,每年进淡菜一石五斗、海蚶(图 1-12)一石五斗。

图 1-12　蚶子

> 右件海味等,起自元和四年,每年每色令进五斗。至元和九年,因一县令献表上论,准诏停进,仍令所在勒回人夫,当处放散。至元和十五年,伏奉圣旨,却令供进,至今每年每色各进一石五斗。臣昨之任,行至泗州,已见排比递夫。及到镇询问,至十一月二十日

----

① ［清］董诰等辑:《钦定全唐文》卷六百七十九《白居易二十四·书右仆射河南元公墓志铭并序》,清嘉庆十九年(1814)刻本,载《续修四库全书》编纂委员会编:《续修四库全书》第一六四五册《集部·总集类》,上海古籍出版社 2002 年版,第 273 页。
② ［宋］欧阳修、［宋］宋祁:《新唐书》卷一百七十四《列传第九十九·元稹》,中华书局 1975 年版,第 5229 页。

方合起进,每十里置递夫二十四人。明州去京四千余里,约计排夫九千六百余人。假如州县只先期十日追集,犹计用夫九万六千余功,方得前件海味到京。臣伏见元和十四年,先皇帝特诏荆南,令贡荔枝,陛下即位后,以其远物劳人,只令一度进送,充献景灵,自此停进,当时书之史策,以为美谈。去年江淮旱俭,陛下又降德音,令有司于旨条之内,减省常贡。斯皆陛下远法尧舜,近法太宗,减膳恤灾、爱人惜费之大德也。况淡菜等味,不登于俎豆,名不载于方书,海物咸腥,增痰损肺,俗称补益,芺是方言。每年常役九万余人,窃恐有乖陛下罢荔枝、减常贡之盛意,芺守土之臣不敢备论之过也。臣别受恩私,合尽愚恳,此事又是臣当道所进,不敢不言。如蒙圣慈特赐允许,伏乞赐臣等手诏勒停,仍乞准元和九年敕旨,宣下度支、盐铁,所在勒回。实冀海隅苍生,同沾圣泽。谨录奏闻,伏候敕旨。

中书、门下牒　牒浙东观察使

当道每年供进淡菜一石五斗,海蚶一石五斗。

牒:奉敕:"如闻浙东所进淡菜、海蚶等,道途稍远,劳役至多。起今已后,并宜停进,其今年合进者,如已发在路,亦宜所在勒回。"牒至,准敕故牒。①

不过从之后的文献记载来看,浙东上贡海鲜可能并未被废止。据《南部新书》记载,唐文宗大和年间(827—835),皇帝"颇

---

①　[清]董诰等辑:《钦定全唐文》卷六百五十一《元稹五·浙东论罢进海味状》,清嘉庆十九年(1814)刻本,载《续修四库全书》编纂委员会编:《续修四库全书》第一六四四册《集部·总集类》,上海古籍出版社 2002 年版,第 586—587 页。

好食蛤蜊,沿海官吏先时递进,人亦劳止"①。从文献记载来看,唐代无论是百姓庶子还是皇室贵族都把鱼作为佳肴,这是唐以前无法比拟的②。除征收渔税外,与汉代类似,唐朝对渔业也出台了一些禁令,其禁令执行的范围也包含浙江沿海。《唐会要》卷四十一《断屠钓》中就有很多涉及禁渔的条目,如开元十八年三月二十八日敕"诸州有广造簺沪取鱼并宜禁断"(图1-13),建中元年五月敕"自今已后每年五月宜令天下州县禁断采捕弋猎"③。

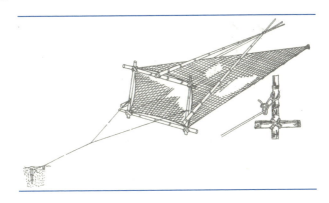

图 1-13　三杠张网

---

① [宋]钱易撰,黄寿成点校:《南部新书》卷戊,《唐宋史料笔记丛刊》,中华书局 2002 年版,第 71 页。

② 苏永霞:《从〈全唐诗〉看唐代渔业》,《农业考古》2010 年第 4 期,第 219—227 页。

③ [宋]王溥:《唐会要》卷四十一《断屠钓》,《景印文渊阁四库全书》第六〇六册《史部第三六四册·政书类》,(台北)台湾"商务印书馆"1986年版,第 543、544 页。

三、宋元时期的浙江海洋渔业

两宋时期(960—1279),浙江沿海渔民捕鱼的种类和范围又有了进一步的增加。北宋《[宝庆]四明志》卷四《郡志卷第四·叙产》记载,当时宁波海洋渔业资源开发的种类有①:"草之品"的紫菜、海藻;"水族之品"的鲈鱼、石首鱼、鲥鱼、春鱼、鲵鱼、鲳鳏、鲨鱼、比目鱼、带鱼、鳗、华脐鱼、鲟鳇鱼、乌贼、章巨、鼍鱼、箭鱼、鲝鱼、银鱼、蠷鱼、白鱼、梅鱼、火鱼、短鱼、虹鱼、地青鱼、竹夹鱼、肋鱼、马鲛鱼(图 1-14)、鲻鱼、鳢鱼、吹沙鱼、泥鱼、箬鱼、黄滑鱼、吐哺鱼、阑胡、鮀鱼、蝤蛑、籚、螃蟹、彭越、蚌、海月、鰕、鲎、蛤、淡菜、蝥、蛎房、鲤、江珧、螺、车螯、蛤蜊、蛏子、蚶子、蚬、肘子、沙噀。② 南宋《[嘉定]赤城志》卷三十六《风土门》记载,当时台州海洋渔业资源开发的种类有:"蔬之属"的紫菜、海藻;"鱼之属"的鲈、石首、鲑、鲵、鳞、鲳、沙、比目、枫叶、鲝、鲻、鲤、银、鲋、鼍、白、鲲、鲫、梅、鲂、马鲛、短、火、蠷、竹夹、白袋、谢豹、乌泽、柿核、虹、鲤、地青、细鳞、石勃卒、鮎、鮃、华脐、带、鳝、鳗、鱊、鳅、章巨、江珧、螺、车螯、虾、鳖、蛤蜊、蛏、蚶、鲤、龟脚、牡蛎、蝤蛑、蟹、螃蟹、蟛蜞、千人擘、海月、石帆、石蜐、鲎、蛇、蛤、淡

---

① 地方志记载中未区分淡水和海水渔业资源,本书中梳理也全文照录,以下各章均照此。

② [宋]胡榘、[宋]罗浚纂修:《[宝庆]四明志》卷四《郡志卷第四·叙产》,宋绍定元年(1228)刻本,载《续修四库全书》编纂委员会编:《续修四库全书》第七〇五册《史部·地理类》,上海古籍出版社 2002 年版,第62—66 页。

菜、蟛。①《[绍定]澉水志》卷六《物产门》记载,当时嘉兴澉水海洋渔业资源开发的种类有:"海味"的鲻、鲳、鳖、鲛、鲥、鲈、梅、蛎、蝦、鳗、蛤、鲹、鳍、鳅、蠔、蚬、银鱼、鳊、拳螺、香螺、淡菜、带鱼、乌鲗、蟛蜞、白蟹、黄鳒、土铁、沙蟹、蚌蛤、老婆蟹、沙鱼、海蜇、望潮鱼、鲚、蛏;"河味"的鲫、鲤、鲇、鳜、银、鳖、鳅、鳝、龟、蛙、鲛、蟹、黄颡、吐哺、白鲦、黑鱼。②

图 1-14　蓝点马鲛（俗称：川乌）

　　得益于海外贸易的发展与造船技术的提高,宋代浙江海洋渔业生产活动已经跨过潮间带向近海扩展,并开始走向汪洋大海。另外,由于浙江沿海地区土地贫狭,于是靠海吃海,从事海洋捕捞成为居民重要谋生手段之一。如宁波府奉化县,"濒海小民业网罟舟楫之利,出没波涛间"③。在长期的生产作业中,浙江沿海的渔民们积累了丰富的经验,逐渐发现并掌握了鱼汛

---

　　①　[宋]陈耆卿:《[嘉定]赤城志》卷三十六《风土门》,嘉庆戊寅年(1818)临海宋氏重梓本,《宋元方志丛刊》,中华书局1990年版,第7564、7569—7571页。

　　②　[宋]罗叔韶修、[宋]常棠:《[绍定]澉水志》卷六《物产门》,1935年铅印《澉水志汇编》本,《中国地方志集成·乡镇志专辑》(第20册),上海书店1992年版,第527—528页。

　　③　[宋]胡榘、[宋]罗浚纂修:《[宝庆]四明志》卷十四《奉化县志卷第一·风俗》,宋绍定元年(1228)刻本,载《续修四库全书》编纂委员会编:《续修四库全书》第七〇五册《史部·地理类》,上海古籍出版社2002年版,第219页。

和各种鱼类的活动规律。如他们掌握了石首鱼（大黄鱼）顺时
而往还的规律和出没地点，每年三四月间，"海人每以潮汛，竞
往采之，曰洋山鱼"①。春鱼，"似石首而小，每春三水业，海人竞
往取之，名曰'捉春'，不减洋山之盛"②。南宋开庆元年（1259）
修成的《四明续志》载庆元府辖船 7916 艘，温州府辖船 5813
艘，台州府辖船 6288 艘，全省合计 20017 艘③，其中相当一部分
是从事捕捞作业的渔船。例如，慈溪和余姚交界的夜飞山永平
寨就有渔船 428 艘协助巡查④。中原地区的战乱使得大量人口
从北方向南方迁移，浙江也迎来了人口增长的一个高峰。大量
人口对水产品消费的增加不仅推动海洋渔业捕捞的发展，也促
进沿海水产养殖业的兴起。北宋时期，浙江沿海居民就已经掌
握了蛤的养殖技巧。"每一潮生一晕，海滨人以苗栽泥中伺其

① ［宋］胡榘、［宋］罗浚纂修：《［宝庆］四明志》卷四《郡志卷第四·
叙产·水族之品》，宋绍定元年（1228）刻本，载《续修四库全书》编纂委员
会编：《续修四库全书》第七〇五册《史部·地理类》，上海古籍出版社
2002 年版，第 63 页。

② ［宋］胡榘、［宋］罗浚纂修：《［宝庆］四明志》卷四《郡志卷第四·
叙产·水族之品》，宋绍定元年（1228）刻本，载《续修四库全书》编纂委员
会编：《续修四库全书》第七〇五册《史部·地理类》，上海古籍出版社
2002 年版，第 63 页。

③ ［宋］梅应发、［宋］刘锡纂修：《［开庆］四明续志》卷六《三郡隘
船·省札》，宋开庆元年（1259）刊本，载《续修四库全书》编纂委员会编：
《续修四库全书》第七〇五册《史部·地理类》，上海古籍出版社 2002 年
版，第 410—411 页。

④ ［宋］梅应发、［宋］刘锡纂修：《［开庆］四明续志》卷五《新建诸
寨·夜飞山永平寨》，宋开庆元年（1259）刊本，载《续修四库全书》编纂委
员会编：《续修四库全书》第七〇五册《史部·地理类》，上海古籍出版社
2002 年版，第 397—398 页。

长,八月十六日雀入水化蛤,海滨有见之者"①。对于车螯,北宋王安石(1021—1086)有诗云:"车螯(图 1-15)肉甚美,由美得烹燔。壳以无味弃,弃之能久存。予尝怜其肉,柔弱甘咀吞。久尝怪其壳,有功不见论。醉客快一噉,散投墙壁根。宁能为收拾,持用讯医门。车螯肉之弱,恃壳保厥身。自非身有求,不敢微启唇。尚恐攫者得,泥沙常埋堙。往往汤火间,身尽壳空存。维海错万物,口牙且咀吞。尔无如彼何,可畏宁独人。无为久自苦,含匿不暴陈。豁然从所如,游荡四海溳。清波濯其污,白日晒其昏。死生或有在,岂遽得烹燔。"②南宋时,明州百姓掌握了养殖江瑶的技术,如著名诗人陆游(1125—1210)就说道:"明州江瑶柱有二种:大者江瑶,小者沙瑶。然沙瑶可种,逾年则成江瑶矣。"③海洋捕捞业与滩涂养殖业的发展,使浙江海产品产

图 1-15 中华绒螯蟹（雌）

① ［宋］胡榘、［宋］罗浚纂修:《［宝庆］四明志》卷四《郡志卷第四·叙产·水族之品》,宋绍定元年(1228)刻本,载《续修四库全书》编纂委员会编:《续修四库全书》第七〇五册《史部·地理类》,上海古籍出版社2002 年版,第 66 页。

② ［清］钱维乔承修,［清］钱大昕总修:《［乾隆］鄞县志》卷二十八《物产·鳞介之属·车螯》,清乾隆戊申年(1788)刊本,哈佛大学汉和图书馆藏本,第 36 页。

③ ［宋］陆游撰,杨立英校注:《老学庵笔记》卷一,《历代名家小品文集》,三秦出版社 2003 年版,第 15 页。

浙江
海洋渔业史话

量大增,渔民们除将部分鲜货直接投放周边市场外,大部分则通过特殊加工予以储存,从而使海产加工业随之兴起。当时浙江鱼类食品的加工主要采用腌制、干制,或腌制后再曝干,成为腌腊食品。如石首鱼,"盐之可经年,谓之郎君鲞";鲞鱼"夏初曝干,可以致远";短鱼、虹鱼、鲟鳇鱼等也多制作成鲞或鲊①。此外,用盐腌制也成为常态。如台州海生"䖩,身圆至小,宜为咸"②。南宋时期,浙江沿海军队中,可以长期保存的鲞已成为军人日常饮食的重要组成部分。如南宋浙江沿海军队出戍时,犒劳的食物主要以江蟹、郎君鱼、石首鲞等海鲜为主③。此外,也有将海产品加工成酱类食品的,如昌国县岱山制作的鲞酱,以风味独特而出名,"岱山之鲞酱独珍,他所虽有之,味皆不及此"④。腌制和鲞制食品的推广使得食盐已经成为浙江沿海渔民海产品加工不可或缺的材料,进而推动了浙江海洋制盐业的发展。

宋朝建立后,浙江上供朝廷的海产品种类基本没有变化,

---

① 〔宋〕胡榘、〔宋〕罗浚纂修:《〔宝庆〕四明志》卷四《郡志卷第四·叙产》,宋绍定元年(1228)刻本,载《续修四库全书》编纂委员会编:《续修四库全书》第七〇五册《史部·地理类》,上海古籍出版社2002年版,第63—66页。

② 〔宋〕陈耆卿:《〔嘉定〕赤城志》卷三十六《风土门·土产》,嘉庆戊寅年(1818)临海宋氏重梓本,《宋元方志丛刊》,中华书局1990年版,第7570页。

③ 〔宋〕梅应发、〔宋〕刘锡纂修:《〔开庆〕四明续志》卷六《三郡隘船·出戍》,宋开庆元年(1259)刊本,载《续修四库全书》编纂委员会编:《续修四库全书》第七〇五册《史部·地理类》,上海古籍出版社2002年版,第412—413页。

④ 〔宋〕胡榘、〔宋〕罗浚纂修:《〔宝庆〕四明志》卷二〇《昌国县志·叙产》,宋绍定元年(1228)刻本,载《续修四库全书》编纂委员会编:《续修四库全书》第七〇五册《史部·地理类》,上海古籍出版社2002年版,第305页。

庆元府(宁波)上贡乌鲗骨,台州府和瑞安府(温州)上贡鲛鱼皮①,但数量却减少了很多。北宋元丰年间(1078—1085),明州奉化郡上贡乌鲗骨五斤,温州永嘉郡上贡鲛鱼皮五张,台州临海郡上贡鲛鱼皮一十张②。相比唐代的数量,宋神宗可算得上是"仁俭"之君了③。不过在其背后,我们要注意这一时期沿海渔民的负担并未减轻,因为除渔税外,朝廷已经开始对浙江沿海的海鲜产品征收商税了。

南宋嘉定六年(1213)六月六日,浙江提刑兼权庆元府程覃在奏章中对这一时期庆元府(今宁波)的商税征收与使用情况做了说明。比照庆元市舶司的征收办法,庆元府商税对"所有鲜鱼蚶蛤虾等及本府所产生果悉免",而对"淹盐鱼虾(图1-16)等及外处所贩柑橘橄榄之属收税"④。简单而言就是对本地产品免税,对外地贩运而来产品征税。从商税的细化程度,我们可以知道朝廷对浙江海产品的征税应该远远早于这一时间。另外,值得注意的是,政府对盐腌鱼虾征税,说明宋代就已经开始使用海盐来保证海鲜的长时间储存,而且规模已经到了可以承担税收的程度。庆元府商税总额为一百贯文,其中四十八贯

---

① [元]脱脱等:《宋史》卷八十八《志第四十一·地理四·两浙》,中华书局1977年版,第2175、2176页。

② [宋]王存撰,王文楚等点校:《元丰九域志》卷五《两浙路》,中华书局1984年版,第213、215、216页。

③ [元]袁桷等撰,[清]徐时栋校刊:《[延祐]四明志》卷一《沿革考·土风考》,烟屿楼校本,《宋元方志丛刊》,中华书局1990年版,第6144页。

④ [宋]胡榘、[宋]罗浚纂修:《[宝庆]四明志》卷五《郡志卷第五·叙赋上》,宋绍定元年(1228)刻本,载《续修四库全书》编纂委员会编:《续修四库全书》第七〇五册《史部·地理类》,上海古籍出版社2002年版,第76页。

图 1-16　熟虾皮

四百六十二文归庆元府,其余由朝廷诸司支配①。几乎与此同时,嘉定年间(1208—1224)浙江台州取消上贡海味,而变为银与绢②。从商税内容的细化和岁贡种类的变化来看,这一时期政府对于海洋税收的认知度有了进一步提高,由供皇室御用向纳入政府财政体系转变。浙江海洋渔业纳入中央税收体制在南宋开始确立并进一步细化。另外,随着海上运输的发展,元丰三年(1080),海南便开始按照船只的大小征税③。

涂税,是地方府县对沿海渔户网捕之地所征收的赋税。渔船出海捕鱼前后,需要在沿海滩涂晾晒渔网、海产品等,地方政府即对渔民占用的沿海滩涂征收一定的赋税。涂税又称砂岸租,"砂

---

① ［宋］胡榘、［宋］罗浚纂修:《［宝庆］四明志》卷五《郡志卷第五·叙赋上》,宋绍定元年(1228)刻本,载《续修四库全书》编纂委员会编:《续修四库全书》第七○五册《史部·地理类》,上海古籍出版社2002年版,第76页。

② ［宋］陈耆卿:《［嘉定］赤城志》卷三十六《风土门·土贡》,清嘉庆戊寅年(1818年)临海宋氏重梓本,《宋元方志丛刊》,中华书局1990年版,第7558页。

③ ［元］脱脱等:《宋史》卷一百八十六《志第一百三十九·食货下八·商税》,中华书局1977年版,第4544页。

岸(图 1-17)者,即其众共渔业之地"①。浙江沿海的涂税,就文献
记载看,最迟于南宋年间就已经开始征收,而且数额不小。知庆
元军府兼沿海制置副使颜颐仲在淳祐六年(1246)二月二十三日
给朝廷的奏章中,对庆元府(今宁波)的涂税总额及用途做了说
明:"本府有岁收砂岸钱二万三贯二百文,制置司有岁收砂岸钱二
千四百贯文,府学有岁收砂岸钱三万七百七十九贯四百文,通计
五万三千一百八十二贯六百文。"所收款项用于"拨助府学养士及
县官俸料。"②宝祐年间(1253—1258)宁波砂岸税收达到二十二万
九千六十五贯八百单五文,其开支项主要为沿海军士补贴③。

图 1-17　平涂养殖

　　①　相关研究见倪浓水、程继红:《宋元"砂岸海租"制度考论》,《浙江
学刊》2018 年第 1 期,第 156—163 页。
　　②　[宋]胡榘、[宋]罗浚纂修:《[宝庆]四明志》卷二《郡制卷第二·叙
郡中·钱粮》,宋绍定元年(1228)刻本,载《续修四库全书》编纂委员会编:
《续修四库全书》第七〇五册《史部·地理类》,上海古籍出版社 2002 年版,
第 34—35 页。
　　③　[宋]梅应发、刘锡纂修:《[开庆]四明续志》卷八《蠲放砂岸》,宋
开庆元年(1259)刊本,载《续修四库全书》编纂委员会编:《续修四库全书》
第七〇五册《史部·地理类》,上海古籍出版社 2002 年版,第 430 页。

元代《[大德]昌国州图志》卷四《叙物产·海族》中记载,当时舟山海洋渔业资源开发的种类有:"海族"的魟鱼、鲈鱼、鮧鱼、鲳鱼、梅鱼、春鱼、鳙鱼、石首鱼、鳇鱼、带鱼、鲝鱼、鲂鱼、箬鱼、比目鱼、泥鱼、短鱼、华脐、乌鱼、鲻鱼、鲋鱼、邵洋鱼、乌鲗、鳜鱼、书籯鱼、黄鱼、鲨、海鲫、马鲛鱼、黄鲫、鳗、水母、竹夹鱼、章巨、蟛、望潮、香螺、赤虾、苔虾、蛤蜊、淡菜、蛴蛑、赤蟹、蝤、桀步、彭越、蛏子、白蟹、白虾、瓦垄、辣螺、丁螺、拳螺、生雔、地青、龟脚、弹涂。① 元代《[至正]四明续志》卷五《土产》中记载,当时宁波海洋渔业资源开发的种类有:"药材"的乌贼骨;"草木"的苔、紫菜、海藻;"水族"的鲈鱼、石首鱼、鳜、春鱼、鲚鱼(图1-18)、鲳鯸、鲨鱼、比目鱼、带鱼、鳗、华脐鱼、鲟鳇鱼、乌贼、章巨、鲗鱼、紫鱼、银鱼、蟛鱼、白鱼、梅鱼、火鱼、短鱼、魟鱼、肋鱼、马鲛鱼、鲻鱼、鳖鱼、吹沙鱼、泥鱼、箬鱼、黄滑鱼、吐哺鱼、阑胡、蛴蛑、蟹、螃蟹、蟛蜞、虾、鲨、蛤、淡菜、蝤、蛎房、雔、江珧、螺、车螯、蛤蜊、蛏子、蚶子、蚬、肘子、土鐵、海月、鲓鱼。② 元代《[至元]嘉禾志》卷六《物产·鱼之品》记载,当时嘉兴海洋渔业资源开发的种类有:"鱼之品"的鳜、鲫、鲤、白、鲇、鲈、鳊、鲭、鲦、鳝、鳅、鳗、蟹、虾、龟、鳖、银鱼、黄颡、蚌、蚬、鲴,此以下出海盐松江路:勒、鳖、石首、海鲈、海鲻、蛏、蛤、梅鱼、蛴蛑、蟛蜞、蛎、青虾、

① [元]冯福京等编:《[大德]昌国州图志》卷四《叙物产·海族》,元大德戊戌年(1298)刊本,《景印文渊阁四库全书》第四九一册《史部第三四九册·地理类》,(台北)台湾"商务印书馆"1986年版,第297页。
② [元]王元恭纂修:《[至正]四明续志》卷五《土产》,元至正二年(1342)刊本,载《续修四库全书》编纂委员会编:《续修四库全书》第七〇五册《史部·地理类》,上海古籍出版社2002年版,第548、550—552页。

图 1-18　鮸

白虾、黄虾、白蚬、水母、白蟹。①

　　从文献记载可以看到,元代浙江沿海的海产种类在不断增加的同时,除食用外,其药用价值也逐渐被挖掘出来。相比浙西区域,浙东濒临东海,滨海地区土地不适宜耕种,因此,大量的百姓从事海洋渔业生产,其渔业已经由以潮间带采集为主转为以近海捕捞为主。此外,这一时期的养殖技术也有所提升。如江珧"形如大蛤而长口阔而末尖,海人亦取苗种于海涂,随长至口阔一二尺者为佳";如蚶子"多出鲒埼,冬月有之,亦采苗种之海涂,谓之蚶田"②。而这一时期海产品的加工基本沿用了宋代的技术,一般是采取用盐腌制的办法,用于腌制鱼鲞等海产的盐称为"渔盐"。至元三十年(1293),昉于燕参政上奏,"海边

　　①　[元]徐硕:《[至元]嘉禾志》卷六《物产·鱼之品》,《景印文渊阁四库全书》第四九一册《史部第三四九册·地理类》,(台北)台湾"商务印书馆"1986 年版,第 50 页。
　　②　[元]王元恭撰修:《[至正]四明续志》卷五《土产·水族》,元至正二年(1342)刊本,载《续修四库全书》编纂委员会编:《续修四库全书》第七〇五册《史部·地理类》,上海古籍出版社 2002 年版,第 550—552 页。

捕鱼时,分令船户各验船料大小,赴局买盐淹浥鱼鲞"①。随后,两浙"置局卖盐鱼盐于海滨渔所"②。大德元年(1297),昌国州的渔盐购买量是800引③。当然,海产品的保存并不一定非要用盐腌制,还有一种方法则是将其曝晒,成为鱼干,如比目鱼,"舟人捉春时得之,则曝干为鱐,可致远"④。

　　元朝建立后,浙江与海洋渔业有关的税收主要是渔课。据《元史》记载,江浙行省每年总计征收"钞一百四十三锭四十两四钱"⑤。在这里有两点需要注意:一是浙江省征收的渔课数额要大于海洋渔民的负担(因为渔课就区域而言,不仅包括海鱼,而且还包括内陆淡水鱼);二是元代的渔课和河泊课是不一样的,渔课的征收主体是地方州县,而河泊课的征收主体是朝廷在地方设置的河泊官。就区域而言,渔课在元代仅在江浙行省征收,而河泊课则遍布全国⑥。如元朝海盐县课钞中,本州在城务河泊课一十八锭一十六两八钱,澉浦务河泊课二十二锭三十

────────────

　　①　[元]冯福京等编:《[大德]昌国州图志》卷三《叙赋·渔盐》,元大德戊戌年(1298)刊本,《景印文渊阁四库全书》第四九一册《史部第三四九册·地理类》,(台北)台湾"商务印书馆"1986年版,第288页。

　　②　[明]宋濂等:《元史》卷九四《志第四十三·食货二·盐法》,中华书局1976年版,第2391页。

　　③　[元]冯福京等编:《[大德]昌国州图志》卷三《叙赋·渔盐》,元大德戊戌年(1298)刊本,《景印文渊阁四库全书》第四九一册《史部第三四九册·地理类》,(台北)台湾"商务印书馆"1986年版,第288页。

　　④　[元]王元恭纂修:《[至正]四明续志》卷五《土产·水族》,元至正二年(1342)刊本,载《续修四库全书》编纂委员会编:《续修四库全书》第七〇五册《史部·地理类》,上海古籍出版社2002年版,第550—552页。

　　⑤　[明]宋濂:《元史》卷九十四《志第四十三·食货二·额外课》,中华书局1976年版,第2406页。

　　⑥　[明]宋濂:《元史》卷九十四《志第四十三·食货二·额外课》,中华书局1976年版,第2403、2404、2406页。

四两八钱,当湖务河泊课八锭二两,广陈务河泊课五锭四十一两六钱①。至元年间,嘉兴路的河泊课总计有二百三十六定二十三两四钱一分四厘,本路在城河泊课六定;松江府河泊课六定九两六钱,大盈务河泊课二十三定二十二两三钱八分,南桥务河泊课二定四十六两四钱,亭林务河泊课二十四定四十六两四钱,青龙务河泊课一定八两八钱二分四厘,蟠龙务河泊课五定二十七两二钱,上海务河泊课六定三十四两八钱;嘉兴县,风泾白牛务河泊课五十六定一十六两三钱,魏塘务河泊课一十一定二两,新城务河泊课一十一定八两,陶庄务河泊课一十六定四十六两七钱;海盐县,在城务河泊课一十八定一十六两八钱,澉浦务河泊课二十一定三十四两八钱,当湖务河泊课八定二两,广陈务河泊课五定四十一两六钱;崇德县,在城务河泊课一十九定三十八两三钱五分,石门青镇务河泊课三十三两三钱六分②。另外,元代砂岸税(图 1-19)收划归府学支配。至正年间(1341—1368)宁波府学有砂岸九处,岁收砂岸钞三百二十五定三十九两五钱五分③。

---

①　[明]樊维城、[明]胡震亨等纂修:《[天启]海盐县图经》卷六《食货篇第二之下·课程》,明天启四年(1624)刊本,《中国方志丛书·华中地方》(第589号),(台北)成文出版社有限公司1983年版,第524页。

②　[元]徐硕撰:《[至元]嘉禾志》卷六《征榷》,《景印文渊阁四库全书》第四九一册《史部第三四九册·地理类》,(台北)台湾"商务印书馆"1986年版,第52—56页。

③　[元]王元恭撰修:《[至正]四明续志》卷七《学校·赡学田土》,元至正二年(1342)刊本,载《续修四库全书》编纂委员会编:《续修四库全书》第七〇五册《史部·地理类》,上海古籍出版社2002年版,第571页。

图 1-19　檀头山岛上的姐妹沙滩

　　除税收外,元代浙江上贡的海味种类没有大的变化,但数量有所增加。至元十八年(1281),昌国州(今浙江舟山)沙鱼皮"岁纳九十四张",其中"富五都五张、富七都六张、安一都二张、安二都四张、蓬一二都二张、蓬三四都四十一张、蓬五都三十四张"①。至元三十年(1293),昌国州又增加鱼鳔项(鱼鳔在当时经加工后是很好的补药,尤以海中黄鱼鱼鳔为佳,而黄鱼最大的产地就在舟山),"岁纳八十斤",其中"金一都一十斤、金二都一十斤、金三都二十斤、金四都二十斤、蓬三四都二十斤"②。延

---

　　① 　［元］冯福京等编:《［大德］昌国州图志》卷三《叙赋·沙鱼皮》,元大德戊戌年(1298)刊本,《景印文渊阁四库全书》第四九一册《史部第三四九册·地理类》,(台北)台湾"商务印书馆"1986 年版,第 289 页。
　　② 　［元］冯福京等编:《［大德］昌国州图志》卷三《叙赋·鱼鳔》,元大德戊戌年(1298)刊本,《景印文渊阁四库全书》第四九一册《史部第三四九册·地理类》,(台北)台湾"商务印书馆"1986 年版,第 289 页。

祐年间(1314—1320)庆元府上贡沙鱼皮和鱼鳔,其中沙鱼皮
(图 1-20)本路额办一百六十三张,奉化州额办二十七张,昌国
州额办九十四张,定海县额办四十二张;鱼鳔则是本路额办二
百斤,奉化州额办四十斤,昌国州额办八十斤,定海县额办四十
斤,象山县额办四十斤。[①] 台州岁贡沙鱼皮、鱼鳔[②]。

图 1-20　长鳍真鲨

---

①　[元]袁桷等撰,[清]徐时栋校刊:《[延祐]四明志》卷十二《赋役
考·皮货额办》,烟屿楼校本,《宋元方志丛刊》,中华书局 1989 年版,第
6296 页。[元]王元恭纂修:《[至正]四明续志》卷 6《赋役·皮货额办》,元
至正二年(1342)刊本,载《续修四库全书》编纂委员会编:《续修四库全书》
第七〇五册《史部·地理类》,上海古籍出版社 2002 年版,第 563 页。

②　[明]袁应祺、[明]牟汝忠等校:《[万历]黄岩县志》卷之三《食货
志·贡赋·历代土贡》,明万历乙卯年(1615)刻本,《天一阁明代方志选
刊》,上海古籍书店 1963 年版,第 155 页。

第二章 〉〉〉——
明朝前中期的浙江
海洋渔业

　　明朝时期,国家开始对海洋渔业活动进行有效干预,浙江海
洋渔业经历了禁止、放开、管制三个阶段。因此,从政府海洋渔业
政策实施的角度去看,明朝时期浙江海洋渔业的发展分为三个阶
段,这三个阶段分别是洪武至正德年间(1368—1521)、嘉靖年间
(1522—1566)、隆庆至崇祯年间(1567—1644),其中洪武至正德
年间,浙江海洋渔业经历了从严禁到有条件开放;嘉靖年间,政府
完全放开海洋渔业捕捞并尝试将其纳入区域海防当中;隆庆以
后,政府进一步细化对海洋渔业的有效管理。相比宋元时期,明
朝浙江海洋渔业经历了初期的禁捕之后再次发展起来,海洋渔业
捕捞的区域有所扩大,近海水产养殖在特定沿海区域逐渐发展起
来,滩涂、近海和远洋捕捞的工具有了明确的区分。在运销领域,
冰鲜海产品在贡品当中得以使用。明朝中后期,渔民出海捕捞成
为常态,对应的渔船和渔民管理也在逐渐探索当中。本章着重论
述明朝前中期的浙江海洋渔业发展情况。

一、明朝前期的浙江海洋渔业（洪武至正德年间）

　　相比元朝,明朝建国后不仅面临北部边防的压力,沿海倭

寇的不断侵扰也使东南沿海的海防压力骤增。因此,明朝初期,政府在加强海防的过程中,逐渐重视渔民在海防体系中的重要作用,对沿海渔民和渔业活动的管理逐渐从放任走向有序管理。

洪武四年(1371)十二月丙戌,明太祖朱元璋命令吴王左相靖海侯吴祯"籍方国珍所部温、台、庆元三府军士及兰秀山无田粮之民尝充船户者,凡十一万一千七百三十人,隶各卫为军,仍禁濒海民不得私出海"[①]。这一记载是明政府将沿海渔民编入军队的最早记载。洪武十五年(1382)闰二月癸亥,朱元璋又派遣南雄侯赵庸"招抚沿海渔丁、岛人、盐徒、蜑户,籍为水军,至数万人"[②]。此后,政府进一步将沿海岛屿(图2-1)居民大举内迁。洪武十七年(1384),明太祖命信国公汤和巡视浙江沿海城池。汤和以舟山县民孤悬海外,防守不宜,遂迁至内地,归象山县管理[③]。对于当时迁徙的情况,明代王士性在《广志绎》一书中记载道:"国初汤信国奉敕行海,惧引倭,徙其民市居之,约午前迁者为民,午后迁者为军,至今石栏础、碓磨犹存,野鸡、野犬

① 《明实录·太祖实录》卷七〇,洪武四年十二月丙戌条,(台北)"中央研究院"历史语言研究所,1961年版,第1300页。另见[清]张廷玉等:《明史》卷九十一《志第六十七·兵三·海防》,中华书局1974年版,第2243页。

② [明]郑晓撰,李致忠点校:《今言》卷三,第二百三十九条,明嘉靖丙寅(1566)二月刊本,《元明史料笔记丛刊》,中华书局1984年版,第137页;《明实录·太祖实录》卷一四三,洪武十五年闰二月癸亥条载:"命:'南雄侯赵庸,籍广州蜑户万人为水军,时蜑人附海岛无定居,或为寇盗,故籍而用之。'"(台北)"中央研究院"历史语言研究所1961年版,第2252页。

③ [明]胡宗宪:《舟山论》,载[明]何汝宝辑,[明]邵辅忠订正:《[天启]舟山志》卷一《兵防》,景抄明天启六年(1626)何氏刊本,《中国方志丛书·华中地方》(第499号),(台北)成本出版社有限公司1983年版,第81页。

图 2-1　海岛卫星图

自飞走者,咸当时家畜所遗种也,是谓禁田。如宁之金堂、大
榭;温、台之玉环,大者千顷,少者亦有五六百,南田(图 2-2)、蛟
蟥诸岛则又次之。"①玉环岛居民也在洪武十八年(1385)迁入内
地②。永乐六年(1408)十二月戊戌,明成祖朱棣派遣丰城侯李
彬等"缘海捕倭,复招岛人、蜑户、贾竖、渔丁为兵,防备益严"③。
在政府的海防建设中,渔民以及沿海居民成为不可或缺的重要
组成部分。

───────────

　　①　[明]王士性撰,吕景琳点校:《广志绎》卷四《江南诸省》,清嘉庆二
十二年(1817)刻本,《元明史料笔记丛刊》,中华书局 1981 年版,第 73 页。

　　②　[清]杜冠英、[清]胥寿英等修,[清]吕鸿涛纂:《[光绪]玉环厅
志》卷一《舆地志上·沿革》,清光绪七年(1881)刊本,载上海书店出版社
编:《中国地方志集成·浙江府县志辑》(第 46 册),上海书店出版社 1993
年版,第 724 页。另一说玉环岛居民在洪武二年(1369)内迁。见[清]顾
祖禹:《读史方舆纪要》卷九十四《浙江六·温州府》,清光绪己卯年(1879)
抄本,载《续修四库全书》编纂委员会编:《续修四库全书》第六○九册《史
部·地理类》,上海古籍出版社 2002 年版,第 621 页。

　　③　[清]张廷玉等:《明史》卷九十一《志第六十七·兵三·海防》,中华书
局 1974 年版,第 2244 页。另见《明实录·太宗实录》卷八六,永乐六年十二月
戊戌条,(台北)"中央研究院"历史语言研究所 1961 年版,第 1146 页。

图 2-2　南田岛

　　明朝时期,政府不允许沿海渔民在未经允许的情况下出海捕鱼。洪武十七年(1384)正月壬戌,朱元璋任命"信国公汤和巡视浙江、福建沿海城池,禁民入海捕鱼,以防倭故也"①。但这一政策在浙江省的实际执行中存在一定的问题。如成书于洪武二十年(1387)的《大诰武臣》就记载了一个案例。"杭州右卫指挥陈祥,他领军出海捕倭,与令史魏克铭商量,以批引为名,将捕鱼船只阻挡,多般刁蹬,取要钞贯,方肯放他来往,取受钞一千二十一贯,入己"②。从该案例可以看到,这一时期的杭州沿海渔民其实是可以出海捕鱼的。到明英宗时期,浙江沿海私

---

　　①　《明实录·太祖实录》卷一五九,洪武十七年春正月壬戌条,(台北)"中央研究院"历史语言研究所 1961 年版,第 2460 页。

　　②　[明]朱元璋:《大诰武臣》生事害民第二八,明洪武二十年(1387)刊本,载《续修四库全书》编纂委员会编:《续修四库全书》第八六二册《史部·政书类》,上海古籍出版社 2002 年版,第 362—363 页。

自造船出海捕鱼的情况逐渐增多。《明英宗实录》卷七"宣德十年(1435)七月己丑条"记载:"严私下海捕鱼禁,时有奏豪顽之徒,私造船下海捕鱼者,恐引倭寇登岸。行在户部言今海道正敞堤备,宜敕浙江三司谕沿海卫所,严为禁约,敢有私捕及故容者,悉治其罪。从之。"①此后,朝廷处分了一批违反渔禁政策的浙江地方官员。兹列举如下。

浙江沙园千户所奏:"所城薄海,城外为圩田,比潮决圩田,患将及城,请令县民修筑之。"永嘉县县丞方珍言:"沙园所军月食官储,又假捕倭给行粮,出海取鱼以为利,其所管头目得贿,置不问。今所坏圩田,宜令军士,及耕圩田者协修,毋烦县民。"事下行在,工部覆奏:"下浙江三司核实,请如珍言,仍禁军毋出海。"从之。②

总督浙江备倭都指挥使李信等奏:"巡海都指挥同知王瑛纳贿,纵所部出海捕鱼,不俟委官以代,辄回任。请下巡按御史究问。"从之。③

镇守浙江兵部左侍郎孙原贞奏:"总督备倭都指挥佥事王谦等,受滨海军民赂,纵之下海捕鱼,及克减军粮等不法事,请治其罪。"诏:"谦具实以闻。"④

浙江总督备倭都指挥佥事王谦,坐镇守兵部左侍郎孙原贞

---

①　《明实录·英宗实录》卷七,宣德十年秋七月己丑条,(台北)"中央研究院"历史语言研究所1961年版,第141页。

②　《明实录·英宗实录》卷六五,正统五年三月壬戌条,(台北)"中央研究院"历史语言研究所1961年版,第1255页。

③　《明实录·英宗实录》卷一四五,正统十一年九月辛卯条,(台北)"中央研究院"历史语言研究所1961年版,第2863页。

④　《明实录·英宗实录》卷二〇八,景泰二年九月甲寅条,(台北)"中央研究院"历史语言研究所1961年版,第4476页。

奏其纵人下海捕鱼,及克减军粮等罪,陈状输服。宥之。①

初,宁波府知府伍符,以境内灾伤,听民出海捕鱼
(图 2-3),随舟大小入粟,以备赈济。巡视海道按察司
副使张鸾,劾符违禁,及指挥夏闰关防不严,请并逮
治。下巡按监察御史勘报,都察院覆奏。上以符急于
救荒,并闰俱宥之,各罚俸一月。②

图 2-3　东钱湖渔船翻堰过坝

从处分的结果来看,这一时期的渔禁已经有很大松动,有
关渔禁的法令逐渐淡化。此外,值得注意的是,明代初期并不
是所有渔船都是禁止下海的,至少负责捕捞贡品的渔船是可以
出海捕鱼的。不过政府严格海洋渔业禁令的措施对这类船只
捕鱼活动的影响也是有的,至少这类船只是不允许跨界捕鱼

———————

①　《明实录·英宗实录》卷二一五,景泰三年夏四月癸未条,(台北)
"中央研究院"历史语言研究所 1961 年版,第 4629 页。
②　《明实录·孝宗实录》卷二〇六,弘治十六年十二月戊戌条,(台
北)"中央研究院"历史语言研究所 1961 年版,第 3824 页。

的,这从天顺二年(1458)七月甲寅备倭中军都督府都督佥事翁
绍宗上奏朝廷的报告中就可以看到。

> 敕责备倭中军都督府都督佥事翁绍宗,曰:"嘉兴
> 乍浦河泊所岁进黄鱼,系旧利。近年以来,因尔不许
> 渔船越境出海,又令官军擒挐,以致不得采捕,遂缺供
> 荐。先已取尔,招服尔,宜自咎,遵奉朝命、省令所辖
> 官司,毋得阻滞,顾乃全不关心。今岁渔船又被拦截
> 索钱,不得采捕,及船户告前情,自知阻误,虚词妄奏,
> 遮掩已过。朝廷记尔,以远方重寄,当输忠效,勤正己
> 率。人尔乃恣意贪黩,不才怠慢,论法实难容恕,今复
> 从宽,且不挐问,罚俸一年,令尔自省,若再恬然不改,
> 阻误岁进,自取祸败,决不可逃。"[1]

　　也许是受此影响,弘治十一年(1498)政府在严格管制二桅
(图2-4)以上大船的同时,取消了有关近海捕鱼的禁令。"官民
人等擅造二桅以上违式大船,将带违禁货物下海前往翻国买
卖,潜通海贼,同谋结聚,及为向导劫掠良民者,正犯处以极刑,
全家发边卫充军。○若止将大船雇与下海之人分取翻货,及虽
不鲁造有大船,但纠通下海之人,接买翻货者,俱问发边卫充
军。其探听下海之人翻货到来,私下收买贩卖,若苏木、胡椒至
一千斤以上者,亦问发边卫充军,翻货入官。若小民撑使单桅

---

　　① 《明实录·英宗实录》卷二九三,天顺二年秋七月甲寅条,(台北)
"中央研究院"历史语言研究所1961年版,第6268页。

小船于海边近处捕取鱼虾、采打柴木者,巡捕官旗军兵不许扰害。"①嘉靖四年(1525)八月甲辰,嘉靖皇帝重申沿海渔船"毋得概毁"。"初,浙江巡按御史潘仿言:'章、泉府黠滑军民,私造双桅大舡下海,名为商贩[贩],时出剽劫,请一切捕治。'事下兵部,议行:'浙、福二省巡按官,查海舡,但双桅者,即捕之。所载虽非番物,以番物论,俱发戍边卫。官吏军民,知而故纵者,俱调发烟瘴。'得旨:'沿海居民,所造捕鲜舡,毋得概毁,他如所议行。'"②

图 2-4　红头船

　　明朝初期,尽管经历了大规模的人口内迁和渔业禁令,但浙江沿海渔业仍有所发展。相关地方志均有对明朝前期浙江海洋渔业资源开发种类的记载。这里将浙江沿海宁波、台州、

---

① [明]刘惟谦等:《大明律》卷十五《兵律三·关津》,私出外境及违禁下海条·问刑条例,明正德十六年(1521)刊本,载《续修四库全书》编纂委员会编:《续修四库全书》第八六二册《史部·政书类》,上海古籍出版社2002年版,第525页。
② 《明实录·世宗实录》卷五四,嘉靖四年八月甲辰条,(台北)"中央研究院"历史语言研究所1961年版,第1332—1333页。

温州和嘉兴等主要地方志中所记载的关于海洋渔业品种的内容按志书出版年代顺序罗列如下。

《[永乐]乐清县志》卷三《土产》记载,当时乐清海洋渔业资源开发的种类有:"货之品"的蛎灰;"蔬之品"的石发菜、苔;"鳞之属"的白蒲鲹、鮔鲹、鲮鲹、雷鲹、丫髻鲹、香鲹、虎鲹、犬鲹、梭鲹、牛鲹、斗鲹、赖鲹、鲛魟、牛魟、黄魟、班魟、虎魟、乌郎、黄鮰、鳗、鲈鱼、鳖鱼、鲳鱼、石首鱼、箭鱼、鳙鱼、勒鱼、时饴鱼、带鱼、青鱼、地青鱼、地白鱼、马鲛、竹夹鱼、海鹞鱼、吴鲚、鳝鳗、比目鱼、鳡鱼、红鳞、针鱼、银鱼、鱀鱼、乌贼、乌鱼、鲻鱼、海鲫鱼、海蚝鱼、弓鱼、毛鱼、鹿角鱼、青鳞鱼、黄混鱼、黄鲭鱼、阑胡、白鲭鱼、鲶鱼、章鉅、鲑鮔、沙噗、鹿魟、鲤鱼、鲇鱼、鲫鱼、小白鱼、泽鱼、胡鳗;"介之属"的龟、鳖、蛎房、西施舌、蟟、海狮、江瑶、车螯、蛤蜊、壳菜、蛏子、蟛鱶、龟脚、蚬、鲜蛤、江蟹、蝤蛑、蟳、拥剑、蟪、花螺、香螺、蓼螺、刺螺、马蹄螺、虾、蚶、鲎。[①]

《[成化]宁波郡志》卷四《土产考》记载,当时宁波海洋渔业资源开发的种类有:"蔬"的苔、紫菜、鹿角;"药"的牡蛎;"鳞"的鲈鱼、鳗、鲿鱼、银鱼、鲻鱼(图2-5)、箬鱼、鲶鱼、乌贼、箭鱼、蟟鱼、白鱼、梅鱼、泥鱼、河鈍、杜鲤、阑胡、鳢鱼、鲇鱼、鲫鱼、鳝鱼、吐哺鱼、鳅、石首鱼、春鱼、鳜鱼、鲍鱼、鲳鳇、鲨鱼、带鱼、华脐、鲟鳇鱼、鱀鱼、火鱼、魟鱼、乌鱼、邵洋鱼、马鲛鱼、海鲫、水木、竹夹、章句;"甲"的簋、螃蟹、蟛越、鲎、蛤蜊、蛏子、蝤蛑、土铁、蟹、鳖、虾、蚌、蚶、辣螺、海狮、龟。[②]

---

① 《[永乐]乐清县志》卷三《土产》,天一阁藏明刻本,《天一阁藏明代方志选刊》,上海古籍书店1963年版,第8、9、10—12页。

② [明]杨寔纂修,[明]张瓒、[明]方达校正:《[成化]宁波郡志》卷四《土产考》,明成化四年(1468)刊本,《中国方志丛书·华中地方》(第496号),(台北)成文出版社有限公司1983年版,第239、242、247—252页。

图 2-5　鲻鱼

《[弘治]温州府志》卷七《土产》记载，当时温州海洋渔业资源开发的种类有："器用"的蛎灰；"蔬菜"的紫菜、鹿角菜、苔菜；"海族"的鲨鱼、鲛鱼、魟鱼、黄驹、鳗鱼、吴鳡、鲈鱼、鲵鱼、石首鱼、鲳鱼、箭鱼、鬙鱼、勒鱼、青鱼、乌鱼、鳜鱼、银鱼、针鱼、比目鱼、鲨鳗、鱐鱼、马鲛鱼、鲻鱼、竹夹鱼、红鳞鱼、青鳞鱼、海鲫鱼、海鹠鱼、海鳜鱼、鳗鲲鱼、黄脊鱼、白脊鱼、石勃卒、时饴鱼、带鱼、海鳡鱼、黄混鱼、弓鱼、毛鱼、阑胡、章巨、望潮、锁管、乌贼、蟹、蛑蚌、蟳、拥剑、彭蝟、彭蜞、蟛、虾、鲎、沙嘆、鮀鱼、蛎房、螺、西施舌、蠔、海蛳、江瑶、车螯、蛤蜊、壳菜、蛏子、蚶、蟛螖、肘子、龟脚、蚬、鲜蛤、沙螟。①

《[正德]嘉善县志》卷三《物产》记载，当时嘉善海洋渔业资源开发的种类有："药之类"的牡蛎；"鳞之类"的鲤鱼、白鱼、青鱼、银鱼、斑鱼、黄颡鱼、土附鱼、鲫鱼、鲇鱼、鳢鱼、鲦鱼、鳜鱼、鳊鱼、紫鱼、鳗、鳝、鳅；"介之类"的龟、鳖、蟹、螺、蚬。②

从上述明代浙江地方志文献记载来看，明朝时期浙江的海

　　① ［明］王瓒、［明］蔡芳编纂：《[弘治]温州府志》卷七《土产》，明弘治十六年(1503)刻本，《天一阁明代方志选刊续编》(第 32 册)，上海书店1990 年版，第 231、234、237—241 页。
　　② ［明］倪玑纂：《[正德]嘉善县志》卷三《物产》，正德丁丑年(1517)刊本，哈佛大学汉和图书馆藏，第 6—7 页。

洋渔业捕捞种类已经非常丰富,除了鱼类,贝类、藻类和甲壳类的采集与捕捞也日益成熟。从采集和捕捞种类可以看到明朝时期浙江海洋渔业捕捞的范围从滩涂、潮间带一直延伸到近海。渔业捕捞品种的丰富及当时的渔业政策限制使得浙江的海洋渔业捕捞还没有延伸到远洋。从利用价值来看,浙江沿海的海产品已开发出药用和建筑价值。如《[弘治]温州府志》中记载:"车螯,《本草》名魁蛤,一名蚔,治海毒";"蛤蜊,《本草》:蛤蜊煮之,解酒毒,止消渴,开胃气,其性冷,与丹石相反"。① 这两种水产可作为药用,治疗海毒或解酒毒、开胃气。"蠯灰"在明代《[永乐]乐清县志》中属于"货之品"②。可见在明代永乐年间蠯灰就已经成为货物以供交易流通。蠯灰即蛎灰,俗称白玉,是我国沿海地区一种重要的传统建筑材料。小至盖房屋、修沟渠,大至建城墙、筑桥梁,都会使用到这种材料。我国古代著名科技百科全书《天工开物》卷中《燔石第十一卷·石灰》中记载:"凡温、台、闽、广海滨,石不堪灰者,则天生蛎蠔以代之。"③

随着浙江沿海的开发,人们对海洋生物的认知也逐渐深入,在有关浙江的笔记小说和地方志中经常会出现对于沿海生物的记载,以及当事人对海洋生物的认知。"世传水母以鰕为眼,无鰕则不能行,云鰕聚食其涎,因载之以行。近闻温州人云:水母大者圆径五六尺,肥厚而重,一人止可担二个。头在

---

① [明]王瓒、[明]蔡芳编:《[弘治]温州府志》卷七《土产》,明弘治十六年(1503)刻本,《天一阁藏明代方志选刊续编》(第32册),上海书店1990年版,第241页。

② 《[永乐]乐清县志》卷三《土产》,天一阁藏明刻本,《天一阁藏明代方志选刊》,上海古籍书店1963年版,第8页。

③ [明]宋应星:《天工开物》卷中《燔石第十一卷·石灰》,明崇祯丁丑年(1637)涂绍煃刊本,第54页。

上,面正中,两眼如牛乳。剖之,中各有小红鰕一只,故云以鰕
为眼,前说非也。又水母俗名海蜇(图 2-6)。《松江志》作海蛰。
《翰墨大全》作海蛇。按:蛰,虫冬伏也。蜇,虫伤人也。皆非物
名,亦非直列音。蛇音除驾,《本草》作蜡,音同,音虽非直列,实
水母之异名。温州人又呼水母为鲊鱼。鲊字无义,岂即蛇音之
讹耶?"①此外,通过对鱼类生长和游动规律的掌握,浙江沿海渔
民已经可以有针对性地安排渔场和捕鱼时间。如:"石首鱼,四
五月有之。浙东温、台、宁波近海之民,岁驾船出海,直抵金山、
太仓近处网之,盖此处太湖淡水东注,鱼皆聚之。它如健跳千
户所等处固有之,不如此之多也。金山、太仓近海之民,仅取以
供时新耳。温、台、宁波之民,取以为鲞,又取其胶,用广而利
博。"②弘治年间(1488—1505),温州沿海滩涂的潮间带捕捞工
具也有不同的种类:"其取鱼也,有籪有簿,编竹为之,簿音薄;
有网有缉,结绳线为之"③。在流通领域,除了腌制外,随着渔业
生产的扩大,浙江更多的渔民选择冰冻的办法来保鲜。自元代出
现的具有商业用途的天然冰窖在明朝前期仍继续发展,洪武年间
(1368—1398)政府对冰窖的租米达到二十四石④。明代,嘉兴岁
贡黄鱼均为冰鲜,其"冰窖原在本县海塘闸口,人犹能识其处。

① [明]陆容:《菽园杂记》卷十二,清嘉庆十五年(1810)墨海金壶
本,《元明史料笔记丛刊》,中华书局 1985 年版,第 144 页。

② [明]陆容:《菽园杂记》卷十三,清嘉庆十五年(1810)墨海金壶
本,《元明史料笔记丛刊》,中华书局 1985 年版,第 156 页。

③ [明]王瓒、[明]蔡芳编:《[弘治]温州府志》卷四《水·永嘉县》,
明弘治十六年(1503)刻本,《天一阁明代方志选刊续编》(第 32 册),上海
书店 1990 年版,第 135 页。

④ [清]李前泮主修,[清]张美翊总修:《[光绪]奉化县志》卷七《户
口·田赋》,清光绪卅四年(1908)刊本,《中国方志丛书·华中地方》(第
204 号),(台北)成文出版社有限公司 1975 年版,第 368 页。

先年亦撤,置于苏州。今当仍令本处,盖窨藏冰,犹为永便"①。

图 2-6　海蜇

　　与宋元时期相比,明朝浙江沿海府县上贡海味的数量和种
类都大大增加。洪武初年,台州太平上贡的海产品有"石首鱼、
鲻鱼、鳗鱼、鲵鱼、鲈鱼、黄鲚鱼、龙头鱼、海鲫鱼、银鱼、虾米、泥
螺、水母线、螟干、白蟹、蚶"②等十五种。永乐年间(1403—
1424),温州乐清上贡的海产品有"水母线、石首鱼、鳖鱼、鳗鱼、
鲈鱼、鲻鱼、黄鲫鱼、龟脚、蟒蛸、壳菜、虾米、石发菜"③。明朝前
期,嘉兴府岁贡黄鱼二百九十九尾,海盐县岁贡黄鱼二百九十

　　①　[明]刘应钶重修,[明]沈尧中编纂:《[万历]嘉兴府志》卷八《贡
品》,明万历二十八年(1600)刊本,《中国方志丛书·华中地方》(第505
号),(台北)成文出版社有限公司1983年版,第483页。
　　②　[明]叶良佩等纂修:《[嘉靖]太平县志》卷三《食货志·贡赋》,明
嘉靖十九年(1540)刻本,《天一阁藏明代方志选刊》,上海古籍书店1963
年版,第24—25页。
　　③　《[永乐]乐清县志》卷三《贡赋·贡》,天一阁藏明刻本,《天一阁
藏明代方志选刊》,上海古籍书店1963年版,第12页。

九尾，平湖县岁贡黄鱼三百尾。① 弘治年间(1488—1505)，温州府永嘉县"岁进石首鱼、水母线、虾米、鲻鱼、蟛蜞、壳菜、龟脚"，瑞安县"岁进石首鱼、鳘鱼、鲈鱼、虾米、鳗鱼、鲻鱼、水母线、黄鲫鱼"；乐清县"岁进水母线、石首鱼、鳘鱼、鲈鱼、鲻鱼、黄鲫鱼、石发菜、虾米、龟脚、蟛蜞"；平阳县"岁进龙头鱼、石首鱼、虾米、鳗鱼、鳘鱼"②。成化年间，宁波上贡"海鲜螟轧紫菜、泥螺(图 2-7)、鹿角菜、虾米、鲻鱼、鮸鱼、银鱼酱、蝤蛑酱、蚶、鲳鱼、跳鲻鱼、龙头鱼、鲜蛤、鲈鱼、海鲫鱼、鳗鱼"③等 17 种，其中鄞县岁贡"海鲜螟轧泥螺、紫菜、虾米、鹿角菜"④等 4 种；慈溪县岁贡"海味鲻鱼、鮸鱼、虾米、泥螺"⑤等 4 种；奉化县岁贡"海味鮸鱼、鳗鱼、鲈鱼、海鲫鱼、鲳鱼、蚶子、螟轧银鱼、跳鲻鱼"⑥等 8 种；定

---

① [明]刘应钶重修，[明]沈尧中编纂：《[万历]嘉兴府志》卷八《贡品》，明万历二十八年(1600)刊本，《中国方志丛书·华中地方》(第 505 号)，(台北)成文出版社有限公司 1983 年版，第 480、485 页。

② [明]王瓒、[明]蔡芳编纂：《[弘治]温州府志》卷七《土贡》，明弘治十六年(1503)刻本，《天一阁明代方志选刊续编》(第 32 册)，上海书店 1990 年版，第 252—255 页。

③ [明]杨寔纂修，[明]张瓒、[明]方达校正：《[成化]宁波郡志》卷四《贡赋考·郡贡》，明成化四年(1468)刊本，《中国方志丛书·华中地方》(第 496 号)，(台北)成文出版社有限公司 1983 年版，第 253 页。

④ [明]杨寔纂修，[明]张瓒、[明]方达校正：《[成化]宁波郡志》卷四《贡赋考·鄞县·贡》，明成化四年(1468)刊本，《中国方志丛书·华中地方》(第 496 号)，(台北)成文出版社有限公司 1983 年版，第 257 页。

⑤ [明]杨寔纂修，[明]张瓒、[明]方达校正：《[成化]宁波郡志》卷四《贡赋考·慈溪县·贡》，明成化四年(1468)刊本，《中国方志丛书·华中地方》(第 496 号)，(台北)成文出版社有限公司 1983 年版，第 259 页。

⑥ [明]杨寔纂修，[明]张瓒、[明]方达校正：《[成化]宁波郡志》卷四《贡赋考·奉化县·贡》，明成化四年(1468)刊本，《中国方志丛书·华中地方》(第 496 号)，(台北)成文出版社有限公司 1983 年版，第 262 页。

海县岁贡"海味紫菜、虾米、泥螺、鹿角［菜］、鲵鱼、鲻鱼、酱蟳蚱"①等 7 种；象山县岁贡"海味鲈鱼、鲵鱼、跳鲻鱼、鲻鱼、泥螺、虾米、鲫鱼、龙头鱼"②等 8 种。

图 2-7　泥螺

明代，鱼课与河泊课合二为一，统称渔课。《明实录·神宗实录》记载："户部题查议纳缴鱼课勘合事，查《大明会典》开载，鱼课每岁南京户科编印勘合六百八十九道，南京户部□整各衙门收掌，各记所收鱼课米钞，着于每年终进缴，俱系额办钱粮。但近来有司遵依缴报者十无一二，宜移文南京户，将编发各省直鱼课勘合查明的数咨部载入会典，行令各省直府、州、县、河泊所等衙门，将填完勘合每年终申送类缴，着为例，报可。"③浙江的鱼课米属于赋税中的秋粮，课程中的鱼油、翎鳔可以用其他产品折算，如"鱼油折熟铁，折银硃、鱼线胶、鱼鳔，折鱼线胶、

_____

①　［明］杨寔纂修，［明］张瓒、［明］方达校正：《［成化］宁波郡志》卷四《贡赋考·定海县·贡》，明成化四年(1468)刊本，《中国方志丛书·华中地方》(第 496 号)，(台北)成文出版社有限公司 1983 年版，第 264 页。

②　［明］杨寔纂修，［明］张瓒、［明］方达校正：《［成化］宁波郡志》卷四《贡赋考·象山县·贡》，明成化四年(1468)刊本，《中国方志丛书·华中地方》(第 496 号)，(台北)成文出版社有限公司 1983 年版，第 267 页。

③　《明实录·神宗实录》卷八七，万历七年五月丁未条，(台北)"中央研究院"历史语言研究所 1961 年版，第 1809—1810 页。

翎毛,折铁,折熟铁;翎鳔折黄麻、生铁。"①具体到各府,杭州府"鱼油、翎鳔、翎毛折铁二千八百斤一十五两有奇,有闰加二百二十二斤八两有奇;鱼线胶三百七十二斤一十一两有奇,有闰加二十八斤三两有奇"。②嘉兴府"鱼油(图 2-8)、翎鳔、鱼线胶四百一斤九两五钱九分五厘,有闰加二十斤有奇"③;湖州府"鱼油、翎鳔、鱼线胶七百五十四斤有奇,有闰加一十七斤有奇"④;衢州府"鱼油、翎鳔、鱼线胶九斤七两有奇"⑤;处州府"鱼课米一十八石三斗一升"⑥;绍兴府"鱼油、翎鳔、黄麻六千五百七十斤一十五两有奇,有闰加五百五十四斤四两有奇"⑦。宁波府"鱼油、翎鳔、鱼线胶一百四十四斤九两有奇,鱼油折熟铁二千一百

————————

　　① ［明］胡宗宪修,［明］薛应旂纂:《［嘉靖］浙江通志》卷十七《贡赋志第三之一》,明嘉靖辛酉年(1561)刻本,《天一阁藏明代方志选刊续编》(第 24 册),上海书店 1990 年版,第 880 页。

　　② ［明］胡宗宪修,［明］薛应旂纂:《［嘉靖］浙江通志》卷十七《贡赋志第三之一》,明嘉靖辛酉年(1561)刻本,《天一阁藏明代方志选刊续编》(第 24 册),上海书店 1990 年版,第 886 页。

　　③ ［明］胡宗宪修,［明］薛应旂纂:《［嘉靖］浙江通志》卷十七《贡赋志第三之一》,明嘉靖辛酉年(1561)刻本,《天一阁藏明代方志选刊续编》(第 24 册),上海书店 1990 年版,第 891—892 页。

　　④ ［明］胡宗宪修,［明］薛应旂纂:《［嘉靖］浙江通志》卷十七《贡赋志第三之一》,明嘉靖辛酉年(1561)刻本,《天一阁藏明代方志选刊续编》(第 24 册),上海书店 1990 年版,第 897 页。

　　⑤ ［明］胡宗宪修,［明］薛应旂纂:《［嘉靖］浙江通志》卷十七《贡赋志第三之一》,明嘉靖辛酉年(1561)刻本,《天一阁藏明代方志选刊续编》(第 24 册),上海书店 1990 年版,第 909 页。

　　⑥ ［明］胡宗宪修,［明］薛应旂纂:《［嘉靖］浙江通志》卷十七《贡赋志第三之一》,明嘉靖辛酉年(1561)刻本,《天一阁藏明代方志选刊续编》(第 24 册),上海书店 1990 年版,第 914 页。

　　⑦ ［明］胡宗宪修,［明］薛应旂纂:《［嘉靖］浙江通志》卷十七《贡赋志第三之一》,明嘉靖辛酉年(1561)刻本,《天一阁藏明代方志选刊续编》(第 24 册),上海书店 1990 年版,第 918 页。

六十斤二两一钱,有闰加二百九斤一十五两,又折银硃二十四斤一十一两五钱有奇;鱼鳔折鱼线胶一十八斤一十四两有奇;翎毛折熟铁二百二斤一十三两有奇,有闰加一十二斤三两有奇"①。台州府"鱼课米二千二百四十九石五斗六升一合有奇,有闰加一百七十七石六斗八升","鱼油、翎鳔,翎鳔折黄麻二十一斤六两有奇"②。温州府"鱼课米二千六百二十一石九斗九升一勺,有闰加四十二石九斗三升","鱼油、翎鳔、生铜四十七斤五两有奇,有闰加四斤二两有奇"③。

图 2-8　刺头梅童鱼

　　虽然明代鱼课与河泊课合二为一,但明代的鱼课由隶属州县的税课局和隶属朝廷的河泊所分别征收,如明朝初期,海盐县税课局正办课钞内"鱼课钞六百四十一锭五百文",澉浦税课局正办课钞内"鱼课钞三百一十七锭二贯文",乍浦税课局正办

　　① ［明］胡宗宪修,［明］薛应旂纂:《［嘉靖］浙江通志》卷十七《贡赋志第三之一》,明嘉靖辛酉年(1561)刻本,《天一阁藏明代方志选刊续编》(第 24 册),上海书店 1990 年版,第 924 页。

　　② ［明］胡宗宪修,［明］薛应旂纂:《［嘉靖］浙江通志》卷十七《贡赋志第三之一》,明嘉靖辛酉年(1561)刻本,《天一阁藏明代方志选刊续编》(第 24 册),上海书店 1990 年版,第 929、930 页。

　　③ ［明］胡宗宪修,［明］薛应旂纂:《［嘉靖］浙江通志》卷十七《贡赋志第三之一》,明嘉靖辛酉年(1561)刻本,《天一阁藏明代方志选刊续编》(第 24 册),上海书店 1990 年版,第 935 页。

课钞内"鱼课钞四千六百三十二锭九贯五十文",当湖税课局正
办课钞内"鱼课钞一十一锭一百二十文",广陈税课局正办课钞
内"鱼课钞七十四锭四贯四百文"①。此外,乍浦河泊所"正办鱼
课钞一万八千八十五锭一贯二百一十文。带办翎鳔(图2-9)折
收黄麻五千五百六十二斤七两,翎毛五万八千二百五根,每一
丁四根,折收黄麻一斤,共麻四千一百五十九斤八两;鱼鳔一百
四十斤七两九钱,每斤折收黄麻一十两,共麻一千四百四斤一
十五两"②。

图 2-9　凤鲚

温州府乐清县永乐十年(1412)上缴鱼课,本县税课局"鱼
课钞五百二十六定四贯二伯文",河泊所鱼课"钞二千六百七十
定三贯五佰五十文,鱼油准收桐油八千二百二十九斤七两二
钱,翎鳔准黄麻七百九十一斤四两五钱"③。温州府瑞安县永乐
十年上缴各色课程中,东安税课"鱼课钞一千四十五锭二贯五
百二十文",三港税课"鱼课钞一十五锭一贯九百文";河泊所鱼

　　① ［明］樊维城、［明］胡震亨等纂修:《[天启]海盐县图经》卷六《食
货篇第二之下·课程》,明天启四年(1624)刊本,《中国方志丛书·华中地
方》(第589号),(台北)成文出版社有限公司1983年版,第525—528页。
　　② ［明］樊维城、［明］胡震亨等纂修:《[天启]海盐县图经》卷六《食
货篇第二之下·课程》,明天启四年(1624)刊本,《中国方志丛书·华中地
方》(第589号),(台北)成文出版社有限公司1983年版,第528页。
　　③ 《[永乐]乐清县志》卷三《田土·各色课程·河泊所》,天一阁藏明
刻本,《天一阁藏明代方志选刊》,上海古籍书店1963年版,第16—17页。

课"米二千二百四十石七斗五升,钞一百二十一锭四百四十九
文,鱼油折收桐油三千三百六十一斤二两七钱,鱼鳔折收黄麻
八十四斤七两六钱六分"①。永乐十年,慈溪县河泊所岁办各色
课程中,"正办章宪建言船料课钞七十九锭二贯九百七十文,鱼
业户主揽载生理船课钞七百七十八锭一贯三百四十文,带办鱼
油折收桐油三千三百六十一斤四两,翎毛折收黄麻一千一百四
十七斤一十一两三钱三分一厘,络麻四百五十三斤一十四两三
钱三分七厘四毫,鱼课本色七十斤一两一钱九分九厘一毫"②。
永乐十年,嘉兴海宁"本县河泊所渔船等课钞二千八百八十四
锭二贯五百四十文,碤石河泊所渔船等课钞一千五十锭二贯五
百三十文"③。永乐年间(1403—1424),台州黄岩县的鱼课米征
收情况为税课局"带办渔米八十三石五斗六升,河泊所岁课钞
二百九十六锭六百文,带办鱼油、翎鳔之折收桐油黄络麻(图2-
10)七百七斤十一两一钱八分;河泊所课米一千一百四十八石,
课钞四百四十一锭四贯二百二十一文"④。

---

① 　[明]刘伏、[明]欧阳熙纂:《[嘉靖]瑞安县志》卷三《田赋志·课
程》,明嘉靖乙卯年(1555)刻本,载中国科学院图书馆选编:《稀见中国地
方志汇刊》(第十八册),中国书店1992年版,第701—702页。
② 　[明]姚宗文纂修,[明]李逢申订正:《[天启]慈溪县志》卷三《贡
赋》,明天启四年(1624)刊本,《中国方志丛书·华中地方》(第490号),
(台北)成文出版社有限公司1983年版,第162页。
③ 　[清]战鲁村修:《[乾隆]海宁州志》卷三《课程》,清乾隆四十年
(1775)修,道光二十八年(1848)重刊本,《中国方志丛书·华中地方》(第
591号),(台北)成文出版社有限公司1983年版,第501页。
④ 　[明]袁应祺辑:《[万历]黄岩县志》卷三《食货志·课程·诸色课
程》,明万历乙卯年(1615)刻本,《天一阁藏明代方志选刊》,上海古籍书店
1963年版,第12页。

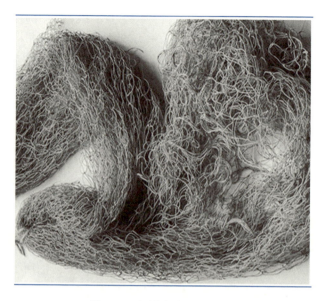

图 2-10　用于编织渔网的苎麻网

　　渔民上缴鱼课以米为主,其次是银两。宣德七年(1432)三月,浙江鱼课"皆折收钞,每银一两,纳钞一百贯"①。弘治年间(1488—1505),温州府额办课程钞中,"鱼课米二千六伯二十一石九斗九升八勺";河泊所"额办鱼课钞五千一伯四锭二贯五佰六十文,本色钞二千五伯五十二锭一贯二伯八十文,兼收铜钱二万五千五佰二十三文"②。温州府下属各县,永嘉县额办课程钞中,"鱼课米五伯一十五石一斗五升八勺";瑞安县额办课程钞中,"鱼课米一千六十二石九斗七升";平阳县额办课程钞中,

　　① 《明实录·宣宗实录》卷八十八,宣德七年三月庚申朔条,(台北)"中央研究院"历史语言研究所 1961 年版,第 2018 页。
　　② [明]王瓒、蔡芳编纂:《[弘治]温州府志》卷七《版籍·课程》,明弘治十六年(1503)刻本,《天一阁明代方志选刊续编》(第 32 册),上海书店 1990 年版,第 249 页。

"鱼课米一千四十三石八斗七升"①。正德年间(1506—1521)，嘉善县风泾税课局鱼课钞一十九锭一贯六百文，带办魏塘税课局鱼课钞二十五贯二百一十文。②

二、明朝中期的浙江海洋渔业（嘉靖年间）

嘉靖年间(1522—1566)，浙江沿海各地编修了大量地方志，从这些地方志中可以看到当时浙江沿海各地的海洋渔业资源开发已经非常成熟，各地都有自己独特的海鲜特产。

《[嘉靖]浙江通志》卷七十《杂志第十一之八·物产》记载，当时浙江海洋渔业资源开发的种类有："鳞之类"的鲤、鲫、鳜、鲴、鲇、鲚、鳢、鲩、鳖、䰵、鮠、杨、鲀、鳅、鳗、鳣、鲭、鲹、鲡、鮸、鲗、鲦、章匡、乌贼、黄馈、黄鲭、黄颡、青鱼、土鳖鱼；"甲之类"的龟、鳖、蚌、蛤、虾、蛏、鲎、蚬、田螺、辣蛳、乌蛳、螺、海蛳、蝤蛑、蟹、黄甲、穿山甲、淡菜、蟛蜞；"食之类"的蹼跳所鲞，"所在海中，其鲞特鲜美"；"蔬之类"的宁波紫菜、鹿角菜(图2-11)，温州石发菜。③ 在"鳞介之类"中，杭州的石斑鱼，富阳的篛鱼、鲥鱼，

---

①　[明]王瓒、蔡芳编纂:《[弘治]温州府志》卷七《版籍·课程》，明弘治十六年(1503)刻本，《天一阁明代方志选刊续编》(第32册)，上海书店1990年版，第249—250页。

②　[明]倪玑:《[正德]嘉善县志》卷三《课程》，明正德丁丑年(1517)刊本，哈佛大学汉和图书馆藏，第15—16页。

③　[明]胡宗宪修，[明]薛应旂纂:《[嘉靖]浙江通志》卷七十《杂志第十一之八·物产》，明嘉靖辛酉年(1561)刻本，《天一阁藏明代方志选刊续编》(第26册)，上海书店1990年版，第923—925页。

湖州的鲈鱼、鱼鲊，宁波的紫鱼、蛴蛑、淡菜、蚶、土铁、蛏，萧山的银鱼，余姚的鳓鱼，台州的火鱼、撮千鱼、望潮鱼，衢州石轮，温州牡蛎、西施舌都是比较有名的特产。①

图 2-11　鹿角菜

《[嘉靖]宁波府志》卷十二《志八·物产》记载，当时宁波海洋渔业资源开发的种类有："水实之属"的苔、紫菜、海藻；"药之属"的海螵蛸②；"鳞之属"的鲈鱼、石首鱼、鲵鱼、华脐鱼、火鱼、肋鱼、鲻鱼、鳢鱼、鲫鱼、银鱼、鳗、马鲛鱼、阑胡、鲟鳇鱼、鲇鱼、吐哺鱼、水母、带鱼、鲳鲦、箸鱼、海鲫、竹筴鱼、魟鱼、江豚、吹沙鱼、鹳嘴鱼、乌鱼、鮠鱼、青鳞鱼、青颡鱼、鲨鱼、比目鱼、墨鱼、章巨、鲹鱼、白鱼、梅鱼、鲢鱼、鳙鱼、海鳅、泥鱼、泽鱼、箭鱼、紫鱼、短鱼、杜鱼、邵洋鱼、地青鱼；"介之属"的蛴蛑、蟛、螃蟹、彭蜞、

————————

①　[明]胡宗宪修，[明]薛应旂纂：《[嘉靖]浙江通志》卷七十《杂志第十一之八·物产》，明嘉靖辛酉年(1561)刻本，《天一阁藏明代方志选刊续编》(第26册)，上海书店1990年版，第927—928页。

②　即墨鱼骨。

鼋、鳖、龟、鲎、淡菜、蟟、螺、蛤蜊、蛏子、蚶子、龟脚、蚬、土铁、海狮、黄蛤、江瑶柱、海月、蛎房、蠵、车螯、沙噢。①

《[嘉靖]象山县志》卷四《风物纪·物产》记载，当时象山海洋渔业资源开发的种类有："蔬之类"的紫菜、海薹；"药之类"的牡蛎、文蛤；"货之类"的蛎灰；"鳞之类"的鲈鱼、鲻鱼、紫鱼、箸鱼、黄鱼、鲋鱼、鳎鱼、泥鱼、鮀鱼、乌贼、箭鱼、鲑鱼、白扁、鲳鱼、鲨鱼、比目、鮂鱼、魟鱼、鳙鱼、马鲛、海鲫、弹涂、望潮、泽鱼、鳗、鳢、鳅、枫叶、鳡鱼；"甲之类"的螃蟹、蟳蚌、蟛蟣、刚蟹、车螯、鲎、蛏、蛤蜊、虾、螺、蛾、海狮、香蠵、鳖、鬼、蚌、土铁、千年蟹、淡菜、酒钟、沙蜻。②

《[嘉靖]定海县志》卷八《物土志·物产》记载，当时定海海洋渔业资源开发的种类有："水实之属"的紫菜、海藻、鹿角菜；"药之属"的牡蛎、海螵蛸；"鳞之属"的鲈鱼、石首鱼、鲵鱼、华脐鱼、火鱼、肋鱼、鲻鱼、鳢鱼、鲫鱼、银鱼、鳗、水母、鲳鱇、带鱼、箸鱼、海鲫、竹筴鱼、魟鱼、江豚、吹沙鱼、鹳嘴鱼、鮸鱼、鲨鱼、比目鱼、墨鱼、章巨、龙头鱼、白鱼、梅鱼、海鳅、泽鱼；"介之属"的蟳蚌、蟟、螃蟹、蟛蟣、蚌、鼋、鳖、龟、鲎、淡菜、蟟、螺、蛤蜊、蛏子、

---

①　[明]张时彻纂修，[明]周希哲订正：《[嘉靖]宁波府志》卷十二《志八·物产》，明嘉靖三十九年(1560)刻本，明善堂览书画印记、安乐堂藏书记，早稻田大学图书馆藏，第9—13页。

②　[明]毛德京纂修：《[嘉靖]象山县志》卷四《风物纪·物产》，明嘉靖三十五年(1556)刻本，《天一阁明代方志选刊续编》(第30册)，上海书店1990年版，第99—104页。《[嘉靖]象山县志》中"蔬之类"的海薹；"药之类"的文蛤；"货之类"的蛎灰；"鳞之类"的紫鱼、鲋鱼、鳎鱼、鮀鱼、鲑鱼、白扁、弹涂、望潮、枫叶、鳡鱼；"甲之类"的刚蟹、虾、蛾、鳖、蚌、千年蟹、酒钟、沙蜻，在《[嘉靖]宁波府志》中未见记载。

蚶、龟脚、蚬、土鐵、海狮、黄哈、海月、蛎房、璅蛣。①

《[嘉靖]临山卫志》卷四《物产》记载,当时余姚临山卫海洋渔业资源开发的种类有:"药类"的海螵蛸;"鳞类"的鲈鱼、鲤鱼、鲫鱼、黄鱼、鳝鱼、黑鱼、鳗鱼、鲻鱼、鲳鱼、鲹鱼、鲜鱼、江豚(图 2-12)、带鱼、鲋鱼、梅鱼、白鱼、赤鳝、河豚、章巨、鮎鱼、阑胡、马鲛鱼、比目鱼、鲟鳇鱼、石首鱼;"介类"的蜻蜓蟹、彭越蟹、子蟹、黄蛤、土铁、海狮、蛤蜊、田螺、白蟹、龟、鳖、螃蟹、虾、蚌、蛏。②

图 2-12　黄鳍东方鲀

《[嘉靖]太平县志》卷三《食货志·物产》记载,当时太平海洋渔业资源开发的种类有:"蔬之类"的苔、紫菜、海藻;"药之类"的过海藤;"货之类"的蛎灰;"鱼之类"的鲈、石首、鲑、鳖、鳝、马鲛、沙、比目、枫叶、鲎、缁、鲤、银鱼、鲋、鼍、白鱼、鲲、鲫、梅

---

① 　[明]张时彻纂修,[明]何愈订正:《[嘉靖]定海县志》卷八《物土志·物产》,明嘉靖四十二年(1563)刊本,《中国方志丛书·华中地方》(第502 号),(台北)成文出版社有限公司 1983 年版,第 319—329 页。另见《天一阁明代方志选刊续编》(第 29 册),上海书店 1990 年版,第 763—773页。《[嘉靖]定海县志》中,鹿角菜、牡蛎、龙头鱼、璅蛣,在《[嘉靖]宁波府志》中未见记载。

② 　[明]朱冠、[明]耿宗道等纂修:《[嘉靖]临山卫志》卷四《物产》,明嘉靖年间修,1914 年 4 月刊印本,《中国方志丛书·华中地方》(第 564号),(台北)成文出版社有限公司 1983 年版,第 148 页。

首、魦、火鱼、蠕、竹夹、白袋、乌泽、柿核、虹、鱲、地青、细鳞、石勃
卒、鲇、子鱼、华脐、带鱼、鳝、鳗、鮹、青鳞、鳅、章巨、江珧、螺、车
螯、虾、鳖、乌贼、蛤蜊、蛏、蚶、雉、龟脚、牡蛎、蝤蛑、蟹、螃蟹、彭
越、千人擘、蚌、海月、石帆、石礧、鲨、鲀、蛤、淡菜、蝛、龟、
跳鱼。①

《［嘉靖］海门县志》卷四《食货·土产》记载，当时海门海洋
渔业资源开发的种类有："鳞类"的鲤、鲋、鲻、鲶、鲈、魦、鲢、鲫、
鳜、鲭、鳝、鲳、鳗鲡、黑鱼、鳊、面鱼、针口鱼、极鱼；"介类"的龟、
鳖、蟹、蟛蜞、蛏、蟢蟹、蛤蜊、车螯、蝤蛑、蚬。②

《［嘉靖］瑞安县志》卷三《田赋志·物产》记载，当时瑞安海
洋渔业资源开发的种类有"蔬类"的紫菜、苔、鹿角菜；"鳞类"的
鲤鱼、石首、鲋鱼、金鱼、勒鱼、鳖鱼、鲈鱼、鲻鱼、马鲛、虹鱼、魦
鱼、鲛鱼、黄脊、鲫鱼、鲇鱼、白小鱼、银鱼、鳙鱼、带鱼、鳗鱼、青
鳞、鳓鱼、弓鱼、鲋鱼、时饴鱼、火鱼、比目鱼、望潮、黄驹、鲀鱼、阑
胡、乌贼、鳝鱼、草鱼；"介类"的龟、鳖、蟹、蝤蛑、彭蜞、蟷、蝦、
蟳、鲨、龟脚、殻菜、蛎房、车螯、蛏子、蚶、螺、海狮、拥剑、蚬、土
蚨、穿山甲、石蟹；"货类"的蛎灰。③

嘉靖年间(1522—1566)，浙江沿海渔民对于海洋生物的认
知进一步丰富。如墨鱼，"状如笑，囊口旁两鬃若带极长，风波

---

①　［明］叶良佩等纂修：《［嘉靖］太平县志》卷三《食货志·物产》，明
嘉靖十九年(1540)刻本，《天一阁藏明代方志选刊》，上海古籍书店 1963
年版，第 6、9、13、17—19 页。

②　［明］崔桐辑：《［嘉靖］海门县志》卷四《食货·土产》，明嘉靖丁酉
年(1537)刻本，《天一阁藏明代方志选刊》，上海古籍书店 1963 年版，第
19—20 页。

③　［明］刘伏、［明］欧阳熙：《［嘉靖］瑞安县志》卷三《田赋志·物
产》，明嘉靖乙卯年(1555)刻本，载中国科学院图书馆选编：《稀见中国地
方志汇刊》(第十八册)，中国书店 1992 年版，第 696、698—699 页。

稍急,以鬃粘石为缆。其腹有墨,奸人以此书券,踰年则为白纸矣。图经云,一名乌鲗(图2-13),能喷墨溷水以自卫,使水逆不为人所害,然群行水中,人见墨水至,辄下笱罗而得之。有骨,

图 2-13 中国枪乌贼

厚三四分,形如樗蒲子而长清脆,如通草可刻名海螵蛸,可入药,性嗜。乌尝仰浮水面以饵乌鸟来啄,辄以须裹其足沉诸水而食之,故又名乌贼。"①此外,随着嘉靖年间海防形势的严峻,政府更加重视沿海渔民在海防中的重要性,相关涉及浙江海洋渔业活动的文献日渐丰富。戚继光的《纪效新书》就有对浙江捕鱼苍船的详细记载:"夫苍船最小,旧时太平县地方捕鱼者多用之,海洋中遇贼战胜,遂以著名。殊不知彼时各渔人为命负极之势,亦如贼之入我地是也,今应官役便知爱命。然此船小而上高,不过五尺,就加以木打棚架,亦不过五尺。贼舟与之相等,既势均不能冲犁。若使径逼贼舟,两艘相联,以短兵斗力,我兵决非长策,多见误事。但若贼舟甚小,一入裹海,其我大福海沧不能入,必用苍船以追之。此船吃水六七尺,与贼舟等耳。其捞取首级,水潮中可以摇驰而快便,三色之中,又此为利。近

---

① [明]张时彻纂修,[明]周希哲订正:《[嘉靖]宁波府志》卷十二《志八·物产》,明嘉靖三十九年(1560)刻本,早稻田大学图书馆藏,第11页。

者改制为艟桥,比苍船稍大,比海沧更小,而无立壁,最为得其中制。遇倭舟或小或矮,皆可施功。"①浙江捕鱼苍船"吃水六七尺",相当于现在吃水两米。按照一般船只长∶宽∶深＝7∶1∶0.6的比例关系,苍船的长度超过 30 米,宽度为 4 米左右,这和明嘉靖间政府对浙江渔船的规范是符合的。当时任福建兵备副使的宋仪望在剿灭倭寇后,上疏朝廷《海防善后事宜疏》,建议"今议雇募沙船,当照依民间采捕黄鱼雇直,每船梁头一丈四尺者,给与银三十两,每船用兵夫三十五人,听以家丁应招船价口粮,皆许预支,不烦追呼,民争响应,汛毕仍令歇班,以省冗费"②。从文献中可知,明朝中期政府出于海防需要雇佣的渔船形制。

嘉靖年间,浙江的海洋渔业已经形成规模,依附渔业的从业人员在沿海人口中所占的比例已经非常庞大。"向来定海、奉、象一带贫民以海为生,荡小舟至陈钱、下八山取壳肉、紫菜(图 2-14)者,不啻万计。"③"若定海之舟山,又非普陀诸山之比,其地则故县治也,其中为里者四,为澳者八十三,五谷之饶,

① 〔明〕戚继光:《纪效新书》卷十八《治水兵篇第十八·海沧说》,《景印文渊阁四库全书》第七二八册《子部第三四册·兵家类》,(台北)台湾商务印书馆 1986 年版,第 679 页。

② 〔明〕陈子龙等辑:《皇明经世文编》卷三百六十二《宋督抚奏疏·海防善后事宜疏:防倭》,明崇祯平露堂刻本,载《续修四库全书》编纂委员会编:《续修四库全书》第一六六〇册《集部·总集类》,上海古籍出版社 2002 年版,第 454 页。

③ 〔明〕陈子龙等辑:《皇明经世文编》卷二百七十《御倭杂著·倭寇论》,明崇祯平露堂刻本,载《续修四库全书》编纂委员会编:《续修四库全书》第一六五九册《集部·总集类》,上海古籍出版社 2002 年版,第 125 页。

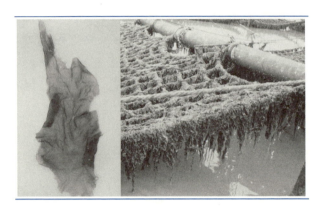

图 2-14　坛紫菜

鱼盐之利,可以食数万众,不待取给于外。"①台州太平农民除正常务农外,"或水而渔,或山而樵,或畲而种植,或操舟于河,或取灰于海"②。针对浙江沿海庞大的渔业从业人口,政府在实行类似对外贸易那种严格的管制措施中顾虑重重。"国初立法,寸版片帆,不许下海。百八十年以来,海滨之民,生齿蕃息,全靠渔樵为活。每遇捕黄鱼之月,巨艘数千,俱属犯禁。议者每欲绝之,而势有难行,情亦不忍也。"③"温、台、宁波沿海居民,以

　　①　[明]陈子龙等辑:《皇明经世文编》卷二百六十七《胡少保海防论·舟山论·舟山设备》,明崇祯平露堂刻本,载《续修四库全书》编纂委员会编:《续修四库全书》第一六五九册《集部·总集类》,上海古籍出版社2002年版,第95页。

　　②　[明]叶良佩等纂修:《[嘉靖]太平县志》卷三《食货志·户口·民业》,明嘉靖十九年(1540年)刻本,《天一阁藏明代方志选刊》,上海古籍书店1963年版,第2页。

　　③　[明]陈子龙等辑:《皇明经世文编》卷二百八十三《王司马奏疏·条处海防事宜仰祈速赐施行疏》,明崇祯平露堂刻本,载《续修四库全书》编纂委员会编:《续修四库全书》第一六五九册《集部·总集类》,上海古籍出版社2002年版,第261页。

捕鱼为生,禁之则虑他变,纵之则岁为倭奴虏掠。"①就海上作业
而言,除了平时职业渔民常年依靠捕鱼为生外,大部分从事捕
捞的人员只是在大的鱼汛期才大规模出动。每当黄鱼鱼汛来
临的时候,东南江、浙、闽三省沿海渔船纷纷出港自江苏淡水门
开始跟着渔汛南下,"宁、台、温大小以万计,苏州沙船以数百
计,小满前后放船,凡三度,谓之三水黄鱼"②。对于黄鱼捕捞,
《[万历]嘉兴府志》记载了当地嘉靖年间岁贡黄鱼的捕捞情况:

> 黄鱼出自海洋,荐之庙庭,亦冰鲜之一品,本府乍
> 浦河泊所管领此贡。国初,在海盐县城南闸口出海。
> 每年遇小满风汛,原编渔户内,年轮七名采捕收港。
> 官选如式黄鱼三百尾,用冰置朱红桶驿舟上供,前途
> 遇有冰窖衙门取冰添换,遵行已久。自正统七年,倭
> 贼登岸肆劫,有妨出海,奏改直隶苏州府太仓州刘家
> 河出捕。嘉靖十三年,海贼施天泰、董琪等作耗,该巡
> 按海道衙门准令杭州府钱塘江从赭山外洋采捕,后复
> 准令刘家河隔别地方出海。十六年,海贼秦蕃等劫
> 掠,妨碍获鱼,委官渔户俱逮于辜。次年,复议于钱塘
> 江赭山港出海。三十二年,渔户贺天佑等驾船六只,
> 由钱塘鳖子门出洋回还。海寇劫杀稍水陈志忠等,掳
> 去鱼船五只,止存一只收港,仅能充贡。三十三年,河

---

① ［明]陈子龙等辑:《皇明经世文编》卷三百六十二《宋督抚奏疏·
海防善后事宜疏:防倭》,明崇祯平露堂刻本,载《续修四库全书》编纂委员
会编:《续修四库全书》第一六六〇册《集部·总集类》,上海古籍出版社
2002 年版,第 452 页。

② ［明]郑若曾:《论黄鱼船之利》,载王祖畲等纂:《太仓州志》卷十
五《兵防下·防海议》,1919 年刊本,《中国方志丛书·华中地方》(第 176
号),(台北)成文出版社有限公司 1975 年版,第 1034 页。

泊所具申合干诸司,改于乍浦就雇苍山守哨船出洋,
拨官军防护。倭寇纵横劫掳,不敢出洋。郡守刘公悫
具题,乞恩容令补贡。蒙旨允行。二十五年,仍于乍
浦出海。三十七年,复于海盐县龙王塘出海采捕。①

　　对于捕捞上来的海产品,视离销售市场的远近采用不同的保
藏与运销方式,腌制仍是主要的加工方式。明《[嘉靖]定海县志》
卷八《物土志·物产·鳞之属》"石首鱼"条云:"至四月、五月海郡
民发巨艘往洋山竞取,有潮汛往来谓之'洋山鱼',用盐腌之曝干
曰'白鲞'(图 2-15),通商贩于外。"②台州太平县捕捞的石首鱼
"腌暴为鲞,不腌而暴曰'白鲞',其鳔可作胶";又如,鲞"前启切,
子多而肥,夏初暴干可以寄远,又有大者曰'马鲞',可脍,亦呼'鲂
鱼'"③。台州太平县商人"近年有至温州闽中者,或货海鱼者,率
用海舶在附近海洋网取黄鱼为鲞,散鬻于各处,颇有羡利;又有以
扈箔取者皆杂鱼厥利;次之货海错者率在海涂,负檐鬻于县境诸

　　① [明]刘应钶重修,[明]沈尧中编纂:《[万历]嘉兴府志》卷八《贡
品》,明万历二十八年(1600)刊本,《中国方志丛书·华中地方》(第 505
号),(台北)成文出版社有限公司 1983 年版,第 481—483 页;[明]樊维
城、[明]胡震亨等纂修:《[天启]海盐县图经》卷五《食货篇第二之上·
贡》,明天启四年(1624)刊本,《中国方志丛书·华中地方》(第 589 号),
(台北)成文出版社有限公司 1983 年版,第 456—457 页。
　　② [明]张时彻纂修,[明]何愈订正:《[嘉靖]定海县志》卷八《物土
志·物产·鳞之属》,明嘉靖四十二年(1563)刊本,《中国方志丛书·华中
地方》(第 502 号),(台北)成文出版社有限公司 1983 年版,第 323 页。
　　③ [明]叶良佩等纂修:《[嘉靖]太平县志》卷三《食货志·物产·鱼
之类》,明嘉靖十九年(1540)刻本,《天一阁藏明代方志选刊》,上海古籍书
店 1963 年版,第 17 页。

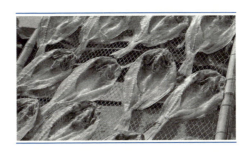

图 2-15　黄鱼鲞

民家"①。保鲜技术的好坏直接影响到销售市场的远近:保鲜时间越长,销售市场越远,渔产品的价格就会越高,渔民的收入也会相应增加。舟山院门就是非常重要的海盐产地,加上海盐保鲜技术非常简单且实用,一般渔民很容易获得原料及保鲜方法。嘉靖年间,浙江的海产品除了用于食用、药用和建筑材料外,鱼鲞还用于各种祭祀活动。如《[嘉靖]瑞安县志》载,先师庙的祭品中就有醢鱼十斤,蕉蒌鱼一斤;乡贤祠的祭品中有醢鱼二斤。② 这一时期,值得注意的是,浙江沿海的海洋渔业养殖业逐渐形成规模。据《[嘉靖]浙江通志》记载,宁波有蚶田四亩二分五厘,蚶涂二顷一十六亩有奇;蛤岸六顷三十九亩二分五厘;壳货三顷六亩八分有奇;海涂沙岸四十四顷亩。③

---

① 　[明]叶良佩等纂修:《[嘉靖]太平县志》卷三《食货志·户口·民业》,明嘉靖十九年(1540)刻本,《天一阁藏明代方志选刊》,上海古籍书店1963年版,第 3 页。

② 　[明]刘伏、[明]欧阳熙纂:《[嘉靖]瑞安县志》卷二《建置志·学校·庙制》,明嘉靖乙卯年(1555)刻本,载中国科学院图书馆选编:《稀见中国地方志汇刊》(第十八册),中国书店 1992 年版,第 674—675 页。

③ 　[明]胡宗宪修,[明]薛应旂纂:《[嘉靖]浙江通志》卷十七《贡赋志第三之一》,明嘉靖辛酉年(1561)刻本,《天一阁藏明代方志选刊续编》(第 24 册),上海书店 1990 年版,第 922 页。

浙江
海洋渔业史话

　　嘉靖年间,出于沿海海防形势的需要,政府逐渐加强对沿海渔民的管理。明成化二年(1466)进士、曾担任浙江参政的江苏太仓人陆容在《菽园杂记》中就记录了自己对海洋渔业的看法:"予尝谓濒海以鱼盐为利,使一切禁之,诚非所便。但今日之利,皆势力之家专之,贫民不过得其受雇之直耳。其船出海,得鱼而还则已,否则遇有鱼之船,势可夺,则尽杀其人而夺之,此又不可不禁者也。若私通外蕃,以启边患,如闽、广之弊则无之。其采取淡菜龟脚鹿角菜之类,非至日本相近山岛则不可得,或有启患之理。此固职巡徼者所当知也。"①曾担任南京中军都督府佥事的浙江鄞县人②万表(1498—1556)认为:"向来海上渔船出近洋打鱼樵柴,无敢过海通番,近因海禁渐弛,勾引番船,纷然往来海上,各认所主,承揽货物装载,或五十艘(图2-16),或百余艘,成群合党,分泊各港。又各用三板草撇脚船,不可胜计,在于沿海,兼行劫掠,乱斯生矣。"③对于海上的诸多情势。嘉靖三十二年(1553)八月壬寅,南直隶给事中王国桢上疏"御倭方略",要求朝廷将"捕鱼、樵采无碍海防者,编立字号,验放出入"④,获得朝廷许可。为了保证渔船出海作业的安全,同时也为了防止其"交通内外",政府会派水师在汛期监督渔船的

---

　　① 〔明〕陆容:《菽园杂记》卷十三,清嘉庆十五年(1810)墨海金壶本,《元明史料笔记丛刊》,中华书局1985年版,第156页。

　　② 另一说万表为安徽定远人。关于万表的籍贯,可参见龚延明、祖慧:《鄞县进士录》,浙江古籍出版社2010年版,第567—568页。

　　③ 〔清〕顾炎武:《天下郡国利病书》第二十二册《浙江下》,上海涵芬楼景印昆山图书馆藏明崇祯十二年(1639)稿本,载《续修四库全书》编纂委员会编:《续修四库全书》第五九七册《史部·地理类》,上海古籍出版社2002年版,第43页。

　　④ 《明实录·世宗实录》卷四〇一,嘉靖三十二年八月壬寅条,(台北)"中央研究院"历史语言研究所1961年版,第7031—7033页。

图 2-16　石浦渔港渔船

海上活动。江浙交界处的大羊山、淡水洋，"乃倭奴入寇必经之道，黄鱼出时，乃春汛倭至不先不后之期"。因此，"每年四月出洋时，各郡渔船大小以万计，人力则整肃，器械则犀利。唐公顺之捧敕视师，纳军门。每府鱼船若干，辅以兵船若干，相须而行，协力而战"①。随着海防形势的严峻，作为地方政府的首脑，一些总督和巡抚都认识到渔民在海防体系中的重要价值。嘉靖三十四年(1555)八月壬辰，督察军情侍郎赵文华上奏朝廷，请求将"宁、绍、台、温、苏、松捕鱼船，及下捌山捕福仓等船，约束分布，相兼战守"②，获得朝廷首肯。

在赋税征收方面，《[嘉靖]浙江通志》载，浙江"有贡、有赋、有役，赋则有夏税、秋粮、鱼油、翎鳔、额办、坐办、杂办；役则有

① 〔清〕顾炎武：《天下郡国利病书》第六册《苏松》，上海涵芬楼景印昆山图书馆藏明崇祯十二年(1639)稿本，载《续修四库全书》编纂委员会编：《续修四库全书》第五九五册《史部·地理类》，上海古籍出版社 2002年版，第 759 页。

② 《明实录·世宗实录》卷四二五，嘉靖三十四年八月壬辰条，(台北)"中央研究院"历史语言研究所 1961 年版，第 7362—7363 页。

银差、力差;贡,曰:茶芽五百斤,曰:黄鱼三百尾"①。嘉靖年间
(1522—1566),温州上贡海产品种类没有变化,各种海产品除
石首鱼外,永嘉、瑞安、乐清、平阳"旧各贡所有"②。嘉靖年间,
宁波府岁贡"海错十有七,曰泥螺、曰紫菜、曰鹿角菜、曰蚶子、
曰酱蚶子、曰酱蟫蜉、曰鮸鱼、曰银鱼、曰鲳鱼、曰鲻鱼、曰跳鲻
鱼、曰鲈鱼、曰鳗鱼、曰海鲫鱼、曰龙头鱼、曰墨鱼干";鄞县岁贡
"海错五,曰泥螺、曰紫菜、曰虾米、曰鹿角菜、曰墨鱼干";慈溪
岁贡"海错四,曰鮸鱼、曰鲻鱼、曰泥螺、曰虾米";奉化岁贡"海
错九,曰蚶子、曰蟶干、曰鮸鱼、曰银鱼、曰鲈鱼、曰鲳鱼、曰鳗
鱼、曰海鲫鱼、曰跳鲻鱼";定海岁贡"海错七,曰虾米、曰泥螺、
曰紫菜、曰龙头鱼、曰鮸鱼、曰鲻鱼、曰酱蟫蜉";象山岁贡"海错
七,曰虾米、曰泥螺(图 2-17)、曰鮸鱼、曰鲻鱼、曰鲈鱼、曰海鲫
鱼、曰龙头鱼"③。此外,宁波府额办麻胶鱼油翎鳔,"有闰共该
银二百四十二两六钱一分七厘七毫六丝一忽九微二尘六织,无
闰共该银二百二十三两九钱四厘一毫九丝六忽六微一尘";鄞
县"有闰连路费该银一百一十二两二钱五分五厘一毫二丝四忽
一微七尘二织五渺,无闰连路费该银一百三两六钱二分六毫二
丝四忽四微三尘";慈溪"有闰连路费该银七十四两三钱二分七
厘,无闰该银六十七两八钱九分七厘四毫";奉化"有闰连路费
该银一十八两四钱六分九厘八毫七丝四忽八微六织,无闰连路

①　[明]胡宗宪修,[明]薛应旂纂:《[嘉靖]浙江通志》卷十七《贡赋
志第三之一》,明嘉靖辛酉年(1561)刻本,《天一阁藏明代方志选刊续编》
(第 24 册),上海书店 1990 年版,第 879 页。
②　[明]张璁:《[嘉靖]温州府志》卷三《贡赋·岁进》,明嘉靖丁酉年
(1537)刻本,天一阁藏明代方志选刊,上海古籍书店 1963 年版,第 1 页。
③　[明]张时彻纂修,周希哲订正:《[嘉靖]宁波府志》卷十二《物
产·贡赋·方物·岁贡》,明嘉靖三十九年(1560)刻本,明善堂览书画印
记、安乐堂藏书记,早稻田大学图书馆藏,第 14—15 页。

图 2-17 棒锥螺

费该银一十六两八钱一分九厘四毫六丝五忽";定海"有闰连路
费该银二十两六钱二厘二毫五丝四忽三微七尘五织,无闰连路
费该银一十九两八钱六厘一毫二丝三忽九微八尘八织"[1];象山
"有闰连路费该银一十六两九钱六分三厘五毫八忽五微八尘,
无闰连路费该银一十五两七钱六分五毫八丝三忽二微"[2]。宁
波府杂办陪纳鱼油翎鳔,"鄞奉二县征银解司附解"[3]。鄞县"带

---

① 另有文献记载,定海县额办麻胶鱼油翎鳔总计"有闰连路费该银
二十两六钱二厘一毫五丝四忽二微七尘五织,无闰连路费该银一十九两
八钱六厘一毫二丝三忽九微八尘八织"。见［明］张时彻纂修,［明］何愈订
正:《［嘉靖］定海县志》卷八《物产志·贡赋·额办》,明嘉靖四十二年
(1563)刊本,《中国方志丛书·华中地方》(第 502 号),(台北)成文出版社
有限公司 1983 年版,第 332 页。

② ［明］张时彻纂修,周希哲订正:《［嘉靖］宁波府志》卷十二《物
产·贡赋·额办·麻胶鱼油翎鳔》,明嘉靖三十九年(1560)刻本,明善堂
览书画印记、安乐堂藏书记,早稻田大学图书馆藏,第 17 页。

③ ［明］张时彻纂修,周希哲订正:《［嘉靖］宁波府志》卷十二《物
产·贡赋·杂办·陪纳鱼油翎鳔》,明嘉靖三十九年(1560)刻本,明善堂
览书画印记、安乐堂藏书记,早稻田大学图书馆藏,第 22 页。

管本县河泊所该征桐油改折生熟铜铁硃漆麻胶等料,无闰该银九十二两五钱一分八厘四毫二丝四忽四微三尘,水脚银一十一两一钱二厘二毫二丝,共银一百三两六钱二分六毫三丝四忽四微三尘;有闰加料银七两七钱一分三毫五丝四忽八微七尘二渺五漠,水脚银九钱二分五厘二毫四丝二忽五微八尘四渺"①。奉化"无闰该银一十六两八钱一分九厘四毫六丝五忽六微九尘,有闰加银一两六钱一分二厘五毫"②。宁波府杂办课钞,"鄞奉二县征银解司附解"③。鄞县"带管本县河泊所鱼业课钞一千一百七十一锭一贯六百一十文,每锭折银一分,该银一十一两七钱一分三厘三毫二丝;有闰加钞九十七锭三贯五十文,折银九钱七分六厘一毫"④。奉化"带办税课局黄鱼课钞四百二十八锭,折银四两二钱八分"⑤。宁波额征课程钞中,本府所属的在城河泊所"额征无闰课钞三千二百四十锭三贯九百四十文,该银三十二两四钱七厘八毫八丝;有闰课钞三千八百八十四锭七

———————————

① [明]张时彻纂修,周希哲订正:《[嘉靖]宁波府志》卷十二《物产·贡赋·杂办·陪纳鱼油翎鳔》,明嘉靖三十九年(1560)刻本,明善堂览书画印记、安乐堂藏书记,早稻田大学图书馆藏,第22页。

② [明]张时彻纂修,周希哲订正:《[嘉靖]宁波府志》卷十二《物产·贡赋·杂办·陪纳鱼油翎鳔》,明嘉靖三十九年(1560)刻本,明善堂览书画印记、安乐堂藏书记,早稻田大学图书馆藏,第22页。

③ [明]张时彻纂修,周希哲订正:《[嘉靖]宁波府志》卷十二《物产·贡赋·杂办·课钞》,明嘉靖三十九年(1560)刻本,明善堂览书画印记、安乐堂藏书记,早稻田大学图书馆藏,第22页。

④ [明]张时彻纂修,周希哲订正:《[嘉靖]宁波府志》卷十二《物产·贡赋·杂办·课钞》,明嘉靖三十九年(1560)刻本,明善堂览书画印记、安乐堂藏书记,早稻田大学图书馆藏,第22页。

⑤ [明]张时彻纂修,周希哲订正:《[嘉靖]宁波府志》卷十二《物产·贡赋·杂办·课钞》,明嘉靖三十九年(1560)刻本,明善堂览书画印记、安乐堂藏书记,早稻田大学图书馆藏,第22页。

百四十七文,该银三十八两八钱四分一厘四毫九丝四忽,本府税课司带管该纳钞价岁于甬东隅咸鲜鱼(图 2-18)铺户办解"①。鄞县所属的河泊所"额征无闰课钞一千一百七十一锭一贯六百一十文,该银一十一两七钱一分三厘三毫二丝;有闰

图 2-18 海蜒

课钞一千二百六十八锭四贯六百六十文,该银一十二两六钱八分九厘三毫二丝,里甲内征派"②。慈溪县所属的河泊所"额征无闰课钞七百七十八锭一贯三百四十文,该银七两七钱八分二厘六毫八丝;有闰课钞八百二十四锭一贯七十文,该银八两二钱四分四厘一毫四丝,鱼船户办解"③。慈溪县带管河泊所"额

① [明]张时彻纂修,周希哲订正:《[嘉靖]宁波府志》卷十二《物产·贡赋·额征·课程钞》,明嘉靖三十九年(1560)刻本,明善堂览书画印记、安乐堂藏书记,早稻田大学图书馆藏,第 35 页。

② [明]张时彻纂修,周希哲订正:《[嘉靖]宁波府志》卷十二《物产·贡赋·额征·课程钞》,明嘉靖三十九年(1560)刻本,明善堂览书画印记、安乐堂藏书记,早稻田大学图书馆藏,第 35 页。

③ [明]张时彻纂修,周希哲订正:《[嘉靖]宁波府志》卷十二《物产·贡赋·额征·课程钞》,明嘉靖三十九年(1560)刻本,明善堂览书画印记、安乐堂藏书记,早稻田大学图书馆藏,第 35 页。

征无闰课钞九百三十三锭四贯九十文,该银九两三钱三分八厘一毫八丝;有闰课钞一千八十一锭一贯五百五十文,该银一十两八钱一分三厘一毫八丝,每年编巡栏一名役银包纳"①。奉化县所属的河泊所"额征无闰课钞三百二锭三贯八百九十文,该银三两二分七厘七毫八丝;有闰课钞三百二十四锭二贯六百三十文,该银三两二钱四分五厘二毫六丝,鱼船户办解"②。定海县带管河泊所"额征无闰课钞二百四十三锭四贯六百文,该银二两四钱三分九厘二毫;有闰课钞二百八十一锭一贯六百八十三文,该银二两八钱一分三厘三毫六丝,里甲丁田内征解"③。宁波象山(图 2-19)河泊所尽管已经裁撤,但鱼课仍旧在商税项

① ［明］张时彻纂修,周希哲订正:《[嘉靖]宁波府志》卷十二《物产·贡赋·额征·课程钞》,明嘉靖三十九年(1560)刻本,明善堂览书画印记、安乐堂藏书记,早稻田大学图书馆藏,第 35 页。

② ［明］张时彻纂修,周希哲订正:《[嘉靖]宁波府志》卷十二《物产·贡赋·额征·课程钞》,明嘉靖三十九年(1560)刻本,明善堂览书画印记、安乐堂藏书记,早稻田大学图书馆藏,第 36 页。

③ ［明］张时彻纂修,周希哲订正:《[嘉靖]宁波府志》卷十二《物产·贡赋·额征·课程钞》,明嘉靖三十九年(1560)刻本,明善堂览书画印记、安乐堂藏书记,早稻田大学图书馆藏,第 36 页。另有《[嘉靖]定海县志》记载,定海县课程钞带管河泊所鱼业课钞额征"无闰课钞二百四十二锭四贯六百文,每贯折银二厘,该银二两四钱三分九厘二毫,内本色钞一百二十一锭四贯八百文,该银一两二钱一分九厘六毫;折色钞一百二十一锭四贯八百文,折铜钱一千二百二十文,该银一两二钱一分九厘六毫。有闰钞二百八十一锭一贯六百八十三文,每贯折银二厘,该银二两八钱一分三厘三毫六丝六忽,内本色钞一百四十锭三贯三百四十三文,该银一两四钱六厘六毫八丝六忽;折色钞一百四十锭三贯三百四十三文,折铜钱一千四百七文,该银一两四钱六厘六毫八丝六忽"。见[明]张时彻纂修,[明]何愈订正:《[嘉靖]定海县志》卷八《物产志·贡赋·额征》,明嘉靖四十二年(1563)刊本,《中国方志丛书·华中地方》(第 502 号),(台北)成文出版社有限公司 1983 年版,第 347—348 页。

图 2-19　东门岛

下征收,其中"捕鱼船课钞四百六十二锭七百文""渔业课钞一百七十锭八百文"①。此外,象山县"渔户一百一十四",岁办物料包括:"生铜三十九斤七两六钱五分四厘,每斤折银八分,有闰四十二斤十二两二钱九分二厘,共折银三两四钱二分一厘四毫;黄麻二百八十七斤一十五两九钱六分,每斤折银二分二厘,有闰三百一十一斤十五两二钱三分七厘,共折银六两六钱六分二厘;鱼线胶十斤十两三钱三分,每斤折银八分,有闰十一斤九

①　[明]毛德京纂修:《[嘉靖]象山县志》卷五《版籍纪·课程·杂赋》,明嘉靖三十五年(1556)刻本,《天一阁明代方志选刊续编》(第 30 册),上海书店 1990 年版,第 132 页。

两六钱八分,共折银九钱二分八厘四毫;熟铁二百四十九斤十
两三钱,每斤折银二分,有闰二百七十斤七两二钱八分六厘,共
折银五两四钱九厘"①。

嘉靖年间,温州府及各县征收鱼课米数额与弘治年间
(1488—1505)相同。此外,又增加了"鱼油、翎鳔折征铜、麻、
硃、漆共六百一十有五斤十二两五钱九分一厘二毫九丝九忽",
其中永嘉鱼油、翎鳔折生铜四十七斤五两七钱七分六厘,熟铜
四十九斤八两七钱七分四厘,黄麻二十七斤九两二钱三分②;瑞安鱼
油、翎鳔折银硃三十九斤十三两七钱八分八厘,黄麻四十六斤
十三两七钱七分③;乐清鱼油、翎鳔折银硃一十三斤十四两二钱
八分二厘,黄麻五十三斤六两八钱六分五厘二毫九丝九忽;平
阳鱼油、翎鳔折生漆一百八十斤十两八钱八分八厘,黄麻一百

　　①　[明]毛德京纂修:《[嘉靖]象山县志》卷五《版籍纪·课程·杂
赋》,明嘉靖三十五年(1556)刻本,《天一阁明代方志选刊续编》(第30
册),上海书店1990年版,第133—134页。
　　②　相关数据另见[明]程文箸修,[明]王叔果纂:《[嘉靖]永嘉县志》
卷三《食货志》,明嘉靖丙寅(1566)刻本,载中国科学院图书馆选编:《稀见
中国地方志汇刊》(第十八册),中国书店1992年版,第569页。
　　③　嘉靖三十一年(1552),瑞安各色课程中,东安税课"鱼课钞一千
八百二十六锭二贯二百八十八文";三港税课"鱼课钞三千九锭四贯四百
文";河泊所鱼课"米一千六十二石九斗七升,课钞一百二十五锭六百九十
七文,折银一两二钱伍分一厘三毫九丝四忽,鱼油翎鳔折银硃三十九斤十
三两七钱八分八厘,计银一十九两九钱三分八毫七丝五忽,折黄麻四十六
斤十三两七钱七分,计银一两二分二厘"。见[明]刘佚、[明]欧阳熙纂:
《[嘉靖]瑞安县志》卷三《田赋志·课程》,嘉靖乙卯年(1555)刻本,载中国
科学院图书馆选编:《稀见中国地方志汇刊》(第十八册),中国书店1992
年版,第702—703页。

五十六斤九两二钱八分八厘。① 嘉靖年间(1522—1566),台州黄岩实额"鱼课米九十六石三斗六升三合四勺,钞六十六锭二贯三百五十文;河泊所该办米七十五石八斗四升,钞六百四锭五百七十五文"②。太平县的鱼课米和鱼课钞的征收则开始于嘉靖十一年(1532),每年征收鱼课米"二百五十六石九斗六升九合六勺,有闰月加米二十四石七合六勺",收鱼课钞"一千一百八十八锭二十四文四分,有闰月加钞九十三锭三百四十五文六分"③。太平县额办、派办物料增加了鱼油和翎鳔,其中"鱼油折解银硃五斤八两九钱七分八厘、翎鳔折解黄麻二十一斤六两一钱九分四厘"。④

　　嘉靖年间,嘉兴府征收"鱼课钞十一万一千三百九十四锭四贯有奇,闰年加一万二千七百四十锭九贯有奇",其中"本府税课司一万九千三百五十一锭四百七十文,闰年加一万三千二

---

　　① 　[明]张璁:《[嘉靖]温州府志》卷三《贡赋·岁征》,明嘉靖丁酉年(1537)刻本,《天一阁藏明代方志选刊》,上海古籍书店 1963 年版,第 2—5 页。

　　② 　[明]袁应祺辑:《[万历]黄岩县志》卷三《食货志·课程·诸色课程》,明万历乙卯年(1615)刻本,《天一阁藏明代方志选刊》,上海古籍书店1963 年版,第 12 页。

　　③ 　[明]叶良佩等纂修:《[嘉靖]太平县志》卷三《食货志·田赋》,明嘉靖十九年(1540)刻本,《天一阁藏明代方志选刊》,上海古籍书店 1963年版,第 13 页。值得注意的是,这里的鱼课钞是在田赋项下征收的。课程项下鱼课项为"原四百七十五名,今惟四百五十三名,钞见田赋",疑该数据为渔民数量。见[明]叶良佩等纂修:《[嘉靖]太平县志》卷三《食货志·贡赋·历代课程》,明嘉靖十九年(1540)刻本,《天一阁藏明代方志选刊》,上海古籍书店 1963 年版,第 16 页。

　　④ 　[明]叶良佩等纂修:《[嘉靖]太平县志》卷三《食货志·贡赋》,明嘉靖十九年(1540)刻本,《天一阁藏明代方志选刊》,上海古籍书店 1963年版,第 25 页。

百八十锭有奇;天星(图2-20)、马场、鸳鸯、相家河泊所凡四共八千六百三十四锭二贯,闰年加钞二百五十七锭九贯;嘉兴一

图 2-20　渔民草房

千七百六十八锭三贯,闰年加一百四十七锭八贯;秀水五百六十三锭一贯,闰年加四十七锭九贯;新城税课局五千七百一十四锭,闰年加五百三十一锭四贯有奇;嘉善三百六锭六百三十文,闰年加二十五锭有奇;魏塘税课局六千一百一十一锭三贯四百五十一文,闰年加四百七十九锭七贯;风泾税课局一万一千四百三十五锭四贯五百文,闰年加六百六十三锭九贯有奇;陶庄税课局四千一锭二贯,闰年加三百锭二贯有奇;海盐三百六十六锭四贯,闰年加一十五锭六贯有奇;本县税课局九千四百一十二锭二贯一百八十文,闰年加八百一十一锭;乍浦税课局五千四百八十八锭六百四十文,闰年加四百四十一锭六贯有奇;平湖税课局二百四十一锭四贯九百三十文,闰年加八锭六贯;湖广陈税局凡二,共五千六百七锭八百文,闰年加四百六十锭一贯有奇;乍浦河泊所一万一千一百六十七锭一贯七百八十文,闰年加二百四十八锭一贯有奇;崇德一百六十锭四贯七百一十文,闰年加一十四锭七贯有奇;本县税课局八千四百五十九锭一贯六百文,闰年加四百六十锭二贯有奇;河泊所一千六

百七十三锭四贯三百七十文,闰年加一百六十二锭七贯有奇;桐乡一百七十六锭三贯七百八十文,闰年加六百十四锭八贯有奇;石门沙诸税课局凡二共一万七百五十三锭一贯一百三十文,闰年加六千三百锭"。此外,嘉兴府征收鱼课胶铁诸料(图2-21)共"九千九十九斤十一两有奇,闰年加四百八十四斤四钱

图 2-21　爵溪独捞网船

有奇",其中"天星、马场、鸳鸯、相家河泊所翎毛折铁四千三百三十斤十二两四钱有奇,闰年加一百五十四斤;鱼线胶二百七十斤十两七钱有奇,闰年加九斤九两三钱;黄麻一千八百四斤七两八钱,闰年加六十三斤一十四两四钱;崇德河泊所鱼线胶四十五斤十一两有奇,闰年加三斤十二两九钱有奇;熟铁七百三十一斤三钱有奇,闰年加六十斤十四两六钱有奇;黄麻三百四斤九两有奇,闰年加二十五斤五钱有奇;平湖乍浦河泊所鱼线胶三十五斤三两八钱有奇,闰年加三斤;黄麻一百六十七斤,闰年加一百六斤;熟铁四百八十斤三两四钱,闰年加五斤;海盐乍浦河泊所鱼线胶三十斤,闰年加二十四斤;黄麻三百斤,闰年加二十斤八两;熟铁六百斤,闰年加一十斤;凡课钞赋起存并以

折银"①。海宁"本县河泊所钞银三十八量九钱九分,值闰加银五两四钱九分五厘四毫;带办翎毛三万六千一百根,鱼胶七十五斤,折银二十四两四钱四分,值闰加银一两七钱四分四厘。硖石河泊所钞银十两二钱四厘八丝,值闰加银一两八钱六分二厘二毫;带办翎毛万二千一百三十根,鱼胶二十五斤,银六两八钱五分二厘,值闰加银五钱七分一厘一毫"②。

除了渔课外,嘉靖年间浙江开始对出海渔船征收船税,其依据是渔船的大小及渔船搭载的货物种类。嘉靖三十二年(1553)四月丙子,巡视浙福都御使王忬条上海防事,要求议税课以助军饷,将沿海渔船"除小者不税外,其余酌量丈尺,编立字号,量议收税",获得朝廷准许③。宋元时期宁波征收的沙岸

---

① 〔明〕赵文华:《[嘉靖]嘉兴府图记》卷八《物产三·田赋·秋粮》,明嘉靖二十八年(1549)刊本,《中国方志丛书·华中地方》(第506号),(台北)成文出版社有限公司1983年版,第440—444页。

② 〔清〕战鲁村修:《[乾隆]海宁州志》卷三《课程》,清乾隆四十年(1775)修,道光二十八年(1848)重刊本,《中国方志丛书·华中地方》(第591号),(台北)成文出版社有限公司1983年版,第504—505页。

③ 〔明〕陈子龙等辑:《皇明经世文编》卷二百八十三《王司马奏疏·条处海防事宜仰祈速赐施行疏》,明崇祯平露堂刻本,载《续修四库全书》编纂委员会编:《续修四库全书》第一六五九册《集部·总集类》,上海古籍出版社2002年版,第261页。另:"巡视浙、福都御史王忬条上海防事一:'一、禁近海豪民,通引倭夷,以绝祸本;二、照各边例,惟以奋勇血战为功,不以损伤军为罪;三、选调闽、浙兵,相兼操习,以资防御;四、通行两广、南直隶巡抚,操江官,远行哨探,分布兵舡,彼此夹攻;五、两省守巡兵备官,查照原定地方,常川驻札,以便责成;六、宽禁令,以开自新,如胁从贼犯,准令投首,积年渠魁,亦听归降;七、闽、浙鱼舡,量议收税,并议漳州桥房,拖欠税课及查理盐课,以助军饷;八、滨海顽民,接济夷寇及走漏消息者,乞以正犯处之极刑,全家发边卫充军。'部覆:'俱从之。'"见《明实录·世宗实录》卷三九七,嘉靖三十二年四月丙子条,(台北)"中央研究院"历史语言研究所1961年版,第6973—6974页。

涂税在这一时期仍有部分地区继续征收。嘉靖年间,象山海涂沙岸征收"夏税钞二锭三贯一百二十文"①。

---

① ［明］毛德京纂修:《［嘉靖］象山县志》卷五《版籍纪·田赋·三乡同科》,明嘉靖三十五年(1556)刻本,《天一阁明代方志选刊续编》(第30册),上海书店1990年版,第121页。

第三章 》——
明朝晚期的浙江
海洋渔业

　　明朝以嘉靖年间为分界点,前中期国家对于海洋渔业有诸多禁令,浙江沿海的海洋渔业活动多是零散和单独的。嘉靖年间,随着海防形势的严峻,政府出于民生和安全的考虑,一方面放松渔船出海的禁令,以利边海小民生计;另一方面严格渔民管理,将渔民纳入沿海防卫体系当中。在这一背景下,伴随渔船形制的放开和日益频繁的海洋渔业活动,渔民的集体化捕捞与渔业民间组织也在逐渐酝酿之中。可以说,明朝晚期的浙江海洋渔业捕捞是区域渔业经济产业化的发端,渔业捕捞工具、技术和捕捞形式都与之前有较大的区别。而导致这一情形出现的另一个不可忽视的因素就是明代江南区域经济的发展和对海产品的强劲消费需求。另外,政府对海洋渔业管理逐渐呈良性循环。明朝晚期浙江海洋渔业的快速发展带来的是地方税收的增长。这些与海洋渔业相关的赋税,或转解中央,或留存地方,或用于海防支出,成为地方财政的重要组成部分。因此,在明朝晚期海盗频发的特定阶段,政府对浙江沿海的渔业管理并未走向倒退,而是在严格管理沿海渔民活动的同时,加强海防建设。

一、明朝晚期的浙江海洋渔业资源开发

明朝晚期,大规模的倭寇入侵已经随着浙江海防的加强而逐渐消失。在海防稳定的前提下,浙江沿海社会经济逐渐得到恢复和发展,海洋渔业活动也逐渐正常化。

《[万历]温州府志》卷五《食货志·物产》记载,当时温州海洋渔业资源开发的种类有:"蔬属"的紫菜、鹿角菜、苔菜、海藻;"货属"的蛎灰;"鱼属"的石首、鲥鱼、香鱼、鳓鱼、鲳鱼、鳘鱼、海鳜、鲫鱼、鲽鱼、鳝鱼、紫鱼、鳗鱼、鳗鲡鱼、吴鲚、金鱼、勒鱼、青鱼、鲨鱼、鲛鱼、黄驹、鲈鱼、银鱼、针鱼、比目鱼、鲭鳗、马鲛、青鳞、海鲫、海鹞、黄脊、时饴鱼、带鱼、弓鱼、西施乳、跳鱼、鲹鱼、乌贼、石拒、章鱼、锁管、沙蒜、鲍鱼、鮎鱼、白袋、乌泽、地青、梅首、华脐、鰕鱼(图 3-1)、白鱼、石勃卒、枫叶鱼、鲉鱼、草鱼、泽鱼、鳢鱼、刺瓜鱼、鳢鱼、石搭鱼、石斑、赤翼、石蚗;"介属"的龟、鲎、蟹、蝤蛑、蛼、彭越、虾、蛎房、螺、西施舌、蟛、海蛳、车鳌、蛤蜊、壳菜、蛏子、蚶、龟脚、解蛤、沙蟟、蟆、海月、土铁、石帆、石蟹。①

① [明]刘方誉、林继衡等修,[明]王光蕴等纂:《[万历]温州府志》卷五《食货志·物产》,明万历三十三年(1605)刻本,载中国科学院图书馆选编:《稀见中国地方志汇刊》(第十八册),中国书店 1992 年版,第 132、134—135 页。

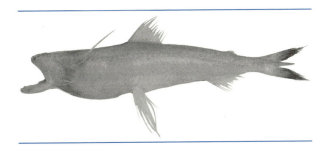

图 3-1　龙头鱼（俗称：虾潺）

《[万历]嘉兴府志》卷一《土产》记载，当时嘉兴海洋渔业资源开发的种类有："鳞品"的鲫、鲈、鳜、鲇、白鱼、黄颡、鳗、鳝、鲚、鲓、银鱼、黄鱼、缁鱼、魦鱼、鳒鱼、梅鱼、鳊鱼、鲂、鮧；"介品"的龟、鳖、蟛蜞、蛤蜊、螃蟹、田螺、水螺、蚌、蚬、吐蚨；"虫品"的虾、水母。①

《[万历]黄岩县志》卷三《食货志·物产》记载，当时黄岩渔业资源开发的种类有："蔬之属"的苔、紫菜、海藻；"货之属"的蛎灰；"鱼之属"的鲈、石首、鲑、鳖、鲳、马鲛、比目、枫叶、鲞、缁、鲤、鳢、银鱼、鲋、鲫、鲲、梅首、勋、火鱼、白袋、乌泽、虹、鲨、鲇、地青、香鱼、石斑、赤耎、石勃卒、华脐、子鱼、带鱼、鳝、鳗、鲬、海鳅、鳙、青鳞、鳅、乌贼、章巨、跳鱼、江珧、螺、车鳌、虾、鳖、蛤蜊、蛏、蚶、龟脚、牡蛎、蟜蚌、蟹、彭越、蚌、海月、石帆、鲎、蛇、淡菜、蟓、龟、沙蒜、酒盏、蟟、坭螺。②

————————

　　① ［明]刘应钶重修，[明]沈尧中编纂：《[万历]嘉兴府志》卷一《土产》，明万历二十八年（1600）刊本，《中国方志丛书·华中地方》（第 505号），（台北）成文出版社有限公司 1983 年版，第 80 页。

　　② ［明]袁应祺辑：《[万历]黄岩县志》卷三《食货志·物产》，明万历乙卯年（1615）刻本，《天一阁藏明代方志选刊》，上海古籍书店 1963 年版，第 15、18、19—22 页。

《[天启]平湖县志》卷九《食货之六·物产》记载,当时平湖海洋渔业资源开发的种类有:"鳞之品"的鲤、鲫、鲈、鳜、鲇、白鱼、黄鹦、鲚鱼、鳊鱼、黑鱼、鲜鱼、鳗、鳝、鳅、斑鱼、鳑、虾、黄鱼、鳖鱼、鲈鱼、鲻鱼、鲚(图 3-2)、鲹鱼、鲫鱼、梅鱼、鲽鱼、鲋鱼、鲫鱼、马皋鱼、比目鱼、夷鱼、鲟鱼、鲳鱼、鲓鱼、水母、白虾、青虾;"介之品"的龟、鳖、蟹、蚌、螺、蚬、蝱蝉、黄甲、鲨、白蟹、瑟蟹、蟛蜞、沙虎、蛏、白蚬、白蛤、黄蛤、土鐡。[1]

图 3-2　刀鲚

《[天启]慈溪县志》卷三《土产》记载,当时慈溪海洋渔业资源开发的种类有:"蔬属"的苔菜、紫菜、鹿角;"鳞属"的鲈鱼、鲂、乌贼、鲵鱼、泥鱼、梅鱼、白鱼、鳜、弹涂、鲜、鲇、鲫、鳝、鳅、石首、鲍鱼、鲳鳜、鲨、箬鱼、水母、马鲛、肋鱼、魟、鲻、箭鱼、鲝、蟹;"甲属"的簖、蟛蜞、蛤蜊、蛏、蚬、龟、海菜、白蛤、黄蛤、蚶、鳖、鳌、虾、土鐡、蛸蛘;"虫属"的鲷。[2]

《[天启]舟山志》卷三《物产》记载,当时舟山海洋渔业资源开发的种类有:"附杂植"的紫菜、海藻、鹿角;"药属"的牡蛎、海

————————————

① [明]程楷等纂修:《[天启]平湖县志》卷九《食货之六·物产》,明天启丁卯年(1627)刻本,《天一阁藏明代方志选刊续编》(第 27 册),上海书店 1990 年版,第 581—582 页。

② [明]姚宗文纂修,[明]李逢申订正:《[天启]慈溪县志》卷三《土产》,明天启四年(1624)刊本,《中国方志丛书·华中地方》(第 490 号),(台北)成文出版社有限公司 1983 年版,第 143、152—154 页。

螵蛸;"鳞属"的鲈鱼、石首鱼、泽鱼、白鱼、梅鱼、龙头鱼、章巨、墨鱼、比目鱼、鲨鱼、鹳嘴鱼、江豚、竹筴鱼、魟鱼、箬鱼、带鱼、鲳鱼、水母、鳅、弹涂、肋鱼、火鱼、脐鱼、鲗鱼、地青、梅谷、邵洋、沙嘆;"介属"的蟳蛑、簸、螃蟹、蚌、鲎、蛼、蟟、螺、蛤蜊、蛏子、蚶、龟脚、尾垒、土铁、海月、蛎房、珧珸、海狮、书笹、鳖、龟。①

《[崇祯]宁海县志》卷三《食货志·物产》记载,当时宁海海洋渔业资源开发的种类有:"货类"的蛎灰;"蔬类"的苔;"鳞类"的鲈、鲂鱼②、鲨、鲻、鲫、鲋鱼、鲑、鲳、鳒、鳗、马鲛、黄鱼、魟、乌贼、白袋、弹涂鱼、章巨;"介类"的龟、鳖、蛏、蛎、蚶、蟟、蛤蜊、蟳蛑、鲎、蛇、虾、江瑶柱。③

明朝晚期,浙江沿海渔民对海洋生物的认知继续丰富。如火鱼,"身圆而赤,随潮结队而行,又一种盆池所畜,亦名'火鱼'";牡蛎,"生海崖石上,相连如房,曰:'蛎房'";蟳蛑,"八足二螯,随潮退壳,一退一长,其肉随月盈亏,月盈则虚,晦则满"④。沿海的捕捞活动也非常繁忙,钓带鱼作业逐渐成熟。

---

①　[明]何汝宝辑,[明]邵辅忠订正:《[天启]舟山志》卷三《物产》,景抄明天启六年(1626)何氏刊本,《中国方志丛书·华中地方》(第 499号),(台北)成文出版社有限公司 1983 年版,第 228—235 页。《[天启]舟山志》中"鳞属"的弹涂、梅谷、邵洋;"介属"的蚌、蛼、尾垒、瓆珸、书笹、鳖,在《[嘉靖]宁波府志》中未见记载。

②　怀疑应为"肋鱼"。

③　[明]宋奎光编辑:《[崇祯]宁海县志》卷三《食货志·物产》,明崇祯五年(1632)刊本,《中国方志丛书·华中地方》(第 503 号),(台北)成文出版社有限公司 1983 年版,第 187、193—195 页。《[崇祯]宁海县志》中"鳞类"的鲋鱼、鲑、乌贼、白袋、弹涂鱼;"介类"的鳖、蛇、虾,在《[嘉靖]宁波府志》中未见记载。

④　[明]袁应祺辑:《[万历]黄岩县志》卷三《食货志·物产》,明万历乙卯年(1615)刻本,《天一阁藏明代方志选刊》,上海古籍书店 1963 年版,第 20—21 页。

"台之大陈山、昌之韭山、宁之普院山等处出产带鱼,独闽之蒲田、福清县人善钓。每至八九月,联船入钓,动经数百,蚁结蜂聚,正月方归"①。宁波黄鱼鱼汛期间,前往捕捞的渔民遍布江浙沿海。"边海之人,南自温、台、宁、绍,北至乍浦、苏州,每于黄鱼生发时,相卒赴宁波洋山海中打取黄鱼,旋就近地发卖"②。根据《天下郡国利病书》的记载,明末浙江沿海"宁、台、温大小舡以万计"③。在捕捞渔船的船型方面,"壳哨船为温州捕鱼船(图3-3),网梭船乃渔船之最小者。渔船于诸船中,制至小,材

图 3-3　背对网船

---

　　①　[清]计六奇:《明季北略》卷五,崇祯二年己巳,"张延登请申海禁"条,清康熙十年(1671)都城琉璃厂半私居士排字本,载《续修四库全书》编纂委员会编:《续修四库全书》第四四〇册《史部·杂史类》,上海古籍出版社2002年版,第70页。

　　②　《明实录·神宗实录》卷二十一,万历二年正月乙酉条,(台北)"中央研究院"历史语言研究所1960年版。第559页。

　　③　[清]顾炎武:《天下郡国利病书》第六册《苏松》,上海涵芬楼景印昆山图书馆藏明崇祯十二年(1639)稿本,载《续修四库全书》编纂委员会编:《续修四库全书》第五九五册《史部·地理类》,上海古籍出版社2002年版,第757页。

至简,工至约,而其用为至重。以之出海,每载三人;一人执布帆,一人执桨,一人执鸟嘴铳,布帆轻捷,无垫没之虞。"①

　　明朝晚期,有关浙江海洋渔业捕捞活动的文献资料也非常丰富。明代王士性在《广志绎》中记述当时浙江黄花渔业时,讲到了浙江海洋渔业从生产到销售的过程:

　　　　浙渔俗傍海网罟,随时弗论,每岁一大鱼汛,在五月石首发时,即今之所称鲞者。宁、台、温人相率以巨舰捕之,其鱼发于苏州之洋山,以下子故浮水面,每岁三水,每水有期,每期鱼如山排列而至,皆有声。渔师(图 3-4)则以篙筒下水听之,鱼声向上则下网,下则

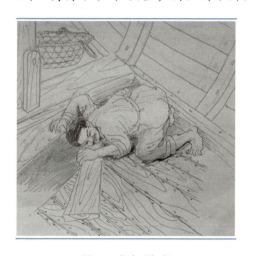

图 3-4　船上听鱼声

　　① 〔清〕顾炎武:《天下郡国利病书》第六册《苏松》,上海涵芬楼景印昆山图书馆藏明崇祯十二年(1639)稿本,载《续修四库全书》编纂委员会编:《续修四库全书》第五九五册《史部·地理类》,上海古籍出版社 2002年版,第 760 页。

不,是鱼命司之也。柁师则夜看星斗,日直盘针,平视风涛,俯察礁岛,以避冲就泊,是渔师司鱼命,柁师司人命。长年则为舟主造舟,募工每舟二十余人。惟渔师、柁师与长年同坐食,余则颐使之,犯则棰之,至死不以烦有司,谓之五十日草头天子也。舟中床榻皆绳悬。海水咸,计日囷水以食,窖盐以待。鱼至其地,虽联舟下网,有得鱼多反惧没溺而割网以出之者,有空网不得只鳞者。每期下三日网,有无皆回,舟回则抵明之小浙港以卖。港舟舳舻相接,其上盖平驰可十里也。舟每利者,一水可得二三百金,否则贷子母息以归。卖毕,仍去下二水网,三水亦然。获利者,钹金伐鼓,入关为乐,不获者,掩面夜归。然十年不获,间一年获,或偿十年之费。亦有数十年而不得一赏者。故海上人以此致富,亦以此破家。

从上述文献我们可以发现,在明末浙江沿海渔业生产过程中,不仅出现了专业化的分工,而且也出现了渔业雇佣工人。此外,明末清初谢泰定的《蛟川形胜赋》对浙江沿海的黄鱼汛期的捕鱼情况描写得生动而形象:

鱼之最利于民者,时维四月,则有蝤水春来,黄花、石首绵若山排,声如雷吼。千舟鳞集,万橹云流。登之如蚁,积之成邱。已而鼋鼓震天,金锣骇谷。渔舟泊岸,多于风叶之临流;网罟张崖,列若飞兔之晒羽。金鳞玉骨,万斛盈舟;白肪银胶,千门布席。时有富商大贾,十万腰缠,即在负贩经营,百千指屈,交欢贸易。岛屿成市井之饶,报赛迎神,穷海有彼都之乐,优娼博戏。彩阁连阡，贝货杂陈，元黄夺目，箫鼓杂邪。许以高张，欵乃和谐，呼而迭响，文身编发，尽吴越以来，宾燕语欵，声遍闽瓯，而逆旅一旬出没，而万井殷盈，三水往还而千门足给，及秋则有金丝、鳗鲡、银带、条鱼，一钩而连自变量头，一饵而齐吞眔，千家切玉，万户拖银，或燔或炙或煿或烹，鱼无鳞而味更清，鳗类蛇而品较胜，货尽达乎舟车，利非止乎浙闽，则渔利之普遍，又岂得而穷尽者乎？①

明天启年间编修的《[天启]海盐县图经》卷四《方域篇第一之四·八之县风土记》详细总结了明朝浙江沿海不同时期不同海产品的捕捞方法：

海上业捕鱼者约二百家，名鱼户，户纳鱼课始得捕。捕之法有䍡，有关网，有石断，有退簗及钩、罜等法。远捕用船，近捕用箄并橹，摇橹亦能破浪行也。箄以大竹贯叠，以篾绞草纰缚成之。䍡亦网类，口阔二丈，深三丈，口周方，缘着四竹。先以大木穿竹索，槌入海底二丈许，索浮海面，必长八丈，方足系䍡，与潮极满之势。等潮至，口东向，退又西向，随潮迎物，受鱼最多。张䍡近者得鱼少，必远置乍浦斗牛山东大海中。此山洋水至深，水族所聚，鱼船日乘潮一往，谓之"捞䍡"。斗牛之䍡，以十月始张，六月乃撤，海物着网即死。夏秋道远多臭腐，不可市耳。惟近海䍡所得鱼

---

① ［清］于万川修、俞樾纂：《［光绪］镇海县志》卷二《形胜》，清光绪五年(1879)鲲池书院刻本，载《续修四库全书》编纂委员会编：《续修四库全书》第七〇七册《史部·地理类》，上海古籍出版社 2002 年版，第 26 页。

鲜好,足赴人口,四时不撤矣。又有草羃,但以草绳结
羃张近处,用捕海月。关网,以竹缀网签,着浅水处,
高四尺余,长百丈,空其一面,潮至网没,潮退截水得
鱼也。石断,叠石如城,高丈许,为费颇多,大小惟人
力是视,所谓扈矣。得鱼因潮犹之,关网断多在秦山
左右,惟关网在近郭三四里间。家户买鲜,必问关断,
则又胜于近海之羃矣。取近羃之鱼用箪。退篓,用竹
织成,口大底尖,长二三尺,千百连带,以竹插置涂泥
上。惟鲻鱼嗜泥,自入篓中尤多。钩(图3-5),用双须
者,长三尺许,以钩蛏。垦,用铁锘。沙虎,穴最深,须
田家大四齿铁锘。蚬与蛤蜊、黄蛤用小四齿锘大,较
海物亦按时见美。如正月则贵。河鲀,即夷鱼也。往
时人罕食者,渔人得此弃不顾,今则珍为名馔,价亦增
贵。蚬,生沙涂中,壳如蛤而薄,惟春月肉圆肥无沙。
梅鱼,长不过五寸,类小黄鱼,然别是一种也。二月。
鲚鱼,长尺余,有子者佳,稍不及江产。鲜蛤,一云黄
蛤,形小味鲜,入土甚深,垦得捷捉,迟即缩入泥中,至
六月便不可食。三月。板鱼,区薄类板,一名箬鲽。
四月。鲳鱼、马鲛鱼二鱼皆无鳞,鲜而易溃。马鲛多
烘以为腊,贮罂饷远。此时白虾以朱脑菊花心见称,
盖子在腹间如黄粟。然用椒酒烹,口咋肉脱,名酒发
虾。五月。黄鱼虽盛,自从洋山网捕,盐则不能多得。
鲨鱼,犁头燕尾,有翅无鳞,周身裹沙,齿锋利,得鱼必
向空戏掷而后食。尝有啮人一髀一足去者,土人骂箪
户曰"鲨鱼残",最所衔恨。此鱼入石断,乃为人所捕。
又有虎头鲨,身黑尾尖,得之惟堪炙油,不中食,盖即
江豚类矣。鲜鱼,圆大如箕,腥而骨嫩,尾长端有铦

刺,人以手捉能运尾击之,中刺毒腐至骨乃已至。鲥
鱼,最称上品,但一二见,不能与江产争多。六月。黄
甲即蟳蛑,两螯极大,得即紧缚,蒸食美,缓纵则介裹
腥水,较让明州壳中黄实也。鲗鱼,噆雄白,殊胜腹子
者。鲟鱼,鼻与身等,带甲愈佳而脆美,黄腻不减娄东
皖城。七月。白蟹形似蟳蛑,稍白,食泥而肥。海蜇,
即海月,一名水母,身圆白头,戴垒块而赤,浮水蠕动,
得之易而且多。质成于水,干之政复无几。八月。青
虾只有重三四两者,渔者腊之,曰:"对虾。"凡虾自四
月至此为盛,人家烘贮以饤盘案。有银鱼细短,不若
产于河者。九月。土蛱,自八月至此月,不复食泥,吐
白腊晶莹涂上,比他月稍佳。贫儿手拾盈桶,不过三
四钱。十月。沙虎即蟛蜞一类,独深居沙土约一二
尺,故壳软而肥。然垦得不易,至贸钱只四五也。惟
蟛蜞虽穴处,而散出听人攫拾。十一月。蛤蜊亦垦沙
而取,肥大少逊通州。蛏,处深穴,故必钩取,以大者
为美。十二月。鲈鱼(图3-6),状与鳜相似,味不大
佳。若四时皆有,莫若鲻鱼,蛇头鲜身,味甘骨松,俗
称海蔗。子最细美,熏制薄切,明如琥珀片,比明海杂
着他子,散细腥黄,美恶自判也。他如鳓鱼亦时时有
大者,与鲨、鲆二种,有重百斤者。又比目与箬鲽仿
佛,不见贵重。惟海鳗肥者,可角河鳗。其他若屏鱼
之软烂,瑟蟹之细碎,封皮鱼之瘠薄,虾涂之作酱,鲎
之多壳,皆下品,不足言也。大都蟹、蛤、蛏、蚬,月满
渐瘦,月黑乃肥,介属阴类,随月之暗,体为消长耳。
又水族虽逐时见珍,然春夏秋三时种种各具,但冬春

之际多食泥,率皆色黑腴减,不中盘餐也。①

图 3-5　钩钓螃蟹

图 3-6　花鲈

　　从上述文献可以看出,明代浙江沿海捕捞的区域集中在近海和潮间带,捕捞工具和捕捞方法已经针对不同海洋生物做了改进。在流通领域,浙江沿海已经出现冰鲜渔业。据《[雍正]浙江通志》记载,万历年间,"黄鱼产于海,四五月中,杭人载冰

　　①　[明]樊维城、[明]胡震亨等纂修:《[天启]海盐县图经》卷四《方域篇第一之四·八之县风土记》,明天启四年(1624)刊本,《中国方志丛书·华中地方》(第 589 号),(台北)成文出版社有限公司 1983 年版,第344—350 页。

出洋,贩至省城质之"①。

二、明朝晚期的浙江海洋渔业管理

明朝晚期,在渔船作业过程中,为抢夺渔业资源,渔船之间的械斗时有发生,"故海中常防劫夺。海渔船必自募久惯出海之人,以格斗则勇敢,以器械则锋利,以风涛则伙习,其时通当春天之时,其处则又倭犯苏松必经之处"。② 在海禁松弛之时,渔船便与海盗相勾结,威胁沿海地区。因此,江浙水师的海上巡防都会考虑到沿海的鱼汛作业,其海上防卫的效果,不仅关系到渔业作业的安全,也关系到海上防卫自身。如果水师不能有效保护渔船安全,当海上入侵者控制出海渔船后,其对政府海上防卫安全的冲击将是致命的。"乍浦海中有山,至下八山为极远,此外则茫洋无山矣,倭船之来,必到八山之尽陈钱壁下山取水,候风流犯。先年兵船,畏彼中风涛危险,止分守八山之内港。每年黄鱼生发之时,各府渔舡,俱聚八山相近内洋下网,遂致倭贼抄掠人船,引劫各处。隆庆三年(1569),军门谷公中

---

① ［清］嵇曾筠、［清］李卫等修,［清］沈翼机等纂:《［雍正］浙江通志》卷一〇一《物产一·杭州府》,据 1936 年上海商务印书馆影印清光绪刻本影印,载上海书店出版社编:《中国地方志集成·省志辑·浙江》(第5 册),上海书店出版社 2001 年版,第 1819 页。

② ［清］顾炎武:《天下郡国利病书》第六册《苏松》,上海涵芬楼景印昆山图书馆藏明崇祯十二年(1639)稿本,载《续修四库全书》编纂委员会编:《续修四库全书》第五九五册《史部·地理类》,上海古籍出版社 2002年版,第 757 页。

卢设立游哨兵船,委把总一员,直哨壁下等洋,遇贼即剿,然后内港无虞。若八山无哨逻之兵,万一倭贼掳渔樵人船,扬帆止鳌子门,再驱土人驾使入江,为害不小。虽有绍、嘉二区防范兵船,然遇雾雨黑夜,咫尺难辨,海洋辽阔,深有可虞。"①

明朝晚期,浙江以船只为单位的渔民保甲制度出台于万历二年(1574),时年正月乙酉,巡抚浙江都御使方弘静在"条陈海防六事"中就向朝廷申请将浙江沿海渔民按船只编立甲首。"其时正值风汛,防御十分当严,合将渔船尽数查出,编立甲首,即于捕鱼之时,资之防寇",该方案经兵部审议通过后在浙江实施②。自万历年间开始实行的渔民保甲伴随着之后海防形势的变化被屡次提及并严格施行。天启六年(1626)春,"泉州饥民剽掠海上,出没无恒,而芝龙为之魁"③。天启七年(1627)三月丁丑,浙江巡抚潘汝祯上奏朝廷,以防止海寇为名,勒令闽、浙"船只不许往来"④,福建商船前往浙江便成为违禁之举。在明末福建天灾人祸频繁出现的时候,这一举措并没有解决海盗问题。为了生计,大量福建沿海渔民驾船赴浙捕鱼(图 3-7)时从事走私贸易,而这些活动又刺激了浙江本地的海上走私贸易,

---

① [清]顾炎武:《天下郡国利病书》第二十一册《浙江上》,上海涵芬楼景印昆山图书馆藏明崇祯十二年(1639)稿本,载《续修四库全书》编纂委员会编:《续修四库全书》第五九七册《史部·地理类》,上海古籍出版社2002 年版,第1—2 页。

② 《明实录·神宗实录》卷二一,万历二年正月乙酉条,(台北)"中央研究院"历史语言研究所1961 年版,第 560 页。

③ 林绳武辑:《海滨大事记》,"闽海海寇始末记(附郑芝龙事略)",载周宪文主编:《台湾文献丛刊》(第 213 种),(台北)台湾大通书局 1999年版,第 9 页。

④ 《明实录·熹宗实录》卷八十二,天启七年三月丁丑条,(台北)"中央研究院"历史语言研究所 1961 年版,第 3987 页。

浙江海域不再太平。崇祯二年(1629)四月十八日,浙江巡抚张延登上奏朝廷,表达了自己对福建海盗和渔民在浙江走私活动的担忧。

图 3-7　三杠张网船

张延登请申海禁

四月十八日,浙江巡抚张延登奏曰:自去岁闽寇阑入浙中,臣督三区水陆官兵协剿败衄远遁。近据侦探,自李芝奇叛郑芝龙而去其党,若陈成宇、白毛老、赤紫哥、桂叔老,窜入闽粤之界,约船六百余号,釜游不定,彼荒歉无所得食。海洋寥廓,顺风一苇可航,万一复来,为害更烈。臣思善后之策,独海禁一节,为目前最急之着。按海寇之始,出于闽民通番之弊,通番获利十倍,人舍死趋之,其流祸遂至不可救药。闽浙海运交界之处,名曰沙堤,以限南北,勒令闽船不许过浙,浙船亦不许过闽。天启七年三月,抚臣潘汝祯奏浙闽俱濒海邻倭,虑奸民勾引,禁船只不许往来。日久玩愒,出入毋禁,以致崇祯元年海寇大举入犯。臣

细访闽船之为害于浙者有二。一曰：杉木船，福建延、汀、邵、建四府出产杉木，其地木商，将木沿溪放至洪塘、南台、宁波等处发卖，外载杉木，内装丝绵，驾海出洋，每赁兴化府大海船一只，价至八十余两。其取利不赀。一曰：钓带鱼船。台之大陈山、昌之韭山、宁之普院山等处，出产带鱼，独闽之蒲田、福清县人善钓。每至八九月，联船入钓（图 3-8），动经数百，蚁结蜂聚，正月方归，官军不敢问。此二项船皆与贼通。贼先匿大陈山等处山中为巢穴，伪立头目，刊成印票，以船之大小为输银之多寡，或五十两，或三十、二十两不等。货未发，结票谓之报水。货卖完，纳银谓之交票。毫厘不少，时日不爽。此二项船贯盗贼勾引之囵媒也。至浙人之自为害者，奸船为最。前钓鱼船搭厂于山，系船于海。内地奸民，皆以大小划船假冒乡绅旗号，装载酒米，与渔船贸易，而藏违禁硝磺等物以资贼，每获重利而归，穷洋竟同闹市。是划船者，又盗贼兵粮之赍送也。欲清海禁，非严禁三项船不可。或谓水行埠旧有船税，禁船则商贾不通，税何从出？不知旧规，两处商人，俱卸沙埕倒换，货自南来者，如糖靛椒藤诸物，必易浙船以入。货自北去者，如桃枣药材诸物，必易闽船以出。杉木船独不可责之易乎？明禁既行，但有由外洋竟至定海者，即以越禁重处。如此则稽查既易，而税亦不至乏绝矣。或又谓海上居民，以海为业，剥船若禁，樵采何资？臣又访大样剥船只，桅木桨便捷如飞，勾引最易。今须令近海县分有司，按船编号，止许两划之小船，近老岸行使，朝出暮归，不许穷洋极岛。船小则不能重载，限日则不能远去，官旗各色，尽行禁革,亦公私两便之道也。①

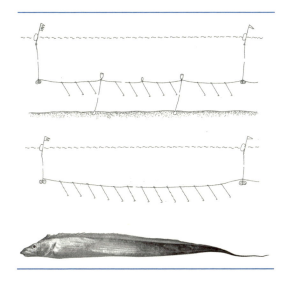

图 3-8　带鱼延绳钓

　　在奏章中,张延登指出除海盗之外,对浙江沿海安全造成威胁的主要是浙江的杉木船和钓带鱼船。这两种船只在浙江从事走私贸易,地方官军因其势力庞大,尤其渔船跨省域捕捞具有一定的合法性,一般不会加以禁止。福建船只在浙江的走私贸易,刺激了浙江沿海消费,本地船只往往载生活用品与其交换获利,甚或也参加到走私贸易当中。但在政府的眼中,海上走私贸易恰恰是引起海上动乱的根源。但在允许渔船跨区域捕鱼的同时,禁止商船跨区域贸易又违背了最基本的经济原

　　① 　[清]计六奇:《明季北略》卷五,崇祯二年己巳,"张延登请申海禁"条,清康熙十年(1671)都城琉璃厂半私居士排字本,载《续修四库全书》编纂委员会编:《续修四库全书》第四四〇册《史部·杂史类》,上海古籍出版社 2002 年版,第 69—70 页。

则,其结果只是驱使更多渔船被当成商船使用。明白了这一点,就可以理解浙江巡抚张延登仅要求将浙江"近海县分有司,按船编号",并限定出海时间的原因了。明朝晚期,在海疆不安的情况下,从明廷到地方并没有像明初那样实行"片板不许下海"的极端化政策,而是考虑到沿海居民的生计问题,这可谓是国家海洋渔业制度建设的一大进步。

对于渔民保甲制度实施的原因,崇祯年间曾担任慈溪知县的汪伟①在《固守城图议》一文中就海禁与保甲制度的关系做了详细论述:"海上军政承平已久,废弛已甚,非大振作不可。其振作之法,在严守汛地,以只船不入为功。或曰:只船之不入先在只船之不出。凡海滨居民,皇皇谋者,生计全藉渔船,倘寸板不得下海,将何所藉手,以活朝暮。合应将船只在沿海者,尽数编号,一只为一号,十号为一甲。以粉围其外,墨书其内,字大如斗。勿论货船、渔船、渡船、网船、报船,但本县军民家所有者,俱一例顺编。其出入一目了然,无号者不得混行。凡违禁载米酒下海者,甲长即拏报官。如本甲不举,他甲举之,或为人告发,则一号十船皆官卖,以半充赏,其半充解。其犯事之人以通盗论死,枭示海上。其现役里长,扶同不举者,止减一等论,即势豪不得贷焉。庶可潜消宄,保海上无事乎。"②这种以船只为单位的渔民保甲制度不仅是对渔民本身的管理制度,同时也是对渔船出海作业的管理制度。对于这种保甲制度实施的意

<hr />

① 汪伟,字叔度,休宁人,寄籍上元。崇祯元年进士。十一年,由慈溪知县行取。见[清]张廷玉等撰:《明史》卷二百六十六《列传第一百五十四·汪伟》,中华书局1974年版,第6860页。

② [清]杨泰亨提调,[清]冯可镛总修:《[光绪]慈溪县志》卷十三《经政二·海防》,清光绪二十五年(1899)刊本,《中国方志丛书·华中地方》(第213号),(台北)成文出版社有限公司1975年版,第312页。

义,沈同芳先生认为其"是为渔业干涉政界之始,亦为维系海界之始"①。海洋渔业至此正式纳入国家制度建设范围之内。

在实施渔民严格保甲制度和保证渔业作业安全的同时,政府对浙江沿海渔业活动的监管逐渐放松。明朝晚期,政府在舟山岛上"仿古制亦设卫镇抚。鸡鸣狗吠,烟火相望。间生文人,始建文庙,立乡校,有内地风"②。不过这种海岛开发是局部的,浙江还有很多沿海岛屿(图 3-9)因为种种原因被禁止开发。如浙江玉环岛在万历元年(1573)、万历二十年(1592)两次议开,后又禁止③。而宁、台交界的南田岛直到清末才准予开发。

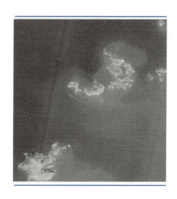

图 3-9 渔山列岛

① [清]沈同芳:《中国渔业历史》,《万物炊累室类稿:甲编二种乙编二种外编一种》(铅印本),中国图书公司 1911 年版,第 3 页。

② [清]查继佐编:《东山国语》舟山前语,载周宪文主编:《台湾文献丛刊》(第 163 种),(台北)台湾大通书局 1999 年版,第 23 页。

③ 《[光绪]玉环厅志》卷一记载:"万历元年议开玉环山,委同知王一麟诣勘丈量田地,召种征租,以佐饷用,随行禁止。二十年,推官刘文卿查盘台州,议拨军开屯取租以供兵防,随奉严禁。"见[清]杜冠英、[清]胥寿英等修,[清]吕鸿涛纂:《[光绪]玉环厅志》卷一《舆地志上·沿革》,清光绪七年(1881)刊本,载上海书店出版社编:《中国地方志集成·浙江府县志辑》(第 46 册),上海书店出版社 1993 年版,第 765、766—767 页。

　　在浙江海盗屡剿不绝的明朝晚期,关于海洋渔民参与海上防御的活动屡有文献记载。崇祯八年(1635),福建海寇刘香侵扰浙江沿海。台州府太平县生员陈懋儒,"虽系文生,实闲武略。于是捐资选募海上渔兵三百人,申详本都院,请给宪牌,即以礼聘懋儒领之。官雇大渔船九只,本府又特遣哨官焦国相督发出海。随在沙镬外洋遇贼船四只,用力攻打。犁沉一只,夺获一只,打贼落水不及割级者三四十人,擒获活贼八名、妇女二口,斩获贼级六颗,夺获刀枪、铳炮、旗帜共三十九件,又于水中捞出首贼三大王一名斩级在外,俱经解验审实正法,首级枭示,妇女充官,器械贮库,船只改作兵船,见在可验。此功应以生员陈懋儒为首,而哨官焦国相次之。用力擒斩者,则队兵陈素、蔡文龙、郑国佐、陈星环等也。此七月二十九日事也"①。对于渔兵的战斗力,时任台州知府傅梅就称赞道:"海上渔人中有才力雄杰可用者甚多,雅非官兵所及。"②综观明朝海防史,浙江沿海渔民在海防形势严峻时作为后备军编入海防力量成为定式。正如明人孙原贞所说:"四百料以上船只,使风摇橹,攻捕贼船,回旋进退,迟钝不便。体得沿海鱼船,熟知海道,不畏风涛,驾使便捷,远出哨探,贼舰不疑,临机得用。行仰布、按二司巡海官员,督令沿海府、县、委官河泊所,取勘居民并鱼户船只(图3-10),每县定与字号,编定总小甲,为照各卫所原设风快船。若是大海外洋,不堪驾用,合将船内官军,演习弓弩、火铳,量船大小,每船或十数人,或二十余人,设伏船内,遇有贼船,协助官快船四面夹攻,以取全胜。无警听令捕鱼办课,府、县、委官河泊

---

　　① 百吉编:《郑氏史料初编》卷二《海寇刘香残稿二》,载周宪文主编:《台湾文献丛刊》(第157种),(台北)台湾大通书局1999年版,第161页。
　　② 百吉编:《郑氏史料初编》卷二《海寇刘香残稿二》,载周宪文主编:《台湾文献丛刊》(第157种),(台北)台湾大通书局1999年版,第161页。

所,仍要钤束,不许生事。"①不过,也有人对战争期间仓促武装渔民的做法持怀疑态度。曾在嘉靖年间担任兵部尚书的宁波鄞县人张时彻就认为战时渔兵制度的作用很小。"夫义勇乃市井之徒,渔船皆网罟之辈,平日既无禄于官,又无忠信之结。一旦驱之死地,其不能舍舟而走者几希。"②

图 3-10　绿眉毛

作为皇室贡品,明代浙江沿海府县的岁贡由浙江市舶司负责,具体事宜则由皇帝下派的内官"掌其事"负责。随着浙江市舶司的裁革,宁波沿海的岁贡也随之豁免③。在平时,严重的自

---

①　[明]陈子龙等辑:《皇明经世文编》卷二十四《孙司马奏议·边务:备倭》,明崇祯平露堂刻本,载《续修四库全书》编纂委员会编:《续修四库全书》第一六五五册《集部·总集类》,上海古籍出版社 2002 年版,第 282 页。

②　[明]陈子龙等辑:《皇明经世文编》卷二百四十三《芝园全集·招宝山重建宁波府知府凤峰沈公祠碑:四明郡守》,明崇祯平露堂刻本,载《续修四库全书》编纂委员会编:《续修四库全书》第一六五八册《集部·总集类》,上海古籍出版社 2002 年版,第 511 页。

③　[明]张时彻纂修,周希哲订正:《[嘉靖]宁波府志》卷十二《物产·贡赋》,明嘉靖三十九年(1560)刻本,明善堂览书画印记、安乐堂藏书记,早稻田大学图书馆藏,第 14 页。

然灾害和海盗倭患都会促使朝廷考虑是否减免岁贡,如嘉靖三十三年(1554)九月,"以倭乱,罢浙江今年岁贡鱼鲜"①。隆庆元年(1567),嘉兴致仕永州知府钱芹上奏:"黄鱼采捕,乃在大海洋中,又止立夏小满风汛时候,往年渔户出洋,或至通番启衅。国初法令严密,以故海上无警。承平以来,海禁渐弛,舶商贸易交通,有宋素卿、王直、徐海之事。嘉靖壬子以来,倭寇猖獗,多因采捕黄鱼之船,至大海洋中,与倭船相遇格斗,致启祸端;又或商船,假以黄鱼为名,飘至彼国,彼以利饵之,为其向道,侵犯边境,俱倚采捕黄鱼为名也。国初建都南京,故进贡为便,今抵京师三千七百余里。往年四月初旬采捕,直至九月十月方抵京。进贡虽沿途有冰凌供换,然海鲜易坏,味馁且败,以享宗庙,亦为有亵。臣请下礼部议停此贡,海滨可靖,民力得苏。"②随后,该进贡被停止。但从地方志记载来看,嘉兴黄鱼的上贡仍未取消。如天启年间,嘉兴平湖每年仍岁贡"黄鱼(图 3-11)三百尾"③。万历年间(1573—1620),温州府上贡海鲜只剩下石

① 《明实录·世宗实录》卷四一四,嘉靖三十三年九月癸亥条,(台北)"中央研究院"历史语言研究所 1961 年版,第 7209 页。

② [明]樊维城、[明]胡震亨等纂修:《[天启]海盐县图经》卷五《食货篇第二之上·贡》,明天启四年(1624)刊本,《中国方志丛书·华中地方》(第 589 号),(台北)成文出版社有限公司 1983 年版,第 457—458 页。

③ [明]程楷等纂修:《[天启]平湖县志》卷九《食货之五·土贡》,明天启丁卯年(1627)刻本,《天一阁藏明代方志选刊续编》(第 27 册),上海书店 1990 年版,第 573 页。

首鱼,其余岁贡海产品于嘉靖初在大学士张孚敬的奏请下被撤销①。同时期,台州黄岩的岁贡海鲜在万历年间也停止。《[万历]黄岩县志》载:"海物石首鱼、鲵鱼、鲻鱼、鲈鱼、蟟干、白蟹、泥螺,后悉罢,惟贡茶芽六斤。"②从上贡海产品种类看,浙江沿海渔民对海洋生物的捕捞不仅仅有鱼类和蟹类,还有大量的海生植物。

图 3-11　大黄鱼

隆庆六年(1572),嘉兴海宁本县河泊所"鱼船巡拦役银抵办课钞三千八百九十九锭五十文,折银三十八两九钱九分零;遇闰加钞五百四十七锭三贯二百四十四文,折银五两四钱九分六厘零。系巡拦二名,役银一十六两,并鱼户办银七两二钱七分一厘零;长安埠头生理船户办银五两五钱六分九厘零,新增船户办银一十两一钱四分八厘零,遇闰加派鱼船户办解。又带

————————

①　[明]刘方誉、林继衡等修,[明]王光蕴等纂:《[万历]温州府志》卷五《食货志·贡赋·温州府·岁进》,明万历三十三年(1605)刻本,载中国科学院图书馆选编:《稀见中国地方志汇刊》(第十八册),中国书店1992年版,第115页。[明]刘伕、[明]欧阳熙纂:《[嘉靖]瑞安县志》卷三《田赋志·贡税》,嘉靖乙卯年(1555)刻本,载中国科学院图书馆选编:《稀见中国地方志汇刊》(第十八册),中国书店1992年版,第699页。

②　[明]袁应祺辑:《[万历]黄岩县志》卷三《食货志·贡赋·历代杂赋》,明万历乙卯年(1615年)刻本,《天一阁藏明代方志选刊》,上海古籍书店1963年版,第6页。

办鱼线胶七十五斤,熟铁七百二十二斤二项,共价银二十两四
钱四分,水脚银四钱八厘零,路费银二两四分四厘,遇闰加胶六
斤四两;铁六十二斤三两二钱,价银一两七钱四分四厘,水脚银
三分四厘零,路费银一钱七分四厘零,里甲均平银内带征。硖
石河泊所鱼船户课钞一千二十锭一贯四十文,折银一十一两二
钱二厘零;遇闰加钞一百八十六锭一贯一百文,折银一两八钱
六分二厘零。系渔船户办银八两,埠头船户办银二两二钱二厘
零,遇闰加派船户办解。又带办鱼线胶二十五斤,熟铁二百四
十斤九两六钱,二项共价银六两八钱三分三厘,水脚银一钱三
分七厘零,路费六钱八分五厘零;遇闰加胶二斤一两三钱零。
加铁二十斤三两六钱零,价银五钱七分一厘零,水脚银一分一
厘零,又路费银五分七厘零,里甲均平银内带征"①。

从《[万历]嘉兴府志》的相关记载可以发现,浙江沿海地方
对于渔课的征收数额按照闰年和非闰年分别计算,渔课征收类
别也非常繁杂。

> 天星、马场、鸳鸯、相家四湖河泊所:无闰课钞八
> 千六百三十四锭二贯八百二十五文,折银八拾六两三
> 钱四分五厘六毫五丝;有闰课钞八千八百九拾二锭一
> 贯四百八十五文,折银八十八两九钱二分二厘九毫七
> 丝。内本所征收无闰银六拾三两五钱六分七厘六毫
> 五丝,有闰银六十五两四钱六分五厘九毫七丝,于嘉、
> 秀二县鱼船户三千七百名办纳;其嘉善带征无闰银二
> 十二两七钱七分八厘,有闰银二十三两四钱五分七

---

① [清]战鲁村修:《[乾隆]海宁州志》卷三《课程》,清乾隆四十年
(1775)修,道光二十八年(1848)重刊本,《中国方志丛书·华中地方》(第
591号),(台北)成文出版社有限公司1983年版,第509—511页。

厘,于该县鱼船户一千名出办解府,转解。

各县并各税课局、河泊所:无闰课钞八万三千四百九锭八百八十一文,折银八百三十四两九分一厘七毫六丝二忽;有闰课钞八万九千一百六拾八锭一贯四百四十五文,折银八百九十一两六钱八分二厘八毫九丝。……鱼船户办纳无闰银八十三两七钱四分二厘八毫七丝六忽,有闰银八十六两八钱五分五里五毫二丝八忽。

……

海盐县额征……代征平(图 3-12)湖县乍浦河泊所:无闰课钞六千七百锭二贯六十八文,该银六十七两四厘一毫三丝六忽;有闰课钞六千八百四十九锭一贯一百六十四文,该银六十八两四钱九分二厘三毫二丝八忽,概县渔船户六百四十户办纳,着令塘长催收解府转解。①

图 3-12　银鲳(俗称:白边)

---

①　《[乾隆]平湖县志》收录《嘉兴府刘志》渔户渔课内容:"渔户三百三十七名,岁办乍浦河泊所渔课鱼线胶三十五斤三两八钱,每斤价八分,该银二两八钱一分九厘,闰加三斤,该银二钱四分;熟铁四百八十斤三两四钱,每斤价二分,该银九两六钱四厘二毫五丝,闰加五斤,该银一钱;黄麻一百六十七斤,每斤价二分二厘,该银三两六钱七分四厘,闰加一百六斤,该银二两三钱三分二厘,共银一十六两九分七厘二毫五丝,共加闰二两六钱七分三厘。折色年分每两加路费一钱,本色年分每两加水脚一分。"载[清]王恒修:《[乾隆]平湖县志》卷五《食货上·户口》,清乾隆五十五年(1790)刻本,哈佛大学汉和图书馆藏,第9页。

平湖县额征……乍浦河泊所:无闰课钞四千四百六十六锭四贯七百一十一文,该银四十四两六钱六分九厘四毫二丝四忽;有闰课钞四千五百六十六锭七百七十六文,该银四十五两六钱六分一厘五毫五丝二忽,俱于里甲内征办,解府转解。

崇德县额征……河泊所:无闰课钞九百二十二锭三贯九百二十八文,该银九两二钱二分七厘八毫五丝六忽;有闰课钞九百八十八锭七百三十文,该银九两八钱八分一厘四毫六丝,鱼船户总甲六名出办,解府转解。

桐乡县额征……本县河泊所:无闰课钞七百五十一锭四百四十二文,该银七两五钱一分八毫八丝四忽;有闰课钞八百四十八锭八百七十文,该银八两四钱八分一厘七毫四丝,俱皂林等镇渔船户办纳,解府转解。

鱼课胶铁诸料本府并海、平、崇、桐四县岁办:无闰鱼线胶四百一斤九两五钱九分五厘,该银三十二两一钱二分七厘九毫七丝五忽;熟铁六千一百四十二斤二钱,该银一百二十二两八钱四分二毫五丝;黄麻二千五百七十六斤一两二钱九分六厘四毫,该银五十六两六钱七分三厘七毫八丝二忽五微五尘。有闰鱼线胶四百二十二斤八钱九分一厘,该银三十三两七钱六分四厘四毫五丝五忽;熟铁六千三百七十一斤二两四钱一分三厘四毫,该银一百二十七两四钱二分三厘一丝六忽七微五尘;黄麻二千七百九十一斤八两二钱八分,该银六十一两四钱一分三厘三毫八丝五忽。以上料价俱系鱼船户办纳,如折色年分,每两外加路费银一钱;如遇本色年分,又加水脚银二分,买料解司,倒文转解。

　　本府天星、马场、鸳鸯、相家四湖河泊所：无闰鱼
线胶二百七十斤一十两七钱七分五厘，该银二十一两
六钱五分三厘八毫七丝五忽；翎毛折熟铁四千三百三
十斤一十二两四钱八分，该银八十六两六钱一分五厘
六毫；黄麻一千八百四斤七两八钱，该银三十九两六
钱九分八厘七毫二丝五忽。有闰鱼线胶二百八十斤
四两一钱五分五厘，该银二十二两四钱额分七毫七丝
五忽；翎毛折熟铁四千四百八十四斤，该银八十九两
六钱八分；黄麻一千八百六十八斤六两二钱八分，该
银四十一两一钱四厘五毫三丝五忽。以上前项料价，
如遇折色年分，加路费银一钱；本色年分，又加水脚银
二分，俱系鱼船户三千七百户出办完解。（图 3-13）

图 3-13　丝背细鳞鲀

　　各县河泊所：无闰鱼线胶一百三十斤一十四两八
钱二分，该银一十两四钱七分四厘一毫；熟铁一千八
百一十一斤三两七钱二分，该银三十六两二钱二分四
厘六毫五丝；黄麻七百七十一斤九两四钱九分六厘四
毫，该银一十六两九钱七分五厘五丝七忽五微五尘。
有闰鱼线胶一百四十一斤一十二两七钱三分六厘，该

银一十一两三钱四分三厘六毫八丝;熟铁一千八百八十七斤二两四钱一分三厘四毫,该银三十七两七钱四分三厘一丝六忽七微五尘;黄麻九百二十三斤二两,该银二十两三钱八厘七毫五丝。以上前项料价,如遇折色年分,每两加路费银一钱,本色年分加水脚银二分,俱渔船户出办完解。

海盐县澉浦河泊所:无闰鱼线胶五十斤,该银四两;熟铁六百斤,该银一十二两;黄麻三百斤,该银六两六钱。有闰鱼线胶五十四斤,该银四两三钱二分;熟铁六百一十斤,该银一十二两二钱;黄麻三百二十斤八两,该银七两五分一厘。以上料价折色,每两路费银一钱,本色加水脚银二分,俱于鱼船户六百四十名出办解司。

平湖县乍浦河泊所:无闰鱼线胶三十五斤三两八钱,该银二两八钱一分九厘;熟铁四百八十斤三两四钱,该银九两六钱四厘二毫五丝;黄麻一百六十七斤,该银三两六钱七分四厘。有闰鱼线胶三十八斤三两八钱,该银三两五分九厘;熟铁四百八十五斤三两四钱,该银九两七钱四厘二毫五丝;黄麻二百七十三斤,该银六两六厘。以上料价折色,每两加路费银一钱,本色加水脚银二分,俱渔船户三百三十七名出办解纳。

崇德县本县河泊所:无闰鱼线胶二十二斤二两,该银一两七钱七分;熟铁三百三十六斤一十二两九钱八分,该银六两柒钱三分六厘二毫二丝五忽;黄麻一百四十斤一十五两五钱五分六厘四毫,该银三两一钱一厘三毫九丝五尘。有闰鱼线胶二十三斤一十二两九钱三分六厘,该银一两九钱四厘六毫八丝;熟铁三百七十三

斤四两,该银七两四钱六分五厘;黄麻一百五十六斤,
该银三两四钱三分二厘。以上料价折色,每两加路费
银一钱,本色加水脚银二分,俱渔船户六名出办解纳。

桐乡县崇德河泊所:无闰鱼线胶二十三斤九两二
分,该银一两八钱八分五厘一毫,熟铁三百九十四斤三
两三钱四分,该银七两八钱八分四厘一毫七丝五忽;黄
麻一百六十三斤九两九钱四分,该银三两五钱九分九
厘六毫六丝七忽五微。有闰鱼线胶二十五斤一十二
两,该银二两六分;熟铁四百一十八斤一十一两一分三
厘四毫,该银八两三钱七分三厘七毫六丝六忽七微五
尘;黄麻一百七十三斤一十两,该银三两八钱一分九厘
七毫五丝。以上料(图 3-14)价折色,每两加路费银一
钱,本色加水脚银二分,俱皂林等镇鱼船户出办解纳。①

图 3-14　桐照渔港

————————

①　[明]刘应钶重修,[明]沈尧中编纂:《[万历]嘉兴府志》卷八《课程》,明万历二十八年(1600)刊本,《中国方志丛书·华中地方》(第 505号),(台北)成文出版社有限公司 1983 年版,第 466—480 页。

　　万历年间(1573—1620),温州府岁征鱼课米"二千六百二十一石九斗九升八合";鱼油翎鳔"折征铜麻硃漆共六百一十五斤十二两五钱九分一厘二毫九丝"①。永嘉县岁征鱼课米"五百一十五石一斗五升";鱼油翎鳔"折生铜四十七斤五两七钱七分六厘,熟铜四十九斤八两七钱七分四厘,黄麻二十七斤九两二钱三分"②。瑞安县岁征河泊所鱼课米"一千六十二石九斗七升";鱼油翎鳔"折银硃三十九斤十三两七钱八分八厘,计银一十九两九钱三分八厘,折黄麻四十六斤十三两七钱七分,计银一两二分二厘"③。乐清县岁征河泊所鱼油翎鳔"折银硃一十三斤十四两二钱八分二厘,黄麻五十三斤六两八钱六分五厘"④。平阳县岁征河泊所鱼课米"一千四十三石八斗七升";鱼油翎鳔"折生漆一百八十斤十两八钱八分八厘,黄麻一百五十六斤九两一钱

　　①　[明]刘方誉、林继衡等修,[明]王光蕴等纂:《[万历]温州府志》卷五《食货志·贡赋·温州府·岁征》,明万历三十三年(1605)刻本,载中国科学院图书馆选编:《稀见中国地方志汇刊》(第十八册),中国书店1992年版,第115页。

　　②　[明]刘方誉、林继衡等修,[明]王光蕴等纂:《[万历]温州府志》卷五《食货志·贡赋·永嘉县·岁征》,明万历三十三年(1605)刻本,载中国科学院图书馆选编:《稀见中国地方志汇刊》(第十八册),中国书店1992年版,第117页。

　　③　[明]刘方誉、林继衡等修,[明]王光蕴等纂:《[万历]温州府志》卷五《食货志·贡赋·瑞安县·岁征》,明万历三十三年(1605)刻本,载中国科学院图书馆选编:《稀见中国地方志汇刊》(第十八册),中国书店1992年版,第119页。

　　④　[明]刘方誉、林继衡等修,[明]王光蕴等纂:《[万历]温州府志》卷五《食货志·贡赋·乐清县·岁征》,明万历三十三年(1605)刻本,载中国科学院图书馆选编:《稀见中国地方志汇刊》(第十八册),中国书店1992年版,第122页。

八分八厘"①。万历年间,宁海县课程中鱼课米"三百四十石四斗六升六合,折银八十五两一钱一分六厘五毫零,有闰加银一十四两一钱八分六厘七毫零,系沿海渔户出办解府转解"②。

天启年间(1621—1627),乍浦河泊所"均平"③收银四十四两六钱六分九厘四毫二丝四忽,遇闰加银九钱九分二厘一毫。④"额外岁征"条目中,乍浦河泊所"额征课钞四千四百六十六锭四贯七百一十二文,折银四十四两六钱六分九厘四毫二丝四忽,遇闰加钞九十九锭一贯六十四文,折银九钱九分二厘一毫二丝八忽",该项具体征收"亦里甲内征办,解府转解"⑤。"渔课"条目中,乍浦河泊所"岁办鱼线胶(图3-15)三十五斤三两八钱,该⑥银二两八钱一分九厘,有闰加胶三斤,折银二钱四分;熟铁银九两六钱四厘二毫五丝,有闰加银一钱;黄麻银三两六钱

---

① 〔明〕刘方誉、林继衡等修,〔明〕王光蕴等纂:《〔万历〕温州府志》卷五《食货志·贡赋·平阳县·岁征》,明万历三十三年(1605)刻本,载中国科学院图书馆选编:《稀见中国地方志汇刊》(第十八册),中国书店1992年版,第124—125页。

② 明初,宁海县课程中"鱼课钞三千七百六锭一贯八百二十三文二分,鱼课米三百二十七石九斗六升六合"。相比之下,万历年间宁海县鱼课数额有所增加。两则数据见〔明〕宋奎光编辑:《〔崇祯〕宁海县志》卷三《食货志·贡赋·课程》,明崇祯五年(1632)刊本,《中国方志丛书·华中地方》(第503号),(台北)成文出版社有限公司1983年版,第219—220页。

③ 该项收银在"均平"项下,结合上下条目,应为乍浦河泊所自身办公费用摊派征收。

④ 〔明〕程楷等纂修:《〔天启〕平湖县志》卷八《食货之三·役赋》,明天启丁卯年(1627)刻本,《天一阁藏明代方志选刊续编》(第27册),上海书店1990年版,第525—526页。

⑤ 〔明〕程楷等纂修:《〔天启〕平湖县志》卷八《食货之三·役赋》,明天启丁卯年(1627)刻本,《天一阁藏明代方志选刊续编》(第27册),上海书店1990年版,第539—540页。

⑥ 结合上下文,这里"该"应为"折"字,原文有误。

图 3-15　红旗船

七分四厘,有闰加二两三钱三分二厘",以上三项"折色年分每
两加路费银一钱,如征本色加水脚银二分,俱渔户三百三十七
名出办解纳"①。此外,据《[天启]海盐县图经》记载,这一时期
海盐县"代征平湖县乍浦河泊所课钞六千七百锭二贯六十八
文,折银六十七两四厘一毫三丝六忽;有闰加钞一百四十八锭
四贯九十六文,折银一两四钱八分八厘一毫九丝二忽,概县渔
户六百四十户办纳,塘长催收解府转解。"②乍浦河泊所"岁办鱼
线胶五十斤,该银四两;有闰加鱼线胶四斤,该银三钱二分。熟
铁六百斤,该银一十二两;有闰加熟铁一十斤,该银二钱。黄麻
三百斤,该银六两六钱;有闰加黄麻二十斤八两,该银四钱五分

① ［明］程楷等纂修:《[天启]平湖县志》卷八《食货之三·役赋》,明
天启丁卯年(1627)刻本,《天一阁藏明代方志选刊续编》(第 27 册),上海
书店 1990 年版,第 540 页。
② ［明］樊维城、［明］胡震亨等纂修:《[天启]海盐县图经》卷六《食
货篇第二之下·课程》,明天启四年(1624)刊本,《中国方志丛书·华中地
方》(第 589 号),(台北)成文出版社有限公司 1983 年版,第 530 页。

一厘。每两加路费银一钱;如征本色,又加水脚银二分,俱渔船户六百四十名出办解纳。"①

隆庆年间(1567—1572),宁波府"旧有鱼税,以船大小为多寡"②。万历年间(1573—1620),温州沿海渔船出海捕鱼,都需要"量船大小,纳收税银,给与由帖,方许下海采捕"③。据《[万历]温州府志》记载,温州沿海的渔税自嘉靖三十一年(1552)后,"蒙抚按议立綜长管束,量船大小,纳收税银,给与由帖、旗号,送兵道钤印,方许下海采捕。盐税以十为率,五分起解运司,类解济边;五分贮库,听候支用。令各渔户报名在官,每年三月以裹黄鱼生发之时,许其结綜出洋捕鱼,五月以裹回港。税银,大中双桅船银二两正,单桅船银(图3-16)一两二钱,尖船七钱,艍膛船银五钱,河条船三钱,岁约共银五千余两"④。对于渔税的使用,温州府"议留渔税银一千八百两内,八百两添备修船,六百五十两制办军火、器械、公用,余听院道军前犒赏金盘、

---

①　[明]樊维城、[明]胡震亨等纂修:《[天启]海盐县图经》卷六《食货篇第二之下·课程》,明天启四年(1624)刊本,《中国方志丛书·华中地方》(第589号),(台北)成文出版社有限公司1983年版,第530—531页。

②　《明实录·神宗实录》卷四,隆庆六年八月庚午条,(台北)"中央研究院"历史语言研究所1961年版,第165页。

③　[清]李琬修,[清]齐召南等纂:《[乾隆]温州府志》卷十五《物产·鳞甲类》,清乾隆二十五年(1760)刊,民国三年(1914)补刻版,《中国方志丛书·华中地方》(第480号),(台北)成文出版社有限公司1983年版,第782—783页。

④　[明]刘方誉、林继衡等修,[明]王光蕴等纂:《[万历]温州府志》卷六《兵戎志·渔税》,明万历三十三年(1605)刻本,载中国科学院图书馆选编:《稀见中国地方志汇刊》(第十八册),中国书店1992年版,第145—146页。

图 3-16　爵溪独捞作业

处州水陆官兵,其余渔税银俱解布政司充饷"①。对此,浙江沿海其他地方的渔税也基本用于"修船养兵"②。万历十二年(1584),由于渔船因灾受损,数量减少,温州府渔税实际征收"岁约银三千二百有奇。万历三十年(1602)以来,每年复以五千两为额"③。渔税的使用,"每年以五千两为额,内四千两解税监,三百两解布政司备军前缓急之用,一百两解按院公费,二百四十两解府收候三院按临阅操犒赏,三百六十两听温处兵巡道

---

　　① ［明］刘方誉、林继衡等修,［明］王光蕴等纂:《［万历］温州府志》卷六《兵戎志·渔税》,明万历三十三年(1605)刻本,载中国科学院图书馆选编:《稀见中国地方志汇刊》(第十八册),中国书店 1992 年版,第 146 页。

　　② 《明实录·神宗实录》卷二一,万历二年正月乙酉条,(台北)"中央研究院"历史语言研究所 1961 年版,第 560 页。

　　③ ［明］刘方誉、林继衡等修,［明］王光蕴等纂:《［万历］温州府志》卷六《兵戎志·渔税》,明万历三十三年(1605)刻本,载中国科学院图书馆选编:《稀见中国地方志汇刊》(第十八册),中国书店 1992 年版,第 146 页。

军前犒赏"①。此外,温州涂田租(图 3-17)银"原额九百六十六

图 3-17　岸罾作业

两二钱三分九厘六毫。万历三十年,该兵巡道右布政使汤严督
各县清查出隐占升科等项涂坦,共增租银二百九十九两,并各
县碓店租银共六百四十六两四钱七分一厘七丝六忽,俱充本区
水陆官兵额饷"②。万历年间,宁海"官民涂田三千七百六十六
顷一十七亩四分六厘八毫,内涂二亩折一派差,每亩科麦八合
六勺一抄八撮六圭三粟三粒,科米二升八合九勺九抄四圭九粟

①　[明]刘方誉、林继衡等修,[明]王光蕴等纂:《[万历]温州府志》
卷六《兵戎志·渔税·充饷涂租埠税渔税附》,明万历三十三年(1605)刻
本,载中国科学院图书馆选编:《稀见中国地方志汇刊》(第十八册),中国
书店 1992 年版,第 147 页。

②　[明]刘方誉、林继衡等修,[明]王光蕴等纂:《[万历]温州府志》
卷六《兵戎志·渔税·充饷涂租埠税渔税附》,明万历三十三年(1605)刻
本,载中国科学院图书馆选编:《稀见中国地方志汇刊》(第十八册),中国
书店 1992 年版,第 147 页。

一粒,科银三分五厘九毫"①。天启年间(1621—1627),宁海"民涂田二百一十二顷三十三亩六分三厘二毫,每亩科米一升八勺,科银二分七厘;灶涂田二百五十顷六十六亩四分二厘一毫,每亩科米一升八勺,科银一分八厘"②。

---

① 〔清〕李友泌监修,〔清〕华大琰编辑:《〔康熙〕宁海县志》卷三《食货志·田赋》,清康熙甲寅年(1674)刊本,哈佛大学哈佛燕京图书馆藏,第 7 页。

② 〔清〕李友泌监修,〔清〕华大琰编辑:《〔康熙〕宁海县志》卷三《食货志·田赋》,清康熙甲寅年(1674)刊本,哈佛大学哈佛燕京图书馆藏,第 9 页。

第四章　〉〉〉——
清朝前中期的浙江
海洋渔业

　　清朝初期,浙江沿海居民由于战争的影响一度被禁止从事海洋渔业活动。随着王朝政权的稳固,浙江海洋渔业活动逐步放开。清朝前中期,浙江的海洋渔业捕捞与养殖已经形成规模,海洋渔业经济产业化趋势显现,渔船形制和捕捞方式更为专业化与细化,冰鲜与咸鲜海产品成为浙江海产品流通的主要方式。在地方文献和文学作品的记载中,浙江知识分子对海洋渔业的认知更为细化,创作了诸多描述海洋生物和海洋渔业生产活动的佳作。对于出海捕鱼的船只和渔民,只要开具保单和通过地方政府的核查就可以前往渔场捕捞。随着海洋渔业活动规模的扩大,清政府对东南沿海渔业捕捞船只和捕捞活动出台了诸多规范文件,其中的"商渔换照"更是打通了渔船和商船的行业边界。渔船在鱼汛期过后换取商船执照就可以从事商业运输,而商船在鱼汛期换取渔船执照就可以从事渔业捕捞,这种方式极大地刺激了浙江沿海海洋渔业经济与对外贸易的发展。与此相应的,在日常渔课和渔税之外,浙江海关对于载货的进口渔船按其装载的货物多寡进行征税。

一、清朝前中期的浙江海洋渔业资源开发

在清朝统一中国的过程中,浙江海洋渔业活动一度被禁止。顺治八年(1651)清军在攻占浙江后就曾将宁波、温州、台州及沿海岛屿的居民强制内迁。其后,清政府多次严格海禁,禁止渔船下海捕鱼,一直到康熙初年才逐渐松动。自康熙年间开海后,浙江沿海的渔业捕捞与养殖活动逐渐得以恢复和发展。康熙至乾隆年间,浙江沿海各地方志中对海洋渔业资源开发种类的记载,特梳理如下。(图4-1)

图 4-1　黄鳍马面鲀

《[康熙]浙江通志》卷十七《物产》记载,当时浙江海洋渔业资源开发的种类有:"鳞之类"的鲤、鲫、鳜、鲴、鲇、鲚、鳡、鲵、鳖、魟、鳀、鮀、杨、鲀、鳅、鳗、鳝、鲭、鲟、鰤、鲱、鲫、鲦、章匡、乌贼、黄馈、黄鳍、黄颡、青鱼;"甲之类"的龟、鳖、蚌、蛤、虾、蛏、鲎、蚬、

田螺、辣螺、乌蛳、蟪、海蛳、蛴蜅、蜻蚏。① 其中,宁波府物产有紫菜、鹿角菜、鲎鱼、蛴蜅、淡菜、蚶、青鲫、江瑶柱、土铁、銮②,绍兴府的鲻鱼③,台州府的火鱼、望潮鱼、弹涂④,温州府的石发菜、西施舌、牡蛎⑤。

《[康熙]台州府志》卷四《物产》记载,当时台州海洋渔业资源开发的种类有:"蔬之属"的苔、紫菜、海藻;"鱼之属"的鲈、石首、鲑、鲵、鳟、鲳、沙、比目、枫叶、鲎、鲻、鲤、银、鲋、鲎、白、鲲、鲫、梅、鲂、马鲛、短、火、鳎、竹夹、白袋、谢豹、乌泽、柿核、魟、鳢、地青、细鳞、石勃卒、鲇、䲟、华脐、带、鳝、鳗、鲶、章巨、江珧、螺、车螯、虾、鳖、乌贼、蛤蜊、蛏、蚶、蟢、龟脚、牡蛎、蛴蜅、蟹、螃蟹、彭越、千人擘、蚌、海月、石帆、石磕、鲎、蛇、蛤、淡菜、蟪。⑥

《[康熙]嘉兴府志》卷十《物产》记载,当时嘉兴海洋渔业资源开发的种类有:"草类"的藻;"鳞类"的鲤、鲫、鳜、鲇、鲢、池

① [清]赵士麟等修,[清]张衡等纂:《[康熙]浙江通志》卷十七《物产·浙江布政司》,清康熙二十三年(1684)刊本,哈佛大学汉和图书馆藏本,第3页。

② [清]赵士麟等修,[清]张衡等纂:《[康熙]浙江通志》卷十七《物产·宁波府》,清康熙二十三年(1684)刊本,哈佛大学汉和图书馆藏本,第5页。

③ [清]赵士麟等修,[清]张衡等纂:《[康熙]浙江通志》卷十七《物产·绍兴府》,清康熙二十三年(1684)刊本,哈佛大学汉和图书馆藏本,第6页。

④ [清]赵士麟等修,[清]张衡等纂:《[康熙]浙江通志》卷十七《物产·台州府》,清康熙二十三年(1684)刊本,哈佛大学汉和图书馆藏本,第7页。

⑤ [清]赵士麟等修,[清]张衡等纂:《[康熙]浙江通志》卷十七《物产·温州府》,清康熙二十三年(1684)刊本,哈佛大学汉和图书馆藏本,第8页。

⑥ [清]张联元修辑:《[康熙]台州府志》卷四《物产》,清康熙六十一年(1722)尊经阁藏版,哈佛大学汉和图书馆藏本,第41、45—47页。

鱼、白鱼、青鱼、黑鱼、斑鱼、菜花鱼、银鱼、黄鳝、鳑皮、鳝、玉箸、鳗鱼、鳅。①

《[康熙]鄞县志》卷二十四《杂纪考二·物产》记载,当时宁波海洋渔业资源开发的种类有:"鳞之属"的石首鱼、鲈鱼、鲨鱼(图4-2)、比目鱼、带鱼、鲳鱼、肋鱼、鲻鱼、银鱼、鳓鱼、梅鱼、魟鱼、马鲛鱼、泥鱼、箸鱼、鳗、阑胡、鳝、墨鱼、鳊鱼、鲚鱼、鲜鱼、鲇鱼、蛇、望潮、黄鲫鱼、黄颡鱼、密鲛鱼、银针鱼;"介之属"的鲎、蛎、蛑蚌、螃蟹、赤蟹、白蟹、紫蟹、蟛蜞、沙蟹、金钱蟹、黄甲蟹、蝤、蚶、螺、蛤蜊、蛏、蚬、土蚨、佛手蚶、淡菜、黄蛤、海狮、虾。②

图4-2　铅灰真鲨

《[康熙]象山县志》卷九《贡赋·物产》记载,当时象山海洋渔业资源开发的种类有:"鳞之属"的鲈鱼、鲻鱼、黄鱼、鲋鱼、鲚鱼、箸鱼、泥鱼、马鲛鱼、望潮、弹涂、白扁、鲨鱼、馒鱼、青鲫;"甲

　　① [清]吴永芳纂修:《[康熙]嘉兴府志》卷十《物产》,清康熙六十年(1721)刻本,哈佛大学汉和图书馆藏,第11、12页。
　　② [清]汪源泽新纂,[清]闻性道考述:《[康熙]鄞县志》卷二十四《杂纪考二·物产》,清康熙二十五年(1686)刊本,载上海书店出版社编:《中国地方志集成·浙江府县志辑》(第18册),上海书店1993年版,第851—852页。

之属"的螃蟹、蠵鲑、蟛越、刚蟹、车螯、蛤蜊、土蚨。①

《[康熙]宁海县志》卷三《食货志·物产》记载,当时宁海海洋渔业资源开发的种类有:"货类"的蛎灰;"蔬类"的苔;"鳞类"的鲈、魟、鲨、鲻、鲫、鲭、鲑、鲳、鲢、鳗、马鲛、黄鱼、魟、乌贼、白袋、章巨、弹涂鱼;"介类"的龟、鳖、蛏、蚶、蛎、蠵鲑、蟟、蛤蜊、鲎、蛇、虾、江瑶柱。②

《[康熙]临海县志》卷三《食货志·物产》记载,当时临海海洋渔业资源开发的种类有:"菜"的苔、海藻、紫菜;"货"的蛎灰;"鳞"的石首、鲈、鲑、马鲛、比目、鲳、枫叶、鲻、鲨、鲤、银鱼、鲥、鲫、鲲、梅首、鲂、火鱼、乌泽、魟、鲨、鲇、地青、香鱼、石班、石勃、华脐、带鱼、鳗、鳝、鳢、鲼、鳐、跳鱼、乌贼、章巨、鳅、江珧柱、青鳞;"介"的鳖、螺、蛤、车螯、虾、龟、蛏、蚶、龟脚、牡蛎、石帆、蟹、彭越、海月、鲎、淡菜、鸦碗、蚜、沙蒜、蜡、泥螺、螺、蟟。③

《[康熙]平阳县志》卷一《舆地志·物产》记载,当时平阳海洋渔业资源开发的种类有:"蔬类"的紫菜、苔菜、鹿角菜;"药类"的牡蛎;"鳞类"的鲤鱼、石首、金鱼、鲥鱼、鳖鱼、鲳鱼、勒鱼、

① [清]胡祚远修,[清]姚廷杰纂:《[康熙]象山县志》卷九《贡赋·物产》,清康熙三十七年(1698)刻本,载北京师范大学图书馆编:《北京师范大学图书馆藏稀见方志丛刊》(第十四册),北京图书馆出版社2007年版,第6页。
② [清]李友泌监修,[清]华大琰编辑:《[康熙]宁海县志》卷三《食货志·物产》,清康熙甲寅年(1674)刊本,哈佛大学哈佛燕京图书馆藏,第3、5—6页。另有京师图书馆藏本为同一年刊本。因年代原因,两个藏本中均有部分文字不清晰,需要两者比照确定。
③ [清]洪若皋等纂修:《[康熙]临海县志》卷三《食货志·物产》,清康熙二十二年(1683)刻本,哈佛大学哈佛燕京图书馆藏,第18、20—21页;[清]洪若皋等纂修:《[康熙]临海县志》卷三《食货志·物产》,清康熙二十二年(1683)刊本,《中国地方志丛书·华中地方》(第509号),(台北)成文出版社有限公司1983年版,第256、259—261页。

鲈鱼、马鲛、鲻鱼、魟鱼、鲹鱼、鲛鱼、黄春、鲫鱼、鲇鱼、白小鱼、银鱼、鳙鱼、带鱼、鳗鱼、青鳞、鳜鱼、弓鱼、鳞鱼、时鲐鱼、望潮、比目鱼、黄驹、海蜇、弹涂(图 4-3)、墨鱼、鳟鱼、草鱼、香鱼、鲽鱼、鲨鱼、钓鱼、竹鱼、海鳜鱼、乌鲤、吹沙鱼、红鳞鱼、鮠鱼、鳅鱼;"介类"的龟、鳖、虾、蝤蛑、彭蜞、蟹、蟳、龟脚、壳菜、鲎、蛎房、车螯、蛏子、蚶、螺、海狮、拥剑、蚬、土蚨、江蟹、蟛、蚌、唇眼、西施舌;"货类"的蛎灰。①

图 4-3　大弹涂鱼

《[康熙]海盐县志》卷五六《物产》记载,当时海盐海洋渔业资源开发的种类有:"鳞之品"的黄鱼、石首、鳖、鲻、鲹、鲥、梅鱼、鲥、鳜、马嗥、比目、箸鲽、河鲀、鲳、鲈;"介之品"的鲨、蟹、蛏、蛤蜊、白蛤、鲜蛤、蚬、牡蛎、土铁、海蜇、虾。②

《[雍正]浙江通志》卷一〇一至一〇七《物产》记载,当时浙江海洋渔业资源开发的种类有:"鳞之类"的鲤、鲫、鳜、鲴、鲇、鲚、鳢、鮠、鳖、魟、鳜、魟、杨、鲀、鳅、鳗、鳝、鲭、鲹、鲥、鲼、鲥、鲦、

① [清]金以埈修,[清]吕弘诰等纂:《[康熙]平阳县志》卷一《舆地志·物产》,清康熙三十三年(1694)刻本,载中国科学院图书馆选编:《稀见中国地方志汇刊》(第十八册),中国书店 1992 年版,第 853、855—857 页。
② [清]张素仁纂修:《[康熙]海盐县志》卷五六《物产》,清康熙十二年(1673)抄本,载上海书店出版社编:《中国地方志集成·浙江府县志辑》(第 21 册),上海书店出版社 1993 年版,第 179 页。

章匞、乌贼、黄馈、黄鲭、黄颡、青鱼;"甲之类"的龟、鳖、蚌、蛤、虾、蛏、鲎、蚬、田螺、辣螺、乌蛳、蛱、海蛳、蟳蚜、蟛蜞。① 其中,杭州府产石首鱼、土鳌鱼、蟳蚜、蟛蜞、蛏、海狮②;嘉兴府的"鳞之品"有黄鱼、鳖鱼、鲈鱼、鲻鱼、鲚鱼、鲹鱼、鳒鱼、鲥鱼、梅鱼、鲴鱼、鲫鱼、马皋鱼、比目鱼、河鲀鱼、青虾、白虾、黄虾、海虾、水母,"介之品"的鲎、蟳蚜、白蟹、蟛蜞、瑟蟹、蛏、白蚬、白蛤、黄蛤、土蚨③;宁波府的紫菜、鹿角菜、苔菜、石首鱼、春鱼、梅鱼、鳖鱼、箭鱼、箬鱼、规鱼、魟鱼、马鲛鱼、鲨鱼、吹沙鱼、琵琶鱼、黄滑鱼、鲎鱼、四腮鲈、肋鱼、鲻鱼、乌鲗鱼、短鱼、银鱼、火鱼、蛇鱼、海鳅、风鳗、弹涂、鳓鱼、鱼鲊、江瑶柱、蛎房、海扇、鲒、淡菜、蟳蚜、螺、蛤、海虾、虾鲊(图 4-4)、虾米、蛏、蚶、蛱、章巨、肘子、土铁、海镜④;绍兴府的海藻、海根、石首鱼、春鱼、鳜鱼、半面鱼、烘

<hr />

① ［清］嵇曾筠、［清］李卫等修,［清］沈翼机等纂:《［雍正］浙江通志》卷一〇一《物产一·浙江通省》,据 1936 年上海商务印书馆影印清光绪刻本影印,载上海书店出版社编:《中国地方志集成·省志辑·浙江》(第 5 册),上海书店出版社 1993 年版,第 195 页。

② ［清］嵇曾筠、［清］李卫等修,［清］沈翼机等纂:《［雍正］浙江通志》卷一〇一《物产一·杭州府》,据 1936 年上海商务印书馆影印清光绪刻本影印,载上海书店出版社编:《中国地方志集成·省志辑·浙江》(第 5 册),上海书店出版社 1993 年版,第 205、206 页。

③ ［清］嵇曾筠、［清］李卫等修,［清］沈翼机等纂:《［雍正］浙江通志》卷一〇二《物产二·嘉兴府》,据 1936 年上海商务印书馆影印清光绪刻本影印,载上海书店出版社编:《中国地方志集成·省志辑·浙江》(第 5 册),上海书店出版社 1993 年版,第 217 页。

④ ［清］嵇曾筠、［清］李卫等修,［清］沈翼机等纂:《［雍正］浙江通志》卷一〇三《物产三·宁波府》,据 1936 年上海商务印书馆影印清光绪刻本影印,载上海书店出版社编:《中国地方志集成·省志辑·浙江》(第 5 册),上海书店出版社 1993 年版,第 231、235—239 页。

鱼、风鳗、灵鳗、鳗线、蛤、蛏、虾、吐铁①；台州府的香鱼、短鱼、烛鱼、火鱼、鹿鱼、鲛鱼、子鱼、燕鱼、石首鱼、枫叶鱼、箬叶鱼、石斑鱼、石帆鱼、望潮鱼、龙头鱼、铜呪鱼、地青鱼、撮千鱼、梅童鱼、谢豹鱼、秀才鱼、金银鲫、飞鱼、金鳗、獭鳗、鱼鳔、松门鲞、蟹、车螯、螺、对虾、潮蛤、石蜽、滚塘、海马、人鬼眼、千人擘②；温州府的黄鱼、斑鱼、香鱼、鮸鱼、玉鱼、关鱼、白袋鱼、龙头鱼、香鱼、鲤鱼、黄驹、沙蒜、石蜒、涂蟛锁管、水母线、鲨酱、蛎、琴虾、西施舌、海月、蜃灰③。

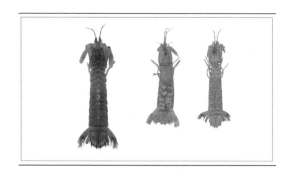

图 4-4　虾蛄

① ［清］嵇曾筠、［清］李卫等修，［清］沈翼机等纂：《［雍正］浙江通志》卷一〇四《物产四·绍兴府》，据 1936 年上海商务印书馆影印清光绪刻本影印，载上海书店出版社编：《中国地方志集成·省志辑·浙江》（第 5 册），上海书店出版社 1993 年版，第 242、248、249—251 页。

② ［清］嵇曾筠、［清］李卫等修，［清］沈翼机等纂：《［雍正］浙江通志》卷一〇五《物产五·台州府》，据 1936 年上海商务印书馆影印清光绪刻本影印，载上海书店出版社编：《中国地方志集成·省志辑·浙江》（第 5 册），上海书店出版社 1993 年版，第 262—264 页。

③ ［清］嵇曾筠、［清］李卫等修，［清］沈翼机等纂：《［雍正］浙江通志》卷一〇七《物产七·温州府》，据 1936 年上海商务印书馆影印清光绪刻本影印，载上海书店出版社编：《中国地方志集成·省志辑·浙江》（第 5 册），上海书店出版社 1993 年版，第 295—296、298 页。

　　《[雍正]宁波府志》卷十三《盐政·附物产》记载，当时宁波海洋渔业资源开发的种类有："水实之属"的苔、紫草、海藻、鹿角；"药之属"的牡蛎、海螵蛸①；"鳞之属"的鲈鱼、石首鱼、鰃鱼、华脐鱼、火鱼、肋鱼、鲻鱼、鳢鱼、银鱼、鳗、马鲛鱼、弹涂、鲟鳇鱼、鲇鱼、吐哺鱼、水母、鲳鳊、带鱼、鳖鱼、箬鱼、海鲫、竹笩鱼、魟鱼、江豚、吹沙鱼、鹳嘴鱼、乌鱼、鮸鱼、青鳞鱼、黄颡鱼、鲨鱼、比目鱼、墨鱼、章巨、鳂鱼、白鱼、梅鱼、鱲鱼、海鳅、泥鱼、泽鱼、箭鱼、鳖鱼、短鱼、杜鱼、邵洋鱼、地青鱼；"介之属"的蟛蜞、簄、螃蟹、彭越、蚌、鼋、鳌、龟、鲎、淡菜、蟟、螺、蛤蜊、蛏子、蚶子、龟脚、蚬、土铁、虾、海狮、黄蛤、江瑶柱、海月、蛎房、蟕、车螯、沙噀、肘子。②

　　《[雍正]慈溪县志》卷二《土产》记载，当时慈溪海洋渔业资源开发的种类有："蔬属"的苔菜、紫菜、鹿角菜；"药属"的龟板、鳖甲、牡蛎、海螵蛸；"鳞属"的鲈鱼、乌鳢、石首、肋鱼、鲻鱼、鲫鱼、银鱼、弹涂、鲟鳇鱼、马鲛鱼、鲳鳊鱼、箬鱼、鳖鱼、梅鱼、白鱼、带鱼、鳖鱼、鲨鱼、鹳嘴、墨鱼、鳂鱼、箭鱼、鳗、鳝；"甲属"的蟹、鼋、鳌、龟、鲎、淡菜、蛤蜊、黄蛤、蛏、蚶、土蚨、螺（图4-5）、蚬、蛎房、虾、蟛蜞。③

---

　　①　即墨鱼骨。

　　②　[清]孙诏监修，[清]曹秉仁等纂修：《[雍正]宁波府志》卷十三《盐政·附物产》，清雍正七年（1729）刊本，哈佛大学哈佛燕京图书馆藏，第21—26页。另有清乾隆六年（1741）补刊本，《中国方志丛书·华中地方》（第198号），（台北）成文出版社有限公司1974年版，第853、856—864页。清道光二十六年（1846）重刻本，载上海书店出版社编：《中国地方志集成·浙江府县志辑》（第30册），上海书店1993年版，第548—551页。

　　③　[清]冯鸿模纂修，[清]杨正笋等订正：《[雍正]慈溪县志》卷二《土产》，清雍正八年（1730）刊本，《中国方志丛书·华中地方》（第191号），（台北）成文出版社有限公司1975年版，第144、147、154—155页。另有哈佛大学汉和图书馆藏本，第17—18、22—23页。

图 4-5　扁玉螺

　　《［乾隆］温州府志》卷十五《物产》记载,当时温州海洋渔业资源开发的种类有:"蔬类"的石发菜、紫菜、苔菜、鹿角菜;"鳞甲类"的黄鱼、斑鱼、鲵鱼、玉鱼、斗鱼、白袋鱼、龙头鱼、香鱼、鲤鱼、黄驹、沙蒜、石蚜、涂螬锁管、水母线、鲎酱、蛎、琴虾、文蜃、江瑶柱、西施舌、海月、鲛鱼;"货物类"的蜃灰[①]。

　　《［乾隆］瑞安县志》卷一《舆地志·物产》记载,当时瑞安海洋渔业资源开发的种类有:"蔬类"的紫菜、苔、鹿角菜;"鳞类"的鲤鱼、石首、金鱼、鲋鱼、鳖鱼、鲳鱼、勒鱼、鲈鱼、马鲛、鲻鱼、魟鱼、魦鱼、鲛鱼、黄春、鲫鱼、鲇鱼、白小鱼、银鱼、鳙鱼、带鱼、鳗鱼、青鳞、鳎鱼、弓鱼、鳀鱼、时鲐鱼、火鱼、望潮、比目鱼、黄驹、海蜇、弹涂、墨鱼、鳟鱼、草鱼;"介类"的龟、鳖、虾、蟛蚏、彭蜞、蟟蚜、鲎、龟脚、壳菜、蛎房、车螯、蛏子、蚶、螺、海狮、拥剑、

　　① ［清］朱椿等总裁,［清］齐召南等总修:《［乾隆］温州府志》卷十五《物产》,清乾隆二十五年(1760)刊本,载上海书店出版社编:《中国地方志集成·浙江府县志辑》(第 58 册),上海书店出版社 1993 年版,第 179、182—184 页。另见［清］朱椿等总裁,［清］齐召南等总修:《［乾隆］温州府志》,清乾隆二十五年刊,1914 年补刻版,《中国地方志丛书·华中地方》(第 480 号),(台北)成文出版社有限公司 1983 年版,第 769、782—788 页。

蚬、土蚨、穿山甲、石蟹、蜃眼；"货类"的蛎灰。①

《[乾隆]鄞县志》卷二十八《物产》记载，当时鄞县海洋渔业资源开发的种类有："鳞介之属"的石首鱼、春鱼、黄滑鱼、梅鱼、鲈鱼、鲵鱼、鲳鲩、比目鱼、箬鱼、白鱼、鲩②、肋鱼、火鱼、鲟鳇、短鱼、鲝鱼、魟鱼、地青鱼、鱲鱼、吹沙鱼、土附鱼、河豚、鳢鱼、鲻鱼、泽鱼、鲨鱼、马鲛鱼、带鱼、华脐鱼、银鱼、鳗、鱇鱼、鲡鱼、江豚、鲂鱼、江豚、阔胡、海鳛、沙噗、鮀鱼、乌贼、章巨、蟭蛑、簹、螃蟹、石蟹、膏蟹、彭越、蚌、海月、海扇、鲒、江珧、蛤、蛤蜊、黄蛤、车螯(图4-6)、蚶子、蛏子、蟥、蛎房、螺、龟脚、蟹、鲎、蝦、肘子、土铁、淡菜、蚬；"食货之属"的冰、鱼膏、虾米、红鰕鲊、鰕脯、墨鱼干、苔、紫菜、海藻。③

图 4-6　弧边招潮蟹

————————

①　[清]章昱监修，[清]吴庆云编纂：《[乾隆]瑞安县志》卷一《舆地志·物产》，清乾隆十四年(1749)刊本，载上海书店出版社编：《中国地方志集成·浙江府县志辑》(第64册)，上海书店出版社1993年版，第30、32—33页。

②　俗名箭鱼。

③　[清]钱维乔承修，[清]钱大昕总修：《[乾隆]鄞县志》卷二十八《物产》，清乾隆戊申年(1788)刊本，《续修四库全书·史部·地理类》(第706册)，上海古籍出版社2002年版，第643—650、652页。另有哈佛大学汉和图书馆藏本，第24—39、42—43页。涉及石首鱼冰鲜、冰厂。

浙江
海洋渔业史话

　　《[乾隆]奉化县志》卷六《版籍志·物产》记载,当时奉化海洋渔业资源开发的种类有:"鳞"的鲤、鲈、鳗、鲻、箬、鲇、鲫、鲨、鳓、鲳鯸鱼、鳢、白鱼、石首、黄颡、鲳、鳑、鲩、马鲛鱼、弹涂鱼、魟鱼、河鲀、水母、乌贼、章巨;"甲"的蟹、鲎、龟、鳖、蚶、海扇、鲐、鼋、蟛、蚌、蛎、海狮、蚬、江瑶柱、蛏、荔枝蛏。①

　　《[乾隆]镇海县志》卷四《物产》记载,当时镇海海洋渔业资源开发的种类有:"水实之属"的紫菜、海藻、鹿角菜、苔菜;"药之属"的牡蛎、海螵蛸;"鳞之属"的鲈鱼、石首鱼、鳜鱼、华脐鱼、火鱼、肋鱼、鲻鱼、鳢鱼、银鱼、鳗、闰胡、鳝、水母、鲳鯸、带鱼、箬鱼、海鲫、竹筴鱼、魟鱼、江豚、吹沙鱼、鹤嘴鱼、鲩鱼、鲨鱼、比目鱼、墨鱼、章巨、龙头鱼、白鱼、梅鱼、海鳅、箭鱼②;"介之属"的蝤蛑、簖、螃蟹、彭越、蚌、鼋、鳖、龟、鲎、淡菜、蟛、蛏、蚶、龟脚、蚬、土铁、黄蛤、海狮、海月、蛎房、鲐、海扇。③

　　《[乾隆]象山县志》卷三《地理志三·物产》记载,当时象山海洋渔业资源开发的种类有:"蔬之属"的苔条、紫菜、海蜇;"药之属"的丁公藤、牡蛎;"货之属"的蛎灰;"鳞之属"的方鱼、石首鱼、肋鱼、鳊、鲥、乌贼;"介之属"的鲨、蟏蟹、蝤蛑、彭蜞、蛏蝛、

<hr>

　　① [清]曹膏、唐宇霖主修,[清]陈琦编纂:《[乾隆]奉化县志》卷六《版籍志·物产》,清乾隆三十八年(1773)刊本,哈佛大学汉和图书馆藏,第42—44页。
　　② 原字无法辨认,释文记载其另一个称谓为箭鱼。
　　③ [清]王梦弼纂修,[清]邵向荣订正:《[乾隆]镇海县志》卷四《物产》,清乾隆十七年(1752)刊本,哈佛大学汉和图书馆藏,第6—11页。

144

蛏、沙蜻、土鐵、淡菜、蛎房、望潮、酒钟、江瑶柱。①

《[乾隆]奉化县志》卷六《版籍志·物产》记载,当时奉化海洋渔业资源开发的种类有:"鳞"的鲈、鳗、鲻、箬、鲇、鲫、鲨、鳡、鲳鲦鱼、白鱼、石首、黄颊、鲳、鲫、鲵、马鲛鱼、弹涂鱼、魟鱼、河鈍、水母、乌贼、章巨;"甲"的蟹、蚶、海扇、鲒、蝤、蚌、蛎、海狮、蚬、江瑶柱、蛏、荔枝蛏。②

《[乾隆]余姚志》卷九《物产·鳞介之品》记载,当时余姚海洋渔业资源开发的种类有:石首鱼、鲻鱼、鲜鱼、梅鱼、鲳鱼、鳖鱼、弹涂、箬獭、三色鲤、鲫鱼、鲥鱼、时鱼、银鱼、江鲼、海酱、鳜鱼、鲇鱼、烘鱼、青鱼、鲢鱼、白条鱼、鳊鱼、鳢鱼、虾、鳝、鳗、箭鳗、鼋、龟、鳖、蚌、螺、蛏、蚬、蛤、蜊、黄蛤、吐铁、沙蟹、黄甲蟹、柴蟹、白蟹、稻蟹、蟛蜞、蟛蟛蟹、虾蟆。③

《[乾隆]平湖县志》卷二《食货志·物产四》记载,当时平湖海洋渔业资源开发的种类有:"鳞之属"的鲤、鲫、鲈、鳜、鲇、白鱼、黄鲿、鲚鱼、鳊鱼、黑鱼、鲜鱼、鳗、鳝、鳅、斑鱼、鳑、虾、黄鱼、鳖鱼、鲈鱼、鲻鱼、鲚、鲹鱼、鲫鱼(图4-7)、梅鱼、鲥鱼、呼鱼、马皋鱼、鞋底鱼、鲟鱼、鲳鱼、水母、白虾;"介之属"的龟、鳖、蟹、

---

①　[清]史鸣皋主修,[清]姜炳璋等纂修:《[乾隆]象山县志》卷三《地理志三·物产》,清乾隆二十四年(1759)刊本,哈佛大学汉和图书馆藏,第16—20页。另有清乾隆戊寅年(1758)刊本,《中国方志丛书·华中地方》(第476号),(台北)成文出版社有限公司1983年版,第210—217页。不过后者部分内容不清晰。卷中有谚语"乌贼稀则黄鱼旺"及《食黄鱼诗》。

②　[清]曹膏、唐宇霈主修,[清]陈琦编纂:《[乾隆]奉化县志》卷六《版籍志·物产》,清乾隆三十八年(1773)刊本,哈佛大学汉和图书馆藏,第42—44页。

③　[清]唐若瀛:《[乾隆]余姚志》卷九《物产·鳞介之品》,清乾隆四十六年(1781)刊本,哈佛大学汉和图书馆藏,第7—8页。

蚌、螺、蚬、黄甲、白蟹、蟛蜞、沙虎、蛏、白蚬、白蛤、土铁。①

图 4-7　鲥

《[乾隆]海宁州志》卷二《物产》记载,当时海宁海洋渔业资源开发的种类有:"鳞类"的鲢、鲂、鲭、鲂、鲤、鮪、鳜、鲈、鲫、鲦、黑鳢、鲂鳊、鳊、鲚、鲋、石首、鲹、鳖、箸、鲟、鮾、鲥、比目、金鱼、银鱼、鲇、马鲛、河豚、呼歆、鳝、鳗、鳅、水母、魟、麦条鱼、鲳、土鳘;"介类"的龟、鳖、蟹、蛸蚌、蟛蟪、虾、蛏、螺、蚬、蛤、土蚨、海蛳、蚌、桀步。②

清康熙年间,海盐县有"渔户六百四十名"③,"渔于河者,小者以钓、以罾,大者以鹈鹕,最大者截流之。网虾以篚,蟹以籪,鲨以钩。渔于海者,以舟、以箄、以羂、以石断、以关网、以退簏、以钩、以垦。舟有禁箄六禁,今许用箄。定箄连大竹,驭潮以橹,乘月乘汐亦行也。羂,大网也,广二丈,深三丈,四竹缘口而方,缒巨木竹索沉其底,索浮海面。潮至羂口东,退则口西,迎

———————

　　①　[清]高国楹修:《[乾隆]平湖县志》卷二《食货志·物产四》,清乾隆十年(1745)刊本,载中国科学院图书馆选编:《稀见中国地方志汇刊》(第十六册),中国书店1992年版,第104页。

　　②　[清]战鲁村修:《[乾隆]海宁州志》卷二《物产》,清乾隆四十年(1776)修,道光二十八年(1848)重刊本,《中国方志丛书·华中地方》(第591号),(台北)成文出版社有限公司1983年版,第333—335页。

　　③　[清]张素仁纂修:《[康熙]海盐县志》卷五六《户口》,清康熙十二年(1673)抄本,载上海书店出版社编:《中国地方志集成·浙江府县志辑》(第21册),上海书店出版社1993年版,第92页。

潮得鱼最多。关网,竹缀网,插浅海,长百丈,潮没网退,则截水得鱼矣。叠石如城,其高丈许,曰:'石断'。断没入鱼,石罅出潮,鱼在陆矣。竹织成篓,长三尺,连千百宽口,锐底插之涂泥。鲻嗜涂泥,入于篓,虽跃不出。取蛏以钩,钓须双。取蚬、蛤以铁镐镐齿。曰沙虎,穴深必农家大镐也。海错易败,不可至远。取鲻、马皐未败者皆咸之。虾亦稍漉,以盐曝(图4-8)之腊矣,他方以为珍。盐人不贵也,惟鲻子极细,曝之烈日,涂以脂,薄以切之,明如珀。甬东文登远不及,品最贵。然不若海蜇利博也,矾之、卤之,苔雪之人携金至盈载。去岁利可万斤,比皆因人工以成,物产之大略也"①。到清朝雍正二年(1724),浙江沿海渔船"一千四百九十三只,每年消长不常"②。乾隆年间,浙江沿海的渔业活动已经非常繁荣,而海洋渔业经济与沿海社会秩序的稳定密切相关。"浙东之宁波、台州、温州等府属沿海居民,每年自立夏以迄,夏至出洋网捕黄鱼,闽省渔船亦远来聚集,收泊口岸,常多至千余船,有初水、二水、三水渔期,得渔晒鲞贩卖,其利甚溥,浙闽沿海无业贫民借此三水渔期为一年生计,如鱼汛失望即资生无策,往往流为匪寇滋事,是以鱼汛甚为沿海关重"③。在这里值得一提的就是,浙江沿海区域早在乾隆年间就已出现渔民租赁渔船下海捕鱼的情形发生。乾隆四十

---

① ［清］张素仁纂修:《［康熙］海盐县志》卷五六《物产》,清康熙十二年(1673)抄本,载上海书店出版社编:《中国地方志集成·浙江府县志辑》(第21册),上海书店出版社1993年版,第180页。

② 《闽浙总督满保奏遵旨逐条查覆金铎所陈海疆事宜折》(雍正二年闰四月十三日),载中国第一历史档案馆:《雍正朝汉文朱批奏折汇编》(第2册),江苏古籍出版社1989年版,第932页。

③ 浙江巡抚方观承:《奏报海疆鱼汛旺发渔民安静事》(乾隆十四年五月初八日),中国第一历史档案馆藏,档号:04-01-35-1147-019,缩微号:04-01-35-056-1833(图125-127)。

一年(1776)三月二十日福建晋江县上奏闽浙总督的奏章中就指出其县内沿海居民，"北洋生理熟识，即在温、台、福、宁一带租赁船只捕鱼看网为业，饬令彼此各属，分别严禁编查一条，亦应如所请，饬令温、台、福、宁等府所辖各属县，申严私租船只之禁。并将此等民人，严饬地保查明，有家室者编入保甲，无家室者必须有人保结，方许在地生理。否则概行逐回。俾无赖之徒，无从托足，而海洋自臻宁谧矣"①。

图4-8 虾米

随着浙江海洋渔业的进一步发展，地方志里关于水产知识的记载愈加丰富。《[雍正]宁波府志》中记载：蛎房，"形如驼蹄，又如拳，附岩石生块，礧相连如房，故名。道家以左顾者是雄，故名牡蛎；右顾则牝蛎，一名蚝山，晋安人呼为'蚝'。莆初生，才如拳石，四面渐长，有一二丈，崭岩如山。每房内有蚝肉一块，亦有柱，肉之大小随房广狭。每潮来则诸房皆开，有小虫入则含以充腹。鲒埼海岩生者仅如人指，面挑取肉谓之'梅花

① 《福建省例》卷二十三《船政例》，"商渔船只设立循环填注送核"，载周宪文主编：《台湾文献丛刊》(第199种)，(台北)台湾大通书局1999年版，第634页。

蛎',扈竹结成谓之'竹蛎'"①。《[乾隆]鄞县志》中记载:淡菜,
"亦名壳菜,形似珠母,其益人,生南海,有东海夫人之号。土人
烧令汁沸,出肉食之。若与少米先煮熟,后去两边锁及毛,更入
萝卜、紫苏同煮,尤佳。(《宝庆志》)按:鄞邑采淡船颇多,以六
月出洋,冬初返棹。其壳烧灰作粉,可以涂壁。考《周礼》掌蜃
所供白盛,郑康成注:饰墙使白之蜃。东莱人用蜃谓之叉灰,言
叉取以为灰也。鄞处海滨,凡蜃、蛤、蛎、蚶、介属,皆烧之代石
灰,以供涂塈之用"②。(图4-9)

图4-9 熊本牡蛎

　　清代知识分子关于海洋生物的诗作愈来愈多,如宁波著名
文人全祖望所著《东钱湖吐哺歌》对土附鱼的描述:"姬公下士
之残膏,化为浙海波臣侣。一落西泠圣湖滫,一游东甬钱湖渚。
春波正动春酒香,春韭调汤味最良。水族虽然多巨子,偏于别

---

　　① [清]孙诏监修,[清]曹秉仁等纂修:《[雍正]宁波府志》卷十三
《盐政·附物产》,清雍正七年(1729)刊本,哈佛大学哈佛燕京图书馆藏,
第26页。

　　② [清]钱维乔承修,[清]钱大昕总修:《[乾隆]鄞县志》卷二十八
《物产·鳞介之属·淡菜》,清乾隆戊申年(1788)刊本,哈佛大学汉和图书
馆藏本,第38页。

种多擅场。吴余越半各著名,嬴秦算袋成墨精。志公脍尚重金
陵,倘较资格俱后辈。合与宁王白鱼连尾登图经。我食兹鱼忽
一笑,世间遭遇真难料。西湖之种登玉食,东湖寂寞谁相吊。
不作庙牺作野鸡,留与诗人供品题。酬尔十洲春一瓶。"①对于
海鮹,姜宸英《寄缄王阮亭海艳》诗:"小队群游似锦舒,兰成赋
中一寸鱼。烛光夜照鲛人室,针尾朝登玉箸蔬。曾许先生多赠
致,欲教微物长吹嘘。华堂宴集兴言咏,持比琴鱼定得如。"全
祖望诗:"春洋来海鮹,半翅未能加。小品足清致,金光带日华。
数罟多不亿,并命有堪嗟。湛老呼名错,原无艳可夸。"②

除此之外,《清史稿》中收录了大量关于海洋生物活动的信
息。如"康熙元年正月朔,台州见二巨鱼斗于江内,三日,其一
死,肉重四百余斤。……十五年十二月,海盐有大鱼,长十丈
余,形如车轮,头似马首。……二十二年四月,海宁海滨有鱼长
二十余丈,无鳞,有白毛,土人呼之为海象。……三十四年七
月,嘉定有二巨鱼斗于海,声如雷,其一死者虎首人身,长丈余,
腥闻数里。四十二年八月,青浦龙安桥下有二大鱼上游,形如
船,旁有小鱼无数。四十七年二月初,台州有巨鱼至中津桥,向
人朝拜,十二日随潮而逝"③。乾隆"二十六年三月二十三日,平

――――――――

　　①　[清]钱维乔承修,[清]钱大昕总修:《[乾隆]鄞县志》卷二十八
《物产·鳞介之属·土附鱼》,清乾隆戊申年(1788)刊本,哈佛大学汉和图
书馆藏本,第28页。

　　②　[清]钱维乔承修,[清]钱大昕总修:《[乾隆]鄞县志》卷二十八
《物产·鳞介之属·海鮹》,清乾隆戊申年(1788)刊本,哈佛大学汉和图书
馆藏本,第31页。

　　③　赵尔巽等:《清史稿》卷四十《志十五·灾异一》,中华书局1976
年版,第1509页。

湖海滨来一大鱼,其声如牛,长六丈七尺,径一丈四尺"①。

　　清代乾隆年间,宁波鄞县冰鲜鱼已经形成规模,春末夏初所捕捞的石首鱼,"佐以藏冰,曰:'冰鲜'"②。与此同时,冰已成为鄞县特产,"甬东滨江居民多藏冰为业,谓之'冰厂',夏初凿取,以佐海鱼行远"③。嘉庆二年(1797),宁波镇海新碶头帮成立永靖公所④。该公所拥有冰鲜船六十余只,已经在当时浙江的海洋渔业生产中占有一席之地。就整个浙江而言,冰鲜业集中在宁波地区并不是偶然的。在当时,除了靠近渔业产地之外,更重要的因素是其紧邻渔业消费市场,再加上宁波商业繁荣,以钱庄为代表的金融业相当发达,拥有强大的经济实力,可以提供冰鲜业所需要的庞大资金。相比冰鲜渔业,浙江宁波的咸鲜在苏南地区也已经非常有名。(图4-10)成书于乾隆年间的《扬州画舫录》记载"淮南鱼盐甲天下",其中有名的海产品"黄鲞"就来自宁波⑤。

————————

　　①　赵尔巽等:《清史稿》卷四十《志十五·灾异一》,中华书局1976年版,第1509—1510页。

　　②　[清]钱维乔承修、[清]钱大昕总修:《[乾隆]鄞县志》卷二十八《物产·鳞介之属·石首鱼》,清乾隆戊申年(1788)刊本,哈佛大学汉和图书馆藏本,第25页。

　　③　[清]钱维乔承修,[清]钱大昕总修:《[乾隆]鄞县志》卷二十八《物产·食货之属·冰》,清乾隆戊申年(1788)刊本,哈佛大学汉和图书馆藏本,第42—43页。

　　④　陈训正、马瀛等纂修:《定海县志》册三《鱼盐志第五·渔业》,1924年铅印本,《中国方志丛书·华中地方》(第75号),(台北)成文出版社有限公司1970年版,第270页。

　　⑤　[清]李斗撰,汪北平、涂雨公点校:《扬州画舫录》卷一《草河录上》,清乾隆乙卯年(1795)刻本,《清代史料笔记丛刊》,中华书局1960年版,第17页。

图 4-10　宁波甬江两岸的冰厂

二、清朝前中期的浙江海洋渔业管理

随着清政府对海洋渔业活动的开放和大批近海渔民下海从事捕捞活动,政府相应的管理制度也逐渐细化。康熙四十二年(1703),吏部和兵部详细了渔民申请渔业执照的流程规定:"未造船时,先行具呈州县,该州县询供确实,取具澳甲、户族、里长、邻佑当堂画押保结,方许成造。造完报县验明印烙字号姓名,然后给照。其照内仍将船户、舵水年貌籍贯开列,以便汛口地方官弁查验"①。渔船初次出海时,"必于汛口挂号,将所有

---

①　[清]昆冈等修,[清]刘启端等纂:《钦定大清会典事例》卷一百二十《吏部·处分例·海防》,清光绪十二年(1886)刊本,载《续修四库全书》编纂委员会编:《续修四库全书》第八〇〇册《史部·政书类》,上海古籍出版社 2002 年版,第 125 页。另见[清]昆冈等修,[清]刘启端等纂:《钦定大清会典事例》卷六百二十九《兵部·绿营处分例·海禁一》,清光绪十二年(1886)刊本,载《续修四库全书》编纂委员会编:《续修四库全书》第八〇七册《史部·政书类》,上海古籍出版社 2002 年版,第 753 页。

船照,呈送地方官或营官验明,填注月日,盖印放行"①。康熙五十年(1711),兵部规定:"商民渔船给发执照,系州县专责。如营官擅给执照者,降二级调用。倗借执照为匪,将擅给执照之营官革职。"②康熙五十三年(1714),吏部规定:"渔船出洋,不许装载米酒,进口亦不许装载货物,违者严加治罪。"③只有当渔民人数、搭载物品与渔船执照相符时,才允许进入口岸。随着沿海岛屿居民的逐渐增多,出于安全考虑,康熙五十六年(1717),浙江巡抚觉罗吉庆以"闽海渔船赴浙洋剽掠"为由,对浙江沿海岛岙居民"编保甲,禁米出洋,严缉代卖盗贼"④。康熙五十七年(1718)二月,福建浙江总督觉罗满保上疏:"海洋大弊,全在船只之混淆,米粮之接济。商贩行私偷越,奸民贪利窃留。海洋出入,商渔杂沓。应将客商责之保家,商船水手则之船户货主,渔船水手责之澳甲同綜。各取保结,限定人数,出入盘查。并严禁渔船,不许装载货物,接济人口。"⑤

---

① [清]昆冈等修,[清]刘启端等纂:《钦定大清会典事例》卷七百七十五《刑部·兵律关津·私出外境及违禁下海一》,清光绪十二年(1886)刊本,载《续修四库全书》编纂委员会编:《续修四库全书》第八〇九册《史部·政书类》,上海古籍出版社2002年版,第512页。

② [清]昆冈等修,[清]刘启端等纂:《钦定大清会典事例》卷六百二十九《兵部·绿营处分例·海禁一》,清光绪十二年(1886)刊本,载《续修四库全书》编纂委员会编:《续修四库全书》第八〇七册《史部·政书类》,上海古籍出版社2002年版,第754页。

③ [清]昆冈等修,[清]刘启端等纂:《钦定大清会典事例》卷一百二十《吏部·处分例·海防》,载《续修四库全书》编纂委员会编:《续修四库全书》第八〇〇册《史部·政书类》,上海古籍出版社2002年版,第126页。

④ 赵尔巽等:《清史稿》卷三百四十三《列传一百三十·觉罗吉庆》,中华书局1976年版,第11128页。

⑤ 《清实录·圣祖实录》卷二七七,康熙五十七年戊戌二月甲申条,中华书局1986年版,第716页。

雍正元年(1723)，兵部规定："出海商渔船，自船头起至鹿耳梁头止，大桅上截一半，各照省分油饰。江南用青油漆饰，白色钩字；浙江用白油(图 4-11)漆饰，绿色钩字；福建用绿油漆饰，红色钩字；广东用红油漆饰，青色钩字。船头两披，刊刻某省某州县某字某号字样，沿海汛口及巡哨官弁，凡遇商渔船，验系照依各本省油饰刊刻字号者，即系民船，当即放行。如无油饰刊刻字号，即系匪船，拘留究讯。"[①]此项法令在随后的管理实践中得到进一步完善和发展。雍正五年(1727)，刑部规定："商渔船只，不分单桅双桅，悉从民便。造船时，呈报州县官，查取澳甲户族里长邻佑保结，方准成造。完日报官，亲验给照。开明在船人年貌籍贯，并商船所带器械件数，以便汛口查验。"[②]

图 4-11　大捕船

---

①　[清]昆冈等修，[清]刘启端等纂：《钦定大清会典事例》卷六百二十九《兵部·绿营处分例·海禁一》，清光绪十二年(1886)刊本，载《续修四库全书》编纂委员会编：《续修四库全书》第八〇七册《史部·政书类》，上海古籍出版社 2002 年版，第 755 页。

②　[清]昆冈等修，[清]刘启端等纂：《钦定大清会典事例》卷七百七十五《刑部·兵律关津·私出外境及违禁下海一》，清光绪十二年(1886)刊本，载《续修四库全书》编纂委员会编：《续修四库全书》第八〇九册《史部·政书类》，上海古籍出版社 2002 年版，第 512 页。

同年,兵部要求地方官对各处大小船只要"取具船户邻佑保结,编列号书,于船两旁刊刻某处船户,某人姓名,给以执照。该船户持执照揽载。地方及营汛官弁不时稽察。其采捕渔船,奸良更难分辨,照陆路保甲之例,以十船编为一甲,一船有犯盗窃者,令九船公首。若隐匿不报,事发将同甲乙船一并治罪。至渔船停泊之处,百十成群,多寡不等,十船一甲之外,如有余船,即以奇零之数编为一甲。地方及营汛官弁,随时留心点验,不得虚应故事。"①雍正九年(1731),兵部规定:"商渔船篷上,大书州县船户姓名,每字各大径尺。蓝布篷用石灰细面,以桐油调书;篾篷白布篷用浓墨书,黑油分抹字上,不许模糊缩小"②。同时,兵部又规定:"商渔船桅披,照省分漆饰,及篷上书姓名,原为稽查奸匪。若官弁怠惰偷安不稽查者,革职;兼辖统辖官不揭报者,降两级调用;不行题参之总兵官,罚俸一年;提督罚俸六月"③。

乾隆三年(1738),兵部规定:"沿海樵采小船,每船许带食锅一口。所需斧斤,每人许带一把。在船人数不得过十名,均

———————

　　① 〔清〕昆冈等修,〔清〕刘启端等纂:《钦定大清会典事例》卷六百二十六《兵部·绿营处分例·保甲》,清光绪十二年(1886)刊本,载《续修四库全书》编纂委员会编:《续修四库全书》第八○七册《史部·政书类》,上海古籍出版社 2002 年版,第 720 页。

　　② 〔清〕昆冈等修,〔清〕刘启端等纂:《钦定大清会典事例》卷六百二十九《兵部·绿营处分例·海禁一》,清光绪十二年(1886)刊本,载《续修四库全书》编纂委员会编:《续修四库全书》第八○七册《史部·政书类》,上海古籍出版社 2002 年版,第 758 页。

　　③ 〔清〕昆冈等修,〔清〕刘启端等纂:《钦定大清会典事例》卷六百二十九《兵部·绿营处分例·海禁一》,清光绪十二年(1886)刊本,载《续修四库全书》编纂委员会编:《续修四库全书》第八○七册《史部·政书类》,上海古籍出版社 2002 年版,第 758 页。

于照内注明,出入查验。不得越数多带,及进口时故意缺少。"①
乾隆五年(1740),刑部规定:"商人收买铁斤,除近苗产铁处所,
令呈明该地方官外,内地兴贩,悉从民便。若在沿海地方递运
铁斤,交卖商渔船只。为首照将军器出境下海律绞监候;为从,
杖一百,流三千里;船户挑夫,减本犯罪二等。"②乾隆十三年
(1748)九月,浙江巡抚方观承奏称:"奸徒偷运米谷潜出外洋,
接济奸匪者,拟绞立决。"③乾隆二十二年(1757),朝廷更定了保
甲法,将沿海渔业保甲作为一个单独条目列了出来,规定:"渔
船网户、水次搭棚趁食之民,均归就近保甲(图 4-12)管束。"④
乾隆二十五年(1760),刑部规定:"沿海采捕出洋船只,务将本
船作何生业贸易,于照内详细填注。"⑤乾隆三十年(1765),兵部
对船照内容做了局部修改,"嗣后除商船仍遵旧例,将在船舵水
人等并填给照外,其渔船止将船主年貌、姓名、籍贯,及作何生

　　① 〔清〕昆冈等修,〔清〕刘启端等纂:《钦定大清会典事例》卷六百三
十《兵部·绿营处分例·海禁二》,清光绪十二年(1886)刊本,载《续修四
库全书》编纂委员会编:《续修四库全书》第八〇七册《史部·政书类》,上
海古籍出版社 2002 年版,第 761 页。
　　② 〔清〕昆冈等修,〔清〕刘启端等纂:《钦定大清会典事例》卷七百七
十六《刑部·兵律关津·私出外境及违禁下海二》,清光绪十二年(1886)
刊本,载《续修四库全书》编纂委员会编:《续修四库全书》第八〇九册《史
部·政书类》,上海古籍出版社 2002 年版,第 519 页。
　　③ 《清实录·高宗实录》卷三二四,乾隆十三年戊辰九月癸丑条,中
华书局 1986 年版,第 344 页。
　　④ 赵尔巽等:《清史稿》卷一百二十《志九十五·食货一》,中华书局
1976 年版,第 3482 页。
　　⑤ 〔清〕昆冈等修,〔清〕刘启端等纂:《钦定大清会典事例》卷七百七
十六《刑部·兵律关津·私出外境及违禁下海二》,清光绪十二年(1886)
刊本,载《续修四库全书》编纂委员会编:《续修四库全书》第八〇九册《史
部·政书类》,上海古籍出版社 2002 年版,第 521 页。

图 4-12　东门岛上的妈祖像

业,开填给照。将船甲字号,于大小桅篷,及船旁,大书深刻,仍于照后多留余纸"①。乾隆三十七年(1772)六月初十日,"经浙藩司详定,通行闽浙两省,船大者于两舷及头尾刊刻省分、县分、船户姓名、字号,船小者止于两舷刊刻省分、县分、船户姓名、字号"②。乾隆五十五年(1790)九月甲辰,乾隆帝颁发上谕,进一步放宽了全国沿海岛屿的开发限制。"沿海民人居住海

---

① 　[清]昆冈等修,[清]刘启端等纂:《钦定大清会典事例》卷六百三十《兵部·绿营处分例·海禁二》,清光绪十二年(1886)刊本,载《续修四库全书》编纂委员会编:《续修四库全书》第八〇七册《史部·政书类》,上海古籍出版社 2002 年版,第 765 页。

② 　《福建省例》卷二十三《船政例》,"船只如式刊刻油饰书写",载周宪文主编:《台湾文献丛刊》(第 199 种),(台北)台湾大通书局 1999 年版,第 616 页。

岛,久已安居乐业。若遽饬令迁徙,使濒海数十万生民,失其故业,情殊可悯。且恐地方官办理不善,张皇滋扰,转致漂流为匪,亦非善策。所有各省海岛,除例应封禁者,久已遵行外,其余均著仍旧居住,免其驱逐。至零星散处人户,僻处海隅,地方官未必能逐加查察。所云烧毁寮房,移徙人口,亦属有名无实。今各岛聚落较多者,已免驱逐。此等零星小户,皆系贫民,亦不忍独令向隅。而渔户出洋采捕,暂在海岛搭寮栖止,更不便概行禁绝。且人户既少,稽察无难,尤非烟户稠密之区,易于藏奸者可比,自应听其居住,毋庸焚毁。所有沿海各省地方,均著照旧办理。惟在各该督抚,严饬沿海文武员弁,实力稽查,编列保甲。如有盗匪混入,及窝藏为匪者,一经查出,即将该犯所住寮房,概行烧毁,俾知儆惧。其渔船出入口岸,务期取结给照,登记姓名。倘渔船进口时,藏有货物,形迹可疑,即当严行盘诘,无难立时擎获。地方官果能实力奉行,认真稽察,盗风自可永戢。"①在皇帝的要求下,沿海各省督抚纷纷出台了本省沿海岛屿的保甲政策。乾隆五十八年(1793)六月辛卯,浙江巡抚觉罗长麟对浙江大陈山沿海一带岛屿(图4-13)保甲政策执行情况做了详尽说明:"每一岛峙,设峇长一人。每居民十家,设甲长一人。每十甲,设总甲一人。先令各出保结,如该甲内,有通盗之人,据实禀报,容隐者治罪。"②嘉庆七年(1802),吏部规定:"严饬各地方官及守口员弁,遵照定例实力严禁沿海居民私造私渡。并于民厂造船处所,随时查察。如有澳甲人等,串通私

---

① 《清实录·高宗实录》卷一三六三,乾隆五十五年庚戌九月甲辰条,中华书局 1986 年版,第 292—293 页。

② 《清实录·高宗实录》卷一四三一,乾隆五十八年癸丑六月辛卯条,中华书局 1986 年版,第 140 页。

造,偷越出口,即行挐究,守口员弁得贿纵放,照例参处。"①

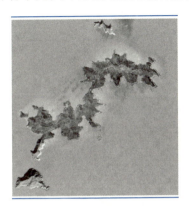

图 4-13　韭山列岛

　　从上述出台的各项举措来看,政府对浙江沿海渔业的管理涉及渔民、渔船的方方面面。对于出海渔船,政府要求"连综互结"。所谓"连综互结",即指"渔船出洋必取十船连综互结,一船为匪,九船定行连坐"②。具体而言,"欲出洋者,将十船编为一甲,取具一船为匪,余船并坐,连环保结。并将船结字号,于大小桅篷及船旁大书深刻,仍于照后多留余纸。俟出口时,即责成守口员弁,将该渔船前往何处,并在船舵水年貌的实姓名、籍贯逐一查填入照,钤盖印戳。并将所填人数照登号簿,准其

---

　　①　[清]昆冈等修,[清]刘启端等纂:《钦定大清会典事例》卷一百二十《吏部·处分例·海防》,清光绪十二年(1886)刊本,载《续修四库全书》编纂委员会编:《续修四库全书》第八〇〇册《史部·政书类》,上海古籍出版社 2002 年版,第 133 页。

　　②　中国第一历史档案馆:《雍正朝汉文朱批奏折汇编》(第 2 册),《闽浙总督满条奏遵旨逐条查覆金铎所陈海疆事宜折》(雍正二年闰四月十三日),江苏古籍出版社 1989 年版,第 935 页。

出口、入口"①。

清初,沿海"各省河泊所,有专设所官者,有归并有司兼理者,其税课或征之渔户,或编入地丁"②。顺治三年(1646),温州平阳河泊所"渔课折色并路费银二十三两六钱六分四厘,河泊所课钞银二两二钱七分五厘一毫"③。康熙三十年(1691),平阳加外赋"渔课米折并路费征银二十四两六钱九分三厘五毫,又河泊所课钞银二两二钱七分五厘";户部项下折色内"渔课米折银二百六十两九钱六分七厘";工部项下折色内"渔课改折银二十一两五钱一分二厘"④。

据《[康熙]浙江通志》记载,浙江鱼课"折色加价银二十二两九钱四分六厘八毫一丝九忽四微三尘六渺二漠五埃"⑤。康熙二十年,宁波府原额蛤岙(图4-14)"六顷三十九亩二分五厘,

---

① [清]严如煜辑:《洋防辑要》卷二《国朝·洋防经制上·稽查渔船出入》,清道光十八年(1838)重刻本,载台湾学生书局编:《中国史学丛书续编·中国南海诸群岛文献汇编之四》,(台北)台湾学生书局1985年版,第70页。

② [清]伊桑阿、王熙等纂修:《[康熙朝]大清会典》卷三十五《户部十九·课程四·鱼课》,清康熙二十九年(1690)刊本,载文海出版社有限公司编:《近代中国史料丛刊三编》(第七十二辑),(台北)文海出版社有限公司1992年版,第1701页。

③ [清]金以埈修,[清]吕弘诰等纂:《[康熙]平阳县志》卷三《贡赋志·岁征·皇清顺治三年》,清康熙三十三年(1694)刻本,载中国科学院图书馆选编:《稀见中国地方志汇刊》(第十八册),中国书店1992年版,第882页。

④ [清]金以埈修,[清]吕弘诰等纂:《[康熙]平阳县志》卷三《贡赋志·岁征·三十年》,清康熙三十三年(1694)刻本,载中国科学院图书馆选编:《稀见中国地方志汇刊》(第十八册),中国书店1992年版,第882—883页。

⑤ [清]赵士麟等修,[清]张衡等纂:《[康熙]浙江通志》卷十四《田赋》,清康熙二十三年(1684)刊本,哈佛大学汉和图书馆藏本,第15页。

共除荒弃蛤岞五顷九十一亩八分五厘七毫,共增开垦蛤岞六亩"①。

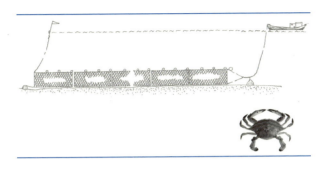

图 4-14　梭子蟹流网

康熙年间(1662—1722),宁波象山外赋中渔课并新加路费银"一十七两八钱四分一厘八丝三忽九征,系渔户出办,题蠲银一十两八钱";渔课麻铁并新加加闰银"一两四钱九分八厘三毫九丝一忽七微八尘七渺五漠,地丁加闰米五十石,解充漕运"②。象山渔课河泊所岁办:"一、无闰生铜若干,折银三两一钱五分八厘二毫七丝;黄麻若干,折银六两三钱三分五厘九毫四丝五忽;鱼线胶若干,折银八钱五分一厘六毫五丝;熟铁若干,折银四两九钱九分二厘九毫一丝。一、有闰生铜若干,折银三两四钱二分一厘四毫六丝;黄麻若干,折银六两八钱六分二厘九毫五丝;鱼线胶若干,折银九钱二分八厘四毫;熟铁若干,折银五

①　[清]赵士麟等修,[清]张衡等纂:《[康熙]浙江通志》卷十四《田赋·宁波府》,清康熙二十三年(1684)刊本,哈佛大学汉和图书馆藏本,第45页。

②　[清]胡祚远修,[清]姚廷杰纂:《[康熙]象山县志》卷八《户口·税粮》,清康熙三十七年(1698)刻本,载北京师范大学图书馆编:《北京师范大学图书馆藏稀见方志丛刊》(第十四册),北京图书馆出版社 2007 年版,第 11、14—15 页。

两四钱九厘一毫七忽。以上料价，无闰共银一十五两三钱三分
八厘七毫七丝七忽，有闰共银一十六两六钱二分一厘九毫一丝
八忽四微，俱鱼户出办。如解折色年分，每两加征路费银一钱，
今尽入条编解司。"①余姚县"渔课共银八十六两四钱七分八厘
五毫零，水脚路费共银九两三钱四分六厘六毫零，俱渔户出办，
不入田亩科征"；遇闰加银中，"外赋渔课加银二十两八钱八分
一厘三毫零"②。余姚县起运银中，渔课"共银八十六两四钱七
分八厘五毫零，水脚路费共银九两三钱四分六厘六毫"；遇闰加
银中，"渔课本色银二两九钱一分二厘四毫五丝零，路费水脚银
三钱四分九厘四毫零，折色银四两二钱七分一厘八毫零"③。康
熙二十三年(1684)，定海县展复后开始征收各种渔课，其中昌
国乡弃置涂田"六十六顷四十六亩八厘八毫"，展复后至康熙五
十二年(1713)实征涂田"一顷五十九亩五分，每亩征银一分六
厘八毫，米六合一勺"④。康熙五十二年，金塘乡实征涂田"二十
八顷四十亩六分八厘一毫二丝"，蓬莱乡实征涂田"二十四顷四十
七亩二分九毫八丝二忽"，安期乡实征涂田(图4-15)"七顷七十六

---

　　① ［清］胡祚远修，［清］姚廷杰纂：《［康熙］象山县志》卷九《贡赋·
渔课》，清康熙三十七年(1698)刻本，载北京师范大学图书馆编：《北京师
范大学图书馆藏稀见方志丛刊》(第十四册)，北京图书馆出版社2007年
版，第3页。
　　② ［清］邵友濂修，［清］孙德祖等纂：《［光绪］余姚县志》卷九《田赋
上》，清光绪己亥年(1899)刊本，载上海书店出版社编：《中国地方志集
成·浙江府县志辑》(第36册)，上海书店出版社1993年版，第409页。
　　③ ［清］邵友濂修，［清］孙德祖等纂：《［光绪］余姚县志》卷九《田赋
下》，清光绪己亥年(1899)刊本，载上海书店出版社编：《中国地方志集
成·浙江府县志辑》(第36册)，上海书店出版社1993年版，第416页。
　　④ ［清］孙诏监修，［清］曹秉仁等纂修：《［雍正］宁波府志》卷十二
《户赋·定海县户赋》，清雍正七年(1729)刊本，哈佛大学哈佛燕京图书馆
藏，第61页。

亩三分"①,以上三乡每亩征收银、米比例和昌国乡一样。康熙五十二年,定海县昌国乡、金塘乡、蓬莱乡和安期乡四乡总计"涂田六十二顷二十三亩六分九厘一毫二忽"②。

图 4-15　蛏子

康熙年间(1662—1722),台州府临海县额外渔课米"折银一百四十六两二钱一分二厘五毫,内征无征银五十六两二钱七分二厘五毫"③,外赋寺租渔课"课钞共银二百六两二钱二分零"④。黄岩县原额"东南涂田六十六顷四十一亩二分零,弃置俱已升科,征银三百六十三两八钱一分零,米一百二十六石九

①　[清]孙诏监修,[清]曹秉仁等纂修:《[雍正]宁波府志》卷十二《户赋·定海县户赋》,清雍正七年(1729)刊本,哈佛大学哈佛燕京图书馆藏,第 62—63 页。

②　[清]孙诏监修,[清]曹秉仁等纂修:《[雍正]宁波府志》卷十二《户赋·定海县户赋》,清雍正七年(1729)刊本,哈佛大学哈佛燕京图书馆藏,第 63 页。

③　[清]洪若皋等纂修:《[康熙]临海县志》卷三《食货志·赋税》,清康熙二十二年(1683)刻本,哈佛大学哈佛燕京图书馆藏,第 9 页。

④　[清]张联元修辑:《[康熙]台州府志》卷四《丁赋·临海县》,清康熙六十一年(1722)尊经阁藏版,哈佛大学汉和图书馆藏,第 8 页。

斗四升零";原额"西北涂田一顷一亩五分零,征银四两四钱九分零,米一石八斗七升零";原额"不差寺涂田四顷一亩五分零,征银一十三两四分零,米六石四斗二升零";原额"西北末等涂田三顷八十四亩八分零,又额外天涨涂田九顷六十一亩四分零,又二顷五十五亩二分零,征银五十四两三钱六分零,米一十八石五斗四升零";盐课"涂租银五百五十二两九钱八分零";河泊所"课钞经费银二两四钱三分零";渔课米"折并路费银四十三两四钱八分零"①。宁海县原额"民涂田二百一十二顷三十三亩零,内除荒弃外并升科,实在七十一顷一亩二分零,征银二百八十九两七钱二分零,米七十三石零";原额"灶涂田三百五十顷六十六亩零,内除荒弃外并升科,实在一百顷一十九亩零,征银三百一十七两一钱零,米三十七石七升零"②。另据《[康熙]宁海县志》记载,宁海县"原额民涂田二百一十二顷三十二亩六分二厘二毫,顺治十八年迁去涂田二百一十二顷三十三亩六分五厘二毫,康熙十一年展复升科涂田一十一顷九十八亩五分,十二年展复升科涂田八顷七十三亩八分,实在涂田二十顷九十二亩三分";"原额灶涂(图4-16)田二百五十顷六十六亩四分二厘一毫,顺治十八年全迁"③。科则中,宁海涂田顺治十一年(1654)"每亩科银四分七厘三毫,科米三合七勺",康熙十一年

① [清]张联元修辑:《[康熙]台州府志》卷四《丁赋·黄岩县》,清康熙六十一年(1722)尊经阁藏版,哈佛大学汉和图书馆藏,第10—12页。

② [清]张联元修辑:《[康熙]台州府志》卷四《丁赋·宁海县》,清康熙六十一年(1722)尊经阁藏版,哈佛大学汉和图书馆藏,第17页。

③ [清]李友泌监修,[清]华大琰编辑:《[康熙]宁海县志》卷三《食货志·田赋》,清康熙甲寅年(1674)刊本,哈佛大学哈佛燕京图书馆藏,第10—11页。

(1672)"每亩科银四分八毫,科米一升二勺八抄"①。

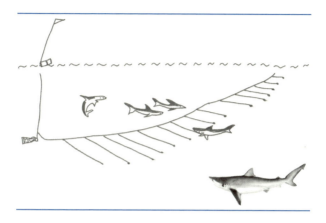

图 4-16　鲨鱼延绳钓

　　康熙年间(1662—1722),平湖县外赋不入地丁科征中,"渔课并新加银二十两七钱四分七厘二毫六丝六忽零,渔户出办"②;外赋中"渔课并新加闰银三两一钱九分八厘四丝"③;工部折色中,"渔课改折银一十一两二钱九分五厘一毫二丝五忽,每正银一两加路费银一钱,水脚银一分六厘九毫一丝四忽;遇闰加银二两六钱二分二厘,路费银二钱六分二厘二毫,水脚银一厘四毫四丝。鱼胶新增时价银二两七钱四分八厘五毫二丝五忽,路费银二钱七分四厘八毫五丝二忽零;遇闰加银二钱三

　　①　[清]李友泌监修,[清]华大琰编辑:《[康熙]宁海县志》卷三《食货志·科则》,清康熙甲寅年(1674)刊本,哈佛大学哈佛燕京图书馆藏,第 13 页。

　　②　[清]吴永芳纂修:《[康熙]嘉兴府志》卷九《田赋·平湖县》,清康熙六十年(1721)刻本,哈佛大学汉和图书馆藏,第 22 页。

　　③　[清]吴永芳纂修:《[康熙]嘉兴府志》卷九《田赋·平湖县》,清康熙六十年(1721)刻本,哈佛大学汉和图书馆藏,第 27 页。

分四厘,路费银二分三厘四毫"①。石门县外赋不入地丁科征
中,"渔课并新加银一十四两六钱七分七厘三毫二丝一忽零",
"河泊所课钞银九两二钱二分七厘七毫五丝六忽";碰到闰年,
"河泊所课钞加闰银六钱五分三厘六毫四忽,渔课并新加闰银
一两四钱五分八厘七毫二丝三忽零"②。工部折色中,"渔课改
折银八两二钱三分九厘五毫二忽零,路费银八钱二分三厘九毫
五丝零,水脚银一分六毫二丝;遇闰加银八钱二分九厘六毫七
丝七忽零,路费闰银八分二厘九毫六丝七忽零,水脚闰银八毫
八忽零。鱼胶新增时价银一两七钱二分五厘七毫五丝,路费银
一钱七分二厘五毫七丝五忽;遇闰加银一钱三分一厘三毫一丝
三忽,路费闰银一分三厘一毫三丝一忽零"③。桐乡县外赋不入
地丁科征中,"渔课银二十四两二钱五分七厘一忽零,渔户出
办,河泊所渔户共办"④。工部折色中,"渔课改折银九两四钱二
分六厘八毫五丝五忽,遇闰加银六钱三分九厘(图4-17)七毫七
丝八忽零;路费银九钱四分二厘六毫八丝五忽零,遇闰加银六
分三厘九毫七丝七忽零;水脚银一分一厘三毫一丝零,遇闰加
银一厘四丝九忽零。鱼胶新增时价银一两八钱三分七厘九毫
七丝二忽零,遇闰加银一钱七分五毫二丝七忽零;路费银一钱

---

① 〔清〕吴永芳纂修:《〔康熙〕嘉兴府志》卷九《田赋·平湖县》,清康熙六十年(1721)刻本,哈佛大学汉和图书馆藏,第31—32页。
② 〔清〕吴永芳纂修:《〔康熙〕嘉兴府志》卷九《田赋·石门县》,清康熙六十年(1721)刻本,哈佛大学汉和图书馆藏,第47—48页。
③ 〔清〕吴永芳纂修:《〔康熙〕嘉兴府志》卷九《田赋·石门县》,清康熙六十年(1721)刻本,哈佛大学汉和图书馆藏,第51页。
④ 〔清〕吴永芳纂修:《〔康熙〕嘉兴府志》卷九《田赋·桐乡县》,清康熙六十年(1721)刻本,哈佛大学汉和图书馆藏,第65页。

图 4-17　石浦渔港

八分三厘七毫九丝七忽零,遇闰加银一分七厘五丝二忽零"①。
此外,桐乡县"外赋不入田亩银一十二两四钱二厘六毫二丝八
忽零"由渔户出办②。盐政中,外赋不入地丁科征编归地丁款
内,天星河泊所"渔户课钞银二百三两三钱八分一毫四丝四忽
零,闰银四两九钱二厘六毫一丝二忽零";天星河泊所"渔课熟
铁银四十八两五钱四厘七毫三丝六忽,闰银一两六钱九分一厘
四毫六丝四忽";海盐县"渔课银八十九两五钱七分八厘一毫三
丝六忽,闰银二两七钱九分一厘四毫一丝二忽"③。海盐县外赋
不入地丁科征中"渔课并新加银二十九两一钱七分四厘,渔户
出办……代征平湖县乍浦河泊所课钞银六十七两四厘一毫三

---

①　〔清〕吴永芳纂修:《〔康熙〕嘉兴府志》卷九《田赋・桐乡县》,清康
熙六十年(1721)刻本,哈佛大学汉和图书馆藏,第68—69页。

②　〔清〕吴永芳纂修:《〔康熙〕嘉兴府志》卷九《田赋・桐乡县》,清康
熙六十年(1721)刻本,哈佛大学汉和图书馆藏,第71页。

③　〔清〕吴永芳纂修:《〔康熙〕嘉兴府志》卷九《田赋・盐政》,清康熙
六十年(1721)刻本,哈佛大学汉和图书馆藏,第96页。

丝六忽,渔户出办"①。此外,海盐县额外岁征中渔课项下,"鱼线胶五十斤内奉文折七征三,折色胶三十五斤,折银二两八钱,每两加路费一钱,该银二钱八分,遇闰加鱼线胶二斤二两八钱,该银二钱二分四厘,路费银二分二厘四毫;本色胶一十五斤,该银一两二钱,每两路费一钱,该银一钱二分,遇闰加胶一斤三两二钱,该银九分六厘,路费银九厘六毫;熟铁六百斤,奉文本折中半,该折色铁三百斤,该银六两,加路费银六钱,遇闰加铁五斤,该银一钱,加路费银一分;本色铁三百斤,该银六两,每两路费银一钱,该银六钱,遇闰加铁五斤,该银一钱,路费一分;黄麻三百斤,奉文全折,该银六两六钱,加路费六钱六分,遇闰加黄麻二十斤八两,该银四钱五分一厘,路费四分五厘一毫,以上三项俱系渔船户六百四十名出办。以上工部项下渔课银二十二两六钱,路费银二两二钱六分"②。平湖县乍浦河泊所"课钞六千七百锭二贯六十八文,折银六十七两四厘一毫三丝六忽,有闰加钞一百四十八锭四贯九十六文,折银一两四钱八分八厘一毫九丝二忽,槜县渔户办纳,塘长催收解归经费欸司"③。平湖县兵部项下额外岁征"渔课共银二十七两一分,路费银二两七钱一厘内,本色银六两,路费银六钱;折色银二十一两一分,路费银二两一钱一厘,内原额银二十四两八钱六分,新加银四两

① [清]吴永芳纂修:《[康熙]嘉兴府志》卷九《田赋·海盐县》,清康熙六十年(1721)刻本,哈佛大学汉和图书馆藏,第5—6页。

② [清]张素仁纂修:《[康熙]海盐县志》卷五六《税粮上·额外岁征》,清康熙十二年(1673)抄本,载上海书店出版社编:《中国地方志集成·浙江府县志辑》(第21册),上海书店出版社1993年版,第112—113页。

③ [清]张素仁纂修:《[康熙]海盐县志》卷五六《税粮上·额外岁征》,清康熙十二年(1673)抄本,载上海书店出版社编:《中国地方志集成·浙江府县志辑》(第21册),上海书店出版社1993年版,第113页。

八钱五分一厘,俱渔户出办"①。嘉兴府外赋不入地丁科征中,
"本府天星、马场、鸳鸯、相家四湖河(图 4-18)泊所课钞银八十
六两三钱四分五厘六毫五丝,遇闰加征银六两六钱一分八厘六

图 4-18　用于船帆升降的葫芦

毫七丝六忽零;本府天星河泊所渔课并新加银一百八十六两九
钱五分四厘八毫八丝零,遇闰加征银七两二钱三分一厘六号四
丝五忽零……河泊所课钞银八十二两七钱四分九厘九毫七丝
六忽,遇闰加征银三两一钱一分二厘六毫五丝二忽;各县渔课
并新加银八十一两三钱三分七厘五毫五忽零,遇闰加征银七两
二钱三分一厘六毫四丝五忽零"②。工部折色中"渔课改折银一

① ［清］张素仁纂修:《［康熙］海盐县志》卷五六《税粮中·原编额》,
清康熙十二年(1673)抄本,载上海书店出版社编:《中国地方志集成·浙
江府县志辑》(第 21 册),上海书店出版社 1993 年版,第 118 页。
② ［清］吴永芳纂修:《［康熙］嘉兴府志》卷九《田赋·嘉兴府》,清康
熙六十年(1721)刻本,哈佛大学汉和图书馆藏,第 14—15 页。

百五十两二钱三分一厘八毫八丝二忽零,遇闰加征银八两六钱六分七厘四毫六丝五忽零;路费水脚银一十五两二钱一分四厘九毫五丝六忽零,遇闰加征银八钱七分六厘五毫六丝五忽零。鱼胶新增时价银三十一两三钱二分四厘七毫七丝五忽零,遇闰加征银一两五钱九分五厘五毫六丝八忽,路费银三两一钱三分二厘四毫七丝七忽零,遇闰加征银一钱五分九厘五毫五丝六忽零"①。

雍正年间(1723—1735),宁波鄞县涂地"一十二顷三十亩二分七厘八毫五丝四忽,每亩科银一分九厘六毫三丝,该银二十四两一钱五分三毫六丝七忽七微四尘二漠";田地山荡民人带种屯田地丁口等项"加渔课新加银六两三钱一分三厘六毫七丝四忽五微一尘";外赋中"渔课并路费本府税课司课钞本县课钞河泊所课钞加入地丁科征银三百一十两四毫六丝三忽一微三尘四渺七漠五埃"②。慈溪县万工塘海涂官田"一十一顷二十二亩三分三厘四毫,每亩科银一钱一分四厘五毫,该银一百二十八两五钱七厘二毫四丝三忽,每亩科米二勺,该米二斗二升四合四勺六抄六撮八圭";田地山荡丁口等项"加渔课新加银三两八钱七分一厘九毫九丝二忽五微八尘八渺三漠五埃";外赋中"本县课钞税课局课钞河泊所课钞带征河泊所课钞鱼课并新加人地丁科银一百二十一两二钱二分四厘六毫四丝六忽六微七尘"③。奉化县"原额苔涂荡九十一顷二十六亩五厘八毫,内

---

① 〔清〕吴永芳纂修:《〔康熙〕嘉兴府志》卷九《田赋·嘉兴府》,清康熙六十年(1721)刻本,哈佛大学汉和图书馆藏,第20页。

② 〔清〕孙诏监修,〔清〕曹秉仁等纂修:《〔雍正〕宁波府志》卷十二《户赋·鄞县户口·田赋》,清雍正七年(1729)刊本,哈佛大学哈佛燕京图书馆藏,第7、9、10页。

③ 〔清〕孙诏监修,〔清〕曹秉仁等纂修:《〔雍正〕宁波府志》卷十二《户赋·慈溪县户口·田赋》,清雍正七年(1729)刊本,哈佛大学哈佛燕京图书馆藏,第17、20、21页。

除弃置荡七十三顷三十四亩八分九厘四毫,加自康熙十六年至康熙四十一年展界复业开垦,实存荡七十七顷一十八亩五分三厘九毫,每亩实征银二厘五毫,该银一十九两二钱九分六厘三毫四丝七忽五微;原额蛤埠六顷三十九亩二分五厘,内除弃置蛤埠(图 4-19)五顷八十一亩八分五厘七毫,加自康熙十六年至康熙二十六年展界复业开垦,实存蛤埠六顷三十九亩二分五厘,每亩实征银一分四厘四毫,该银九两二钱五厘二毫”;田地山荡蛤埠屯田地人丁等项“加渔课银一两六钱二分三厘六毫”;外赋中“渔课新加银九十两五钱六分八厘六毫”,“河泊所科钞银三两三分七厘七毫八丝”①。镇海县各乡涂田“九顷八十三亩二分六厘,每亩征银一分六厘八毫,每亩征米六合一勺,实存田九顷七十七亩九分六厘,内题准弃置田五亩三分,实征银一十六两四钱二分九厘七毫二丝八忽,实征米五石九斗六升五合五勺五抄六撮,内题准弃置外实存田九顷七十七亩九分六厘,实征银一十六两四钱二分九厘七毫二丝八忽,实征米五石九斗六升五拾五勺五抄六撮”;田地山荡丁口等项“加渔课并新加银一十四两八钱九分三厘二毫九丝一忽二尘二渺”②。象山县额征田地山丁口等项除弃置加各年升科实征银中“渔课银九两四分一厘八丝八忽九微”,加入田地征办③。雍正六年(1728),定海

_____

①　[清]孙诏监修,[清]曹秉仁等纂修:《[雍正]宁波府志》卷十二《户赋·奉化县户口·田赋》,清雍正七年(1729)刊本,哈佛大学哈佛燕京图书馆藏,第 29—30、31、32 页。

②　[清]孙诏监修,[清]曹秉仁等纂修:《[雍正]宁波府志》卷十二《户赋·镇海县户口·田赋》,清雍正七年(1729)刊本,哈佛大学哈佛燕京图书馆藏,第 41—42、46—47 页。

③　[清]孙诏监修,[清]曹秉仁等纂修:《[雍正]宁波府志》卷十二《户赋·象山户口·田赋》,清雍正七年(1729)刊本,哈佛大学哈佛燕京图书馆藏,第 59 页。

县奉文清查报垦额外山田荒地草荡中,"首报涂田四十五顷二十八亩三分六厘一毫九丝九忽";实征"渔课银七两六钱一分八厘零",此项"归条鞭项下征收解纳藩库,雍正六年升课田亩不在其数"①。雍正七年(1729),定海县报升涂田"二十五顷二十五亩六分五厘八毫四忽"②。盐课中,定海县涂租银"九两一钱六分,车珠银一钱五分五厘零";涂税银"一百四十六两二钱三厘,车珠银二两钱八分五厘零";涂租税并车珠"共银九十六两九钱九分零"③。

图 4-19　用于渔业捕捞的棕榈绳

---

　　①　[清]孙诏监修,[清]曹秉仁等纂修:《[雍正]宁波府志》卷十二《户赋·定海县户赋》,清雍正七年(1729)刊本,哈佛大学哈佛燕京图书馆藏,第 64 页。

　　②　[清]孙诏监修,[清]曹秉仁等纂修:《[雍正]宁波府志》卷十二《户赋·定海县户赋》,清雍正七年(1729)刊本,哈佛大学哈佛燕京图书馆藏,第 63 页。

　　③　[清]孙诏监修,[清]曹秉仁等纂修:《[雍正]宁波府志》卷十二《户赋·定海县户赋·盐课》,清雍正七年(1729)刊本,哈佛大学哈佛燕京图书馆藏,第 65—66 页。

雍正年间(1723—1735),温州府永嘉、乐清、瑞安三县"历年报垦涂田共三百七顷五十五亩五分二毫二忽,其征银一千五百二十一两九钱二分四厘四毫八丝五忽三微九尘三渺一漠八埃,共征米二百四十八石四斗七升二合二勺七抄六撮三圭四粟四粒八黍二粔";瑞安县"历年报垦涂地共六顷三十二亩六分一厘,其征银二十五两五钱八分一厘七毫三丝六忽八微一尘五渺二漠三埃七织二沙,共征米一十五石八斗五升四合二勺一抄八撮一圭八粟四粒七黍六粔二糠六粃"①。全省田地山荡塘河等项征银中,鱼胶新加银"五钱六分一厘三忽三微",鱼课折色加价银"二十二两三钱二分三厘四毫八丝七忽四微三尘六渺二漠五埃"②。(图4-20)

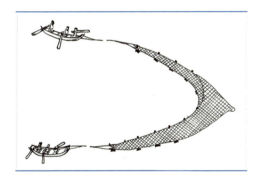

图 4-20　东钱湖渔民的对网作业

①　[清]嵇曾筠、[清]李卫等修,[清]沈翼机等纂:《[雍正]浙江通志》卷六十七《田赋一·全省总额》,据1936年上海商务印书馆影印清光绪刻本影印,载上海书店出版社编:《中国地方志集成·省志辑·浙江》(第4册),上海书店出版社1993年版,第496—497、498页。

②　[清]嵇曾筠、[清]李卫等修,[清]沈翼机等纂:《[雍正]浙江通志》卷六十七《田赋一·全省总额》,据1936年上海商务印书馆影印清光绪刻本影印,载上海书店出版社编:《中国地方志集成·省志辑·浙江》(第4册),上海书店出版社1993年版,第502页。

乾隆年间(1736—1795),嘉兴平湖额征外赋渔课银"一十八两六钱七分二厘五毫零,课钞银七十一两五分七厘五毫零"①;嘉兴平湖三百五十一名渔户,额征"渔课本色熟铁二百四十斤一两七钱,价银四两八钱二厘一毫二丝有奇,每正银一两加路费一钱。雍正六年(1728)减免四钱八分二毫一丝有奇,实该四两三钱二分一厘九毫一丝一忽五微,遇闰加二斤八两,该银五分;路费银四钱八分二毫一丝有奇,减免四分八厘二丝有奇,实该四钱三分二厘一毫九丝一忽二微五尘,闰加五厘。康熙二年(1663)改折鱼胶黄麻银,斤数无考,一十一两二钱九分五厘一毫二丝有奇,减免一两一钱二分九厘五毫一丝有奇,实该一十两一钱六分五厘六毫一丝二忽五微,闰加二两六钱二分二厘;路费银一两一钱二分九厘五毫一丝有奇,减免一钱一分二厘九毫五丝有奇,实该一两一分六厘五毫六丝一忽二微五尘,闰加二钱六分二厘二毫;水脚银一分六厘九毫一丝有奇,减免一厘六毫九丝有奇,实该一分五厘二毫二丝二忽六微,闰加一厘四毫四丝。康熙二年新增鱼胶时价银,斤数无考,二两七钱四分八厘五毫二丝有奇,减免二钱七分四厘八毫五丝有奇,实该二两四钱七分三厘六毫七丝二忽五微,闰加二钱三分四厘;路费银二钱七分四厘八毫五丝有奇,减免二分七厘四毫八丝有奇,实该二钱四分七厘三毫六丝七忽二微五尘,闰加二分三厘四毫。共实征渔课并新加银一十八两六钱七分二厘五毫三丝九忽八微五尘,共加闰三两一钱九分八厘四丝,每名征课银五分三厘一毫九丝八忽一微一尘九渺二漠三埃八沙,闰加九

① [清]高国楹修:《[乾隆]平湖县志》卷二《食货志·田赋二之二》,清乾隆十年(1745)刻本,载中国科学院图书馆选编:《稀见中国地方志汇刊》(第十六册),中国书店1992年版,第88页。

厘一毫一丝一忽二微二尘五渺七埃"①。早期承担赋役的海上渔户隶属乍浦河泊所。到乾隆年间,平湖承担缴税任务的渔户不仅包括出海渔户,也包括"裹河渔船"②。另平湖起运工部折色中,渔课"改折银一十两一钱六分五厘六毫一丝有奇,闰加二两六钱二分二厘",路费水脚银"一两三分一厘七毫八丝有奇,闰加二钱六分三厘六毫四丝";鱼胶(图 4-21)"新增时价银二两四钱七分三厘六毫七丝有奇,闰加二钱三分四厘",路费银"二钱四分七厘三毫六丝有奇,闰加二分三厘四毫"③。

图 4-21　峡山渔港

乾隆年间,嘉兴海宁"加渔课新加银原编九两七钱七毫六

①　[清]王恒修:《[乾隆]平湖县志》卷五《食货上·户口》,清乾隆五十五年(1790)刻本,哈佛大学汉和图书馆藏,第 9—10 页。

②　[清]王恒修:《[乾隆]平湖县志》卷五《食货上·户口》,清乾隆五十五年(1790)刻本,哈佛大学汉和图书馆藏,第 10 页。

③　[清]王恒修:《[乾隆]平湖县志》卷五《食货上·户口》,清乾隆五十五年(1790)刻本,哈佛大学汉和图书馆藏,第 68—70 页。

丝二忽五微""实征银九两六钱八分二厘一毫九丝五忽九微五尘"①;外赋入地丁科征银中,"本州河泊所课钞银一十六两,渔课银三十四两二钱一分五厘九丝"②。海宁外赋不入地丁科征银中,"本州河泊所课钞银二十二两九钱九分一毫,渔船长安埠头新增渔户出办;硖石河泊所课钞银一十两二钱四厘八丝,渔户埠头船户出办"③。海宁工部折色银中,"渔课改折银一十九两九钱五分一厘外,路费银一两九钱九分五厘一毫,水脚银五分四厘二毫七丝;鱼胶新加时价银原编八两八钱一分八厘八毫七丝五忽"④。海宁地丁加闰银中,"外加渔课新加银八钱二分二厘二毫三四二忽一微二尘五渺,遇闰年分于地丁项下每两加征";"外赋不入地丁科征银中,本州河泊所渔船长安埠出办银五两四钱九分五厘四毫八丝九忽,硖石河泊所渔船户出办银一两八钱六分二厘二毫"⑤。海宁起运本折加闰银中,"工部渔课改折银一两六钱九分八厘一毫六丝二忽五微,路费银一钱六分

---

① [清]战鲁村修:《[乾隆]海宁州志》卷三《田赋》,清乾隆四十年(1775)修,道光二十八年(1848)重刊本,《中国方志丛书·华中地方》(第591号),(台北)成文出版社有限公司1983年版,第407—408页。

② [清]战鲁村修:《[乾隆]海宁州志》卷三《田赋》,清乾隆四十年(1775)修,道光二十八年(1848)重刊本,《中国方志丛书·华中地方》(第591号),(台北)成文出版社有限公司1983年版,第411页。

③ [清]战鲁村修:《[乾隆]海宁州志》卷三《田赋》,清乾隆四十年(1775)修,道光二十八年(1848)重刊本,《中国方志丛书·华中地方》(第591号),(台北)成文出版社有限公司1983年版,第413页。

④ [清]战鲁村修:《[乾隆]海宁州志》卷三《田赋》,清乾隆四十年(1775)修,道光二十八年(1848)重刊本,《中国方志丛书·华中地方》(第591号),(台北)成文出版社有限公司1983年版,第423页。

⑤ [清]战鲁村修:《[乾隆]海宁州志》卷三《田赋》,清乾隆四十年(1775)修,道光二十八年(1848)重刊本,《中国方志丛书·华中地方》(第591号),(台北)成文出版社有限公司1983年版,第445、446页。

九厘八毫一丝六忽二微五尘,水脚银四厘五毫九丝九忽九微;
工部鱼胶新增时价银七钱四分七厘四毫八丝三忽七微五尘,路
费银七分四厘七毫四丝八忽三微七尘五渺,里甲出办"①。嘉兴
"本州河泊所额征课钞三千八百九十九锭五十文,折银一十六
两,随粮编征抵兵饷用;外渔船并长安埠头及新增渔户共办银
二十二两九钱九分一毫,闰加钞五百四十九锭三贯二百四十四
文五分,征银五两四钱九分五厘四毫八丝,归经费用。碛石河
泊所额征课钞一千二十锭一贯四十文,折银一十两二钱四厘八
丝;闰加钞一百八十六锭一贯一百文,折银一两八钱六分二厘
二毫,渔户(图 4-22)埠头船户出办,归经费用。……渔课银三
十四两二钱一分五厘九丝,随粮编征,抵兵饷用。……渔课改
折银一十九两九钱五分一厘,里甲出办,细款详前工部折色下。
鱼胶新加时价钱八两八钱一厘九毫九丝六忽三微一尘四渺五
漠四埃五纤五沙,里甲办,细款路费详工部折色项下。加闰渔
课改折银一两六钱九分八厘一毫六丝二忽五微,细款及路费水
脚详前地丁项下。加闰鱼胶新增时价银七钱四分七厘四毫八
丝三忽七微五尘,里甲出办细款及路费详前地丁项下。以上或
系均徭编征,或系里甲出办,或外赋入地丁,或外赋不入地丁,
统归条鞭征纳"②。

① ［清］战鲁村修:《［乾隆］海宁州志》卷三《田赋》,清乾隆四十年
(1775)修,道光二十八年(1848)重刊本,《中国方志丛书·华中地方》(第
591 号),(台北)成文出版社有限公司 1983 年版,第 447—448 页。

② ［清］战鲁村修:《［乾隆］海宁州志》卷三《课程》,清乾隆四十年
(1775)修,道光二十八年(1848)重刊本,《中国方志丛书·华中地方》(第
591 号),(台北)成文出版社有限公司 1983 年版,第 513—515 页。

图 4-22 代婚

　　乾隆年间,鄞县外赋"入地丁科征者曰:渔课,并路费银一
百四十两有奇";鄞县河泊所"课钞银一十一两有奇,俱随粮带
征,即在地丁编征之内"[①]。乾隆年间,奉化蛤户"原额六顷三十
九亩二分五厘,顺治十八年为遵旨会阅等事,案内弃置蛤户五
顷八十一亩八分五厘七毫,自康熙十六年至二十六年展界,复
业已升垦足额,每亩征银一分四厘四毫,该银九两二钱五厘";
田地中加渔课"新加银一两六钱二分四厘";外赋入地丁科征银
中"渔科[②]并新加实银八十四两五钱六分五厘";外赋不入地丁
科征银中"河泊所课钞银三两二分八厘,渔户出办,归经费
用"[③]。奉化地丁加闰银中,"加渔课新加银一钱四分四厘,遇闰

　　① [清]钱维乔承修,[清]钱大昕总修:《[乾隆]鄞县志》卷六《田
赋》,清乾隆戊申年(1788)刊本,哈佛大学汉和图书馆藏本,第8页。
　　② 原文为"渔科",疑应为"渔课"。
　　③ [清]曹膏、唐宇霖主修,[清]陈琦编纂:《[乾隆]奉化县志》卷六
《版籍志·田赋》,清乾隆三十八年(1773)刊本,哈佛大学汉和图书馆藏,
第11、13、14页。

年分于地丁项下每两带征;外赋不入地丁河泊所课钞加闰银二钱一分七厘,渔户出办,归经费用"①。奉化起运加银中"工部渔课改折银三两六钱八分一厘,除弃置银外,实征银三两四钱七分五厘;路费水脚银三钱六分九厘,除弃置银外,实征银三钱四分八厘;鱼胶新加时价银一钱三分一厘,路费银一分三厘"②。乾隆四十九年(1784),余姚外赋不入地丁课钞银中,"本县河泊所课钞银九两二毫二丝,市镇铺行出办;河泊所课钞银一十三两五钱五分五厘八毫八丝,渔户出办"③。另有渔课并路费银"九十五两八钱二分五厘一毫四丝五忽一尘二漠"④。

　　乾隆年间,温州乐清县(图 4-23)"原额新增涂田一百九十八顷八十六亩七分二厘五毫,加雍正十二年丈竣案内起科并各年垦升,实存涂田二百九十五顷一十四亩五分三厘四毫一丝三忽,每亩征银五分二厘七毫九丝八忽四微,共征银一千五百五十八两三钱二分一毫六丝八忽七微九尘九渺三漠九埃二织;米

---

　　① 〔清〕曹膏、唐宇霖主修,〔清〕陈琦编纂:《〔乾隆〕奉化县志》卷六《版籍志·田赋》,清乾隆三十八年(1773)刊本,哈佛大学汉和图书馆藏,第 29 页。

　　② 〔清〕曹膏、唐宇霖主修,〔清〕陈琦编纂:《〔乾隆〕奉化县志》卷六《版籍志·起运加》,清乾隆三十八年(1773)刊本,哈佛大学汉和图书馆藏,第 30 页。

　　③ 〔清〕邵友濂修,〔清〕孙德祖等纂:《〔光绪〕余姚县志》卷九《田赋上》,清光绪己亥年(1899)刊本,载上海书店出版社编:《中国地方志集成·浙江府县志辑》(第 36 册),上海书店出版社 1993 年版,第 411 页。

　　④ 〔清〕邵友濂修,〔清〕孙德祖等纂:《〔光绪〕余姚县志》卷九《田赋上》,清光绪己亥年(1899)刊本,载上海书店出版社编:《中国地方志集成·浙江府县志辑》(第 36 册),上海书店出版社 1993 年版,第 411 页。

免不科银,不加摊"①。平阳县"加河泊所课银二两二钱七分五厘一毫三丝"②。瑞安县外赋不入地丁科征中,"渔课本折并路费银二百六十八两三钱九分九厘九毫零,河泊所渔课本折并路费银一百五十一两九分三厘九毫零,河泊所课钞银一两二钱五分一厘三毫零"③。

图 4-23　蓑衣笠帽

①　〔清〕朱椿等总裁,〔清〕齐召南等总修:《〔乾隆〕温州府志》卷十《田赋·乐清县》,清乾隆二十五年(1760)刊本,载上海书店出版社编:《中国地方志集成·浙江府县志辑》(第58册),上海书店出版社1993年版,第128页。

②　〔清〕朱椿等总裁,〔清〕齐召南等总修:《〔乾隆〕温州府志》卷十《田赋·平阳县》,清乾隆二十五年(1760)刊本,载上海书店出版社编:《中国地方志集成·浙江府县志辑》(第58册),上海书店出版社1993年版,第132页。

③　〔清〕章昱监修,〔清〕吴庆云编纂:《〔乾隆〕瑞安县志》卷三《田赋志·岁征》,清乾隆十四年(1749)刊本,载上海书店出版社编:《中国地方志集成·浙江府县志辑》(第64册),上海书店出版社1993年版,第76页。

嘉庆年间,太平县外赋入地丁科征银中,"渔课并路费银二十一两六钱二分有奇";外赋不入地丁科征银中,"渔课米折并路费银数,渔户出办,康熙六年除";户部折色银中,"渔课米折银六十四两二钱四分有奇";工部折色银中,"渔课改折银九两九钱八分有奇";外赋不入地丁"渔课米折加闰银六两六分零";起运本折加闰银中,"渔课米折银六两零,改折银八钱三分零"①。

清初,政府仍旧按船只大小收税。浙海关规定:"采捕渔船,各口岸不同,视其大小纳渔税银,自二钱至四两四钱八分。免税例:凡鱼鲜类十有九条,四百斤以上者征税,四百斤以下者免税。烧柴、木炭、炭屑,千斤以上者征税,千斤以下者免征。蛎蝗等十有五条,无论多寡均免税。"②温州瑞安县自康熙二十四年(1685)开始征收渔税,"钞关立在宁波府,内部主事领其事,遣役到瑞查征,不隶于县,船每只阔五尺定税一两,六七尺以上递加有差,货一肩税银四分。按:渔人虽贪利,然以身试不测之风涛甚危险,而可怜也,宜剔弊苏困,常加轸恤,使足鲜食"③。康熙二十八年(1689),皇帝以"小民不便"为由下令:"采

① 〔清〕白庆霖主修,〔清〕戚学标总纂:《〔嘉庆〕太平县志》卷四《赋役志·国朝》,清嘉庆十六年(1811)刊本,载上海书店出版社编:《中国地方志集成·浙江府县志辑》(第50册),上海书店出版社1993年版,第97、98、99、102页。

② 〔清〕昆冈等修,〔清〕刘启端等纂:《钦定大清会典事例》卷二百三十五《户部·关税·浙海关》,清光绪十二年(1886)刊本,载《续修四库全书》编纂委员会编:《续修四库全书》第八〇一册《史部·政书类》,上海古籍出版社2002年版,第775页。

③ 〔清〕章昱监修,〔清〕吴庆云编纂:《〔乾隆〕瑞安县志》卷三《田赋志·渔税》,清乾隆十四年(1749)刊本,载上海书店出版社编:《中国地方志集成·浙江府县志辑》(第64册),上海书店出版社1993年版,第83页。

捕鱼虾船只及民间日用之物并糊口贸易(图 4-24),俱免其收税。嗣后海关著各差一员管理税务"。① 雍正五年(1727),在朝

图 4-24　海蜇头

廷取消对船只大小的限定之后,政府开始按照船只大小有区别地征税,浙江海洋渔业得到快速恢复和发展。乾隆元年(1736),户部规定:"边海居民采捕鱼虾单桅船只,概免纳税,如有违例征收,即行题参。"②对于双桅及以上大型出洋贸捕船只,"梁头四尺五尺,每寸征银一分;六尺以上,每寸递加二厘;至满丈,每寸征银二分二厘;丈一尺以上,每寸又递加二厘;至丈有五尺,每寸征银三分;丈六尺,每寸三分四厘;丈七尺、丈八尺,

---

　　① ［清］清高宗敕撰:《皇朝文献通考》卷二十六《征榷考一》,清乾隆二十六年(1761)刊本,《景印文渊阁四库全书》第六三二册《史部第三九〇册·政书类》,(台北)台湾商务印书馆 1986 年版,第 517 页。

　　② ［清］昆冈等修,［清］刘启端等纂:《钦定大清会典事例》卷二百三十九《户部·关税·禁令一》,清光绪十二年(1886)刊本,载《续修四库全书》编纂委员会编:《续修四库全书》第八〇一册《史部·政书类》,上海古籍出版社 2002 年版,第 822 页。

均每寸四分"①。乾隆年间,政府开始允许渔船搭载少量货物。乾隆八年(1743),朝廷下令"免税银,只征量头税,永不加科"②。乾隆二十五年(1760),兵部规定:"渔船原止采捕鱼鲜,非比经商贸易,向无绸缎皮张以及远方货物。(图 4-25)即或遇有带回,亦应令赴置货之地方汛口验明给单,以便沿海游巡官兵及守口员弁查验。如单外另带多货,即移县查明来历。倘沿海哨船及汛员盘查不实,或受贿徇纵,一经发觉,照例参处。"③这一规定的出台,实际上承认了渔船在出海捕鱼的同时,还可以通过远洋运输货物来赚钱。同年,兵部又规定:"各省渔船赴县领照,及商船改换渔照时,先将船主取具族邻澳甲保结,然后令船主慎雇驾船舵水,开具年貌籍贯,出具各舵水不敢为匪甘结,送县核明,开列入照,并取十船连环互结存案,于春冬两汛出口之前,移知各汛口员弁,查验放行。"④对于渔税的作用,《[乾隆]瑞安县志》评论道:"渔税之于邑政有三善焉,以鲜食赡民生,一

---

①　[清]昆冈等修,[清]刘启端等纂:《钦定大清会典事例》卷二百三十五《户部·关税·浙海关》,清光绪十二年(1886)刊本,载《续修四库全书》编纂委员会编:《续修四库全书》第八〇一册《史部·政书类》,上海古籍出版社 2002 年版,第 775 页。

②　[清]章昱监修,[清]吴庆云编纂:《[乾隆]瑞安县志》卷三《田赋志·渔税》,清乾隆十四年(1749)刊本,载上海书店出版社编:《中国地方志集成·浙江府县志辑》(第 64 册),上海书店出版社 1993 年版,第 83 页。

③　[清]昆冈等修,[清]刘启端等纂:《钦定大清会典事例》卷六百三十《兵部·绿营处分例·海禁二》,清光绪十二年(1886)刊本,载《续修四库全书》编纂委员会编:《续修四库全书》第八〇七册《史部·政书类》,上海古籍出版社 2002 年版,第 763 页。

④　[清]昆冈等修,[清]刘启端等纂:《钦定大清会典事例》卷六百三十《兵部·绿营处分例·海禁二》,清光绪十二年(1886)刊本,载《续修四库全书》编纂委员会编:《续修四库全书》第八〇七册《史部·政书类》,上海古籍出版社 2002 年版,第 763—764 页。

也;海警廓清,防御预备,二也;南北舟行,商货辐凑,下阜民财,上充国榷,三也。朝廷于本境外赋悉行裁革,惟此渔税升平兆瑞前此未能,自今伊始,惟冀万世永行,即万世永赖也。"①

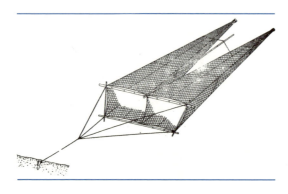

图 4-25　虾仔网

---

① 〔清〕章昱监修,〔清〕吴庆云编纂:《〔乾隆〕瑞安县志》卷三《田赋志·渔税》,清乾隆十四年(1749)刊本,载上海书店出版社编:《中国地方志集成·浙江府县志辑》(第 64 册),上海书店出版社 1993 年版,第 83 页。

第五章 》》——
清朝晚期的浙江
海洋渔业

　　清朝晚期可以说是浙江传统海洋渔业发展最鼎盛的时期，一方面是随着海洋科技的发展，浙江沿海捕捞与养殖技术进一步成熟，各种鱼类捕捞产业化非常明显，形成了从捕捞、加工到销售的完整产业链；另一方面是随着宁波、温州等沿海港口的开放，以及海产品加工技术的多样化，浙江海洋渔业消费市场遍及海内外。从清朝晚期的文献中可以看出，浙江沿海的墨鱼捕捞和以黄鱼为代表的冰鲜鱼是捕捞产业化的典型代表。此外，在海洋渔业养殖领域，宁波和温州的近海养殖均形成区域化的特色养殖。消费市场的扩大和渔业经济的产业化是相辅相成的，最终形成浙江传统海洋渔业发展的高峰。值得注意的是，随着近代中国的开放，浙江海洋渔业在多方因素影响下开始向现代化转型。这一时期，浙江海洋渔业捕捞在继续改进传统捕捞作业的同时，也引进了较为先进的动力渔船捕捞。江浙渔业公司的组建和"福海号"（图5-1）渔轮的引进可以说是浙江乃至中国海洋渔业现代化的开端。此外，随着海防危机的加深，政府开始重视并主动加强对海洋渔业发展的干预，在原有渔业公所基础上，期望通过组建渔团来有效管理和动员渔民。

图 5-1　第一代机帆船

一、清朝晚期的浙江海洋渔业资源开发

　　清朝晚期,浙江海洋渔业活动已全部放开。同时,随着东南海防危机,清政府对海洋渔业的态度从管制转为鼓励,力图通过对海洋渔业活动的扶持,达到维护国家海权的目的。到清代末期,浙江沿海渔民对鱼汛期的时间和海域有了更加准确的认知,他们针对不同的鱼汛驾驶装载不同渔业捕捞工具的渔船前去捕捞。(表 5-1)

表 5-1　清朝晚期宁波渔时渔船海产一览表

渔船名色	渔时	产地	渔品	渔帮
溜网船	春季：三月起，六月止	理泗	勒鱼为大宗，箬鱼	蟹浦、沥港
	冬季：九月起，次年二月止	东西霍外及东洋界	沙鱼为大宗，蟹、红头鱼（五种），沙鱼鲞、箬鱼销外杂品	衢山、岱山，别帮均系小数
张网船（连抛钉船在内）	春：清明起，夏至止秋：夏至起（六月打桩）；半秋：七月底止	尽山、黄龙、四礁出小黄鱼；大羊山、小羊山、衢山、岱山、尽山出带鱼干、墨枣；黄泷、四礁出墨枣；各沙头出海蛇；海鳐出尽山	小黄鱼干、带鱼干、墨鱼、墨枣、鰕、鲳鱼、勒鱼、黄鱼	宁波、镇海、定海、台州、衢山、岱山、温州、象山，各山聚集
	全秋：重阳止		海蛇	
	冬季：重阳打桩起，早年底止，迟则清明止四礁早冬止，黄龙清明止		诸鲈、淡菜、海鳐	
大捕船（图5-2）	春：清明起，夏至止	大羊山、小羊山、衢山、岱山、大七、鱼山	黄鱼居多，鳐鱼、勒鱼	衢山、岱山、大羊山、小羊山、青滨、苗子湖，另小在外
墨鱼小对船	立夏起，夏至止（视节气为迟早）	尽山、黄龙、四礁、东西霍、青滨、苗子湖、南洋，又台州目鱼、衢港大水黄鱼	淡墨鱼鲞、咸墨鱼鲞、大水黄鱼、鲳鱼、勒鱼	东钱湖、定桥、茅洋、陈埠头、栖凤、洞照、岱山、衢山、台帮，余不计

189

续　表

渔船名色	渔时	产地	渔品	渔帮
春对渔船	清明出门，夏至回洋	衢港、四礁、岱山、大羊山、大小七、小羊山、鱼山、沥江洋面、南洋界、青滨、苗子湖、尽山、黄龙	大黄鱼、小黄鱼、鯯鱼、鲳鱼、勒鱼、裹港各鱼、爵鲞、虎鱼、鳗、杂鱼	宁波、镇海、奉化、台州、尽山、黄龙、四礁、大小羊山、南洋、衢山、岱山、象山、横溪
秋冬对渔船	六月终或立秋起，中秋后或重阳回	衢洋、大羊山、四礁、岱洋、小羊山、青滨、黄龙、苗子湖、尽山	米鱼、大黄鱼、又鲞、虎鱼、青鳣	宁波、奉化、象山、尽山、黄龙、四礁
	八月底出洋，次年清明后回	尽山、南洋、黄龙、青滨、衢山、苗子湖、岱山、大小羊山	带鱼、小黄鱼、鲨鱼、鲞、鳗、虎鱼、大黄鱼，除杂不备录	衢山、岱山，及各小沙头
冰鲜船	春：正月底起，夏至止	尽山收、大小羊山收、衢山收、岱山收、南洋收、四礁收、小沙等沿路收	鲳鱼、勒鱼、墨鱼、大黄鱼、小黄鱼、鳗、虎鱼	宁波、镇海、尽山、黄龙
	秋：六月底起，中秋止	尽山、黄龙、四礁、大小羊山、衢山、岱山收	米鱼、桂花黄鱼	四礁、衢山、岱山、南洋

续　表

渔船名色	渔时	产地	渔品	渔帮
冰鲜船	冬:中秋后起,次年正月止	同上加南洋	大黄鱼、小黄鱼、带鱼、虎鱼、鳗,名为十样景	温州、台州,各小沙头
建帮钓鱼船	春:二月来,端午后去	尽山、黄龙	捕杂鱼(祗备自食)	建帮、白界
	秋:八月来,来往不息	大羊山、小羊山	带鱼为最,在沈家门售卖	泉州
	冬:常川,均转沈家门停泊	衢山、岱山		淡水、别帮互有

资料来源:[清]沈同芳:《中国渔业历史》渔捞第五,"宁波渔时渔船海产一览表",载《万物炊累室类稿:甲编二种乙编二种外编一种》(铅印本),中国图书公司1911年版,第37—39页。

图 5-2　大捕网船

从表中我们可以看到,浙江沿海一年四季都有渔汛。在这

里我们要注意的是,浙江沿海的鱼汛并不是稳定不变的,鱼汛的发生受冷暖空气的影响非常明显。就以舟山渔场的带鱼汛为例,其鱼汛一般从立冬开始,到第二年的雨水,渔汛期为三个月。秋冬季北方冷空气南下会导致海洋上出现外海暖水减弱和沿岸冷水扩展的情况,这会使原来在江苏沿岸的带鱼纷纷南下,聚集在浙江近海,形成冬季浙江沿海的带鱼汛。这时候如果南下冷空气过强,不仅会影响出海渔船作业,更会导致海水温度下降,促使鱼群继续南下,大大缩短鱼汛周期。

到清代末期,浙江沿海的渔船,有溜网船、张网船(图 5-3)、摇网船、大捕船、对鱼船、小对鱼船、舢板船、拖网船、摘网船、网椿船、猛网船、插网船、紧网船、滚钓船、穿洋船、水仙船、七团舢板船、八团舢板船等不同船型,但船只结构大致相同,只是由于加装不同的捕鱼工具而显得略有不同。就浙江而言,其大部分船只结构在沈同芳《中国渔业历史》中有详细介绍:

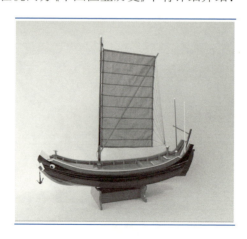

图 5-3　框架张网船

船制:上面整木圈口两根,两旁前后整木各六根,再上䑓舱箍帮。右名橹前,左名橹后。后用掉挺贯舵，下有舵合，活装海底。闸外藉含舵管，再后阁艄。大桅前三舱，后五舱，内两闸头，有弯木靠帮肘，面盖平基。极前浪头，极后艄头，内各穿弓，势树三支，此两处系鱼工宿息之所。

船度：长四五十尺至八九十尺，宽七八尺至十四五尺，深三四尺至七八尺，板厚二三寸左右。

船篷：大船皆用，篷内前两旁眠楼各两层，后两边航灶米柜。

帆樯：有四合，有五合。极小船用两合，止在沙边采捕，不能往洋张网。帆宽七八尺至二三十尺，高十余尺至五六十尺，大樯与船同长，余递减。

撬板：两扇在船两旁，长十余尺，上宽二尺左右，下宽三四尺，船行时用在下风，船大亦用炕水，置在两参之下。

绞轴：前一条起锚，后一条起舵，又大船有盘车，更便于起锚起网。

铁锚：三口，一大锚，一二锚，一提锚，重自一担至十余担；又有小移锚，遇大风软碇保险。①

至清末，浙江沿海仅宁波的墨鱼船就有四千艘。如同治十一年(1872)八月二十二日《申报》报道："海关记事簿论宁波捕墨鱼生理有云：此生意于宁波甚为大事。凡船属宁波者，共有四千艇，属近处者另有三千艇，皆于英四月择吉数日内全出海。自海视其船出口殊可谓美观，潮汛既退，船皆解练挂帆，陆续而出，锣音冲天，人声极为熟闹。逾一时，观望海面至涯岸，满目

---

① ［清］沈同芳：《中国渔业历史》渔捞第五，《万物炊累室类稿：甲编二种乙编二种外编一种》(铅印本)，中国图书公司1911年版，第27—28页。

皆船,掩木无隙处。至船皆出,乃于海面聚会,然后各自分段捕
鱼,直捕至英七月始返。所捕之鱼必晒于海岛上(图5-4),成功
须三四日。如天阴下雨,则鱼不干,故渔者多赖天气晴明。渔
船之外,另有饷船来往交接,由宁波出海载有粮食颁送于各渔
船,回宁则装有各船所捕拿已干之鱼也。此宁波乡民四月之
役。今年所捕共计有六万担,始出以天气阴湿,鱼未得干,而低
货颇多。乃幸此后天时较晴,所捕得者尚不少。渔者多乡人,
返宁后皆归家,或种地或做他业,俟明年仍旧复出海云。"①

图 5-4　乌贼鲞

对于清朝晚期浙江渔船的总数,我们可以从当时的文献中
加以推算。光绪二十五年(1899)出版的《浙江沿海图说》按照
不同区域对浙江沿海的商渔船只数目做了统计,晚清浙江沿海
渔船总数有一万艘左右,另有商船近千艘②。如果按照区域分

---

① 《望海观渔》,《申报》第一百廿六号,清同治壬申八月廿二日
(1872年9月24日),第二页。

② 据各沿海地区"船只"条目统计,数据来源于[清]朱正元辑:《浙
江沿海图说》,清光绪二十五年(1899)刊本,《中国方志丛书·华中地方》
(第200号),(台北)成文出版社有限公司1974年版。

布来看,渔船分布超过千艘的有镇海、宁波、象山、海门及岱山,这些区域皆靠近舟山渔场。

另外,在新式捕捞方法中,晚清状元张謇创办的江浙渔业公司于光绪三十一年(1905)购买一艘德国蒸汽机拖网船"福海号"。至此,我国的海洋渔业就逐渐走上了渔船动力化生产作业的道路。此后,活跃在舟山渔场的不仅有老式的木质渔船,还有新式的机动化渔船。"海洋捕捞渔船机动化的结果,不但扩大了捕捞作业范围,更增加了捕捞强度,兼之网具材料和助渔导航设备的改善,捕捞强度更是大为提高。"[1]

对于捕捞工具和捕捞方法,《[光绪]玉环厅志》中记载:带鱼,"无鳞,身扁长似带,故名。盛发时首尾相衔,钓得一尾兼得数尾。钓法用纲绳一根,套竹筒浮泛水面,缀小绳一百二十根,每绳头拴铜丝一尺,铜丝头拴铁钩长寸许,即以带鱼切片为饵。未得带鱼之先,则以泥鳅代之。钓期自九月至二月止,谓之鱼汛。鱼利甚溥"。大令钱国珍有诗云:"玉环巨舶竞分旗,共祝今年海水肥,钓带船归拖白练,词人附会咏杨妃。"[2]魟,"胎生,圆如簸箕,尾长二三尺,如皮鞭。无鳞无鳍,止脊骨一条,亦可煮食。尾根有刺一条,甚毒。取插树上,虽大木一年即枯。身滑多涎,贴涂而行。渔人以绳系木缀钓十数枚,向涂设机一钓,着鱼即众钓攒聚,拽而得之,重数十斤。其肝可熬油,点灯甚亮,且不碍目,惟灭灯时有腥气。机匠用之,取其着油不浸开

① 欧阳宗书:《海上人家——海洋渔业经济与渔民社会》,江西高校出版社1998年版,第18页。

② [清]杜冠英、[清]胥寿英等修,[清]吕鸿涛纂:《[光绪]玉环厅志》卷一《舆地志下·物产·鱼之属·带鱼》,清光绪七年(1881)刊本,载上海书店出版社编:《中国地方志集成·浙江府县志辑》(第46册),上海书店出版社1993年版,第766页。

也。有锦、黄、黑、白数种,黄者尤佳"①。另外,清代沈同芳所著《中国渔业历史》中有关于宁波打桩船(图 5-5)捕捞方法的记载:"打桩船惊蛰出洋,小暑回洋。先在各岛构结草厂,候风静浪平之日,定向打桩,迎流设网。其网用麻线结成,以四竹横直并行,撑成见方一丈之口,自口至尾(即底)约长三丈,内容逐渐减缩,视之如方底立锥形,横眠水中。口角出四索并系于独辘(木质丁字形横木两端各系两索,直木钩上,挽带一索,二木连合处有活而不呆,辄而不脱之妙),再由独辘系索,量水深浅,牵至桩头。扣牢网口下二角,各用十六斤方砖镇压。随潮涨落,四面旋转流急,则伏于海底,溜宽则浮至水面。每船舵水六人,厂工四人,用网五十口。所获之鱼,种类不一,俱用盐腌渍制成咸鱼燥鲞。但此法无论鱼汛衰旺,不能移改别处。"②

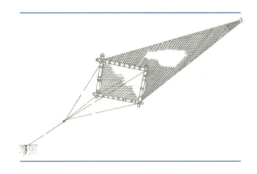

图 5-5　框架张网

---

　　① ［清］杜冠英、［清］胥寿英等修,［清］吕鸿涛纂:《［光绪］玉环厅志》卷一《舆地志下·物产·鱼之属·虹》,清光绪七年(1881)刊本,载上海书店出版社编:《中国地方志集成·浙江府县志辑》(第 46 册),上海书店出版社 1993 年版,第 766、767 页。
　　② ［清］沈同芳:《中国渔业历史》渔捞第五《捕捞法》,载《万物炊累室类稿:甲编二种乙编二种外编一种》(铅印本),中国图书公司 1911 年版,第 24 页。

　　除捕捞外,这一时期的水产养殖技术也非常成熟。《[光绪]乐清县志》中记载:蚶,"俗名花蚶,又名瓦屋子。邑中石马、蒲岐、朴头一带多取蛤苗养于海涂,谓之蚶田。其苗小者如脂麻,大者如绿豆,有细陇粗陇之别。细陇能飞不可养,养者惟粗陇,然必三五年,始成巨蚶。每岁冬杪四明及闽人多来买蚶苗。又一种名毛蚶,壳薄有毛"[①]。浙海关署税务司包腊(E. C. Bowra)在 1870 年 1 月撰写的《同治八年(1869)浙海关贸易报告》中就对象山的牡蛎养殖有详细的说明:"说起浙江象山港之牡蛎(蚝)养殖,虽然比不上舟山墨鱼场那样规模,但是也值得一提。中国的蚝养殖方面是简陋不够完美,但是对现代欧洲养殖之主要原理——即须有一个安全良好蚝产卵的场地——在浙江风行已久矣。从欧洲来说,只是最近这几年才开始注重养蚝,而中国在这方面也许已有数百年之历史矣。谈到改进也只是最近之事,要说有什么提高也只是中国水平。虽然如此,在繁殖、饲养等方面西洋蚝是远远超过中国矣。在象山港,低潮筑土墙高达 2 英尺,围之,并铺以粗糙石块。几个月后石块上吸满了蚝,取出石块(图 5-6),抖掉所有蚝以防泥土黏附。当地有多少渔民从事此业也难以估计。听说象山、奉化蚝的消耗量极大,但绝大部分还是每年晒干后供出口。若运宁波须翻越相隔之很高山脉,提高了蚝的价格,结果就限制了需求。蚝之旺季乃是五月至八月,过后养殖场就腾出来养墨鱼、鲭鱼等。这

---

　　① ［清］李登云、［清］钱宝镕主修,［清］陈玚总纂:《[光绪]乐清县志》卷五《田赋·物产·鳞介类·蚶》,1911 年刊本,载上海书店出版社编:《中国地方志集成·浙江府县志辑》(第 61 册),上海书店出版社 1993年版,第 267—270 页。

里的渔民又是农民,<u>鱼汛捕鱼</u>,农忙种田;相辅相成,两不
落空。"①

图 5-6　牡蛎砾砫养殖

　　从上述文献其实可以看出清朝晚期浙江沿海的渔民又是
农民,单纯从事海洋捕捞的渔民数量不多。根据宁波渔团局的
统计数据计算,光绪三十二年(1906)宁波地区渔民总数为八十
甲七千零一十九名,其中"鄞县二十五甲,统共渔民二千四百三
十五名;镇海县十五甲,统共渔民一千三百一十二名;奉化县八
甲,统共渔民六百七十二名;象山县七甲,统共渔民五百六十二
名;定海厅二十五甲,统共渔民二千零三十八名;慈溪县无"②。
浙江其他沿海府县亦是如此,如温州府永嘉县,外海渔户六十

---

　　①　[英]包腊(E. C. Bowra):《同治八年(1869)浙海关贸易报告》
(1870年1月),载中华人民共和国杭州海关译编:《近代浙江通商口岸经
济社会概况:浙海关、瓯海关、杭州关贸易报告集成》,浙江人民出版社
2002年版,第127—128页。
　　②　《甬属渔民总数(宁波)》,《申报》第一万二千五百六十三号,清光
绪三十三年十二月十三日(1908年1月16日),第二张第四版。

五户共 390 人,其中六岙三户十八人,梅岙三户十八人,寺后二户十二人,双门横三户十八人,楠溪港口二户十二人,江头二户十二人,河田四十户二百四十人,焦头十户六十人①。实际上,从事沿海渔业活动的人数大大超过上述统计数据。如光绪三十三年(1907)十二月十三日《申报》登载了一封表彰宁波地方官关心渔民生计的来函,其中披露了鄞县渔民人数等信息:

　　敬启者,鄙人生长鄞县之东湖,足下履城市者念有余年。日前宗府宪带同员绅亲诣东湖,察看冲决塘堤,举办渔团保甲。值此海防吃紧之际,仰见府宪之尽心民事,保障海滨,其阅视湖堤殷殷询问,多方指示,允为筹拨公款,赶于年内一律兴工,免使春水泛滥,有碍田禾庐舍,并携带志书,凡遇堰坝无不细加详考。其劝谕渔团以采捕乌贼渔船为大宗,此间附近各村约以渔为业者不下三四万人,蒙允用官轮船保护渔商。内地外海设立公所,设有渔船被盗以及斗殴各事,只须就近报明公所,即为缉捕。每帮拟发旗帜、门牌以分良莠,所有从前一切衙门漏规繁费概行裁减革除。府宪之恩泽渔民,籍资官民连络,可谓详且尽矣。闻湖堤之监工委员乃鄞县巡司葛存愿少尉,练达有为,存心公正。举办渔团之委员乃衢山弹压局单立勋参军,现经道宪特调回宁。闻各渔户云衢山自金匪启兰抗粮拒捕毙官滋事以后,单公驻衢以来已历数年。凡有衢、岱以及各海山头无不怀德畏威,良善得以安

---

① 《温州府永嘉县光绪三十四年实业统计表》,载俞光编:《温州古代经济史料汇编》,《温州文献丛书》(第 2 辑),上海社会科学院出版社 2004 年版,第 261—262 页。

居乐业,绅士则为华志青茂。才素经宗府宪遇有地方
河工庙□电报词讼渔团等事,府宪倚任愈重,而华茂
才之声价愈高矣。鄙人心关时事,恨无寸长,闭户家
居,优游岁月,目睹宗府宪如是贤劳,诚吾乡之保障,
用特率布数言,聊备贵馆采择,并乞列入报中以申钦
仰为幸。①

　　上述信息再次证明了晚清时期浙江沿海参与海洋渔业活
动的更多是半渔半农的沿海居民。总体而言,浙江沿海渔民以
宁绍为主,杭嘉、温台为次。如果考虑到宁绍地区商业经济的
发展状况及在海洋渔业捕捞总的区位优势(非常接近舟山渔场
及上海消费市场),宁绍地区从事间接渔业加工和销售的人数
会非常多。而温台地区经济比不过杭嘉、平原不及宁绍,因此
在海洋渔业生产领域以温台渔民最为强悍。他们除了在温台
交界渔场捕鱼之外,在鱼汛期间经常远赴崇明和宁绍沿海捕
鱼。以舟山(图5-7)而言,"舟山岛及附近各岛,每岁鱼利,合计
当不下数百万民,皆驯良谙习水性,惟台州帮较为桀骜,为匪者
往往出其中"②。而温州"地属海滨,多系采捕,穷民驾扁舟而涉
洪波,采取鱼虾□觅蝇头以为仰事俯畜,其业最苦"③。随着浙
江沿海岛屿的开发,大批滨海居民迁往海岛。这些岛民除了在

　　① 《东湖月波居士来书》,《申报》第三千八百八十一号,清光绪十年
正月初九日(1884年2月5日),第二页。
　　② [清]朱正元辑:《浙江沿海图说》舟山《杂识》,清光绪二十五年
(1899)刊本,《中国方志丛书·华中地方》(第200号),(台北)成文出版社
有限公司1974年版,第45页。
　　③ 《浙江温州总兵边世伟奏陈革除渔船陋规以靖海疆管见折》(雍
正三年七月初三日),载中国第一历史档案馆:《雍正朝汉文朱批奏折汇
编》(第5册),江苏古籍出版社1989年版,第452页。

海岛上种植山芋等耐旱作物为生外,其余大部分时间都需要出

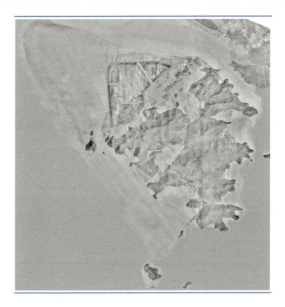

图 5-7　花岙岛

海捕鱼以维持生计。如:"舟山山多田少,每岁仅足三月之粮。山间半已开垦种山芋(亦名地瓜),以佐民食,一遇亢旱,人力无所施。然丰岁亦仅足半年之食,常赖海产以补地利之不足,每于三四五等月(俗名鱼汛),卜岁入之丰歉焉。"[①]玉环"居民半耕半渔,每年禾麦及山芋仅足八月之食"[②]。

　　就浙江沿海单个普通渔民而言,其生活是比较艰辛的,尤

―――――――

　　①　[清]朱正元辑:《浙江沿海图说》舟山《杂识》,清光绪二十五年(1899)刊本,《中国方志丛书·华中地方》(第200号),(台北)成文出版社有限公司1974年版,第45页。
　　②　[清]朱正元辑:《浙江沿海图说》玉环《杂识》,清光绪二十五年(1899)刊本,《中国方志丛书·华中地方》(第200号),(台北)成文出版社有限公司1974年版,第68页。

其(在)海岛上的居民,除了种植的少量水稻和山芋外,主要靠鱼汛期捕鱼收入。如果运气好,不仅个人能大赚一笔,也能带动地方经济的短期繁荣,这使人觉得渔民的生活是非常不错的。如光绪十七年(1891)八月二十三日《申报》对宁波的一则报道说:"本年渔户出洋米捕,获利至二千余金。因酿赏特召京班搭台演戏,兼放烟火盒子,异样新奇,十色五光,令人目为之炫。"①但是渔民这种靠天吃饭的生产方式存在很大的运气成分,一旦鱼汛期不能收获足够的渔产品,往往陷入困境,同时还会影响其他以渔业为生者的生路,如鱼贩等。光绪二十五年(1899)五月三十日《申报》报道说:"宁波访事友人云,东南乡下张渔贩张某等人,以本年鱼汛不旺,亏累难堪,先后驾舟回乡,穷极计生。探知各处花会盛行,获利非浅。遂于某日纠集多人扮作赌客,至定桥某甲佯为猜压,旋即入内搜括。不意冥索移时,一无所得,不得已将甲劫去勒令备银取赎。甲倔强不依,张遂送交地保,令送县请惩,未知县主何以处之。"②由于沿海渔民生计来源的单一及对海洋环境的熟悉,在捕鱼不能维持生计之时,许多渔民往往转为海盗,危害地方。如光绪十九年(1893)六月初十日《申报》报道说:"定海厅属之岱山,商贾聚凑,人烟稠密,鱼盐两项,出息甚繁。岱山又有一镇,名小门,瓦屋数椽,供奉菩萨二尊。每当渔船回洋时,点香烛,供牲醴,以示虔敬。渔船停泊之所,(图5-8)每有盗船混迹其间。盖渔之与盗,回一而二,二而一者也。今年渔船出洋,不甚得利,即为绿林豪客,竟在定海道头公然停泊,居民被劫,告知营汛。定海

---

① 《明州琐志》,《申报》第六千六百二十一号,清光绪十七年八月廿三日(1891年9月25日),第二页。

② 《狡谋难遂》,《申报》第九千四百二十号,清光绪廿五年五月三十日(1899年7月7日),第九页。

镇戎立即饬营捕获,探知小门为盗渊薮,又饬营兵严拿。岱山居民,密通信息,

图 5-8　拜船龙

帮同擒获至四五十名之多。讯知该盗等大半籍隶台州黄岩等处,收押候办。该盗之免脱者,遂迁怒于居民,纠党潜来,将小门地方房屋付之一炬,焚至一日半之久,共毁二百余间。虽有官兵驻扎其间,亦熟视而无可如何。夫养兵所以御盗也,今则盗不畏兵,兵且避盗,是有兵不啻无兵也。国家亦何必虚糜廪禄,以养此有名无实之兵哉。"①

　　浙江沿海渔产品的销售有两种途径:一种是渔民与渔行签订协议,由渔行提供资金进行捕捞,其所获渔产品全部按照渔行规定的价格转卖给渔行;另一种就是在渔民自己拥有渔船的情况下,将捕获的海产品卖给前来收购海产品的商人。后者是浙江海洋渔业销售的主要渠道。每年鱼汛期间,不仅沿海渔民

---

① 《匪徒纵火》,《申报》第七千二百七十四号,清光绪十九年六月初十日(1893 年 7 月 22 日),第一至二页。

纷纷出动,嗅到利润的商人也纷纷而来,在渔民上岸区域收购海鲜。这些沿海收购区域既包括常年开放的港口,也包括只有在鱼汛期才会繁荣的渔港。沿海渔商在收购渔产品之后,除了在本埠销售之外,更多的是长途运输到其他区域,以获取更多的利润。随着渔行的出现和专业分工的深入,浙江海鲜不仅运销到本省内地,而且还远销苏南。在渔业保鲜技术不断提高的情况下,浙江海产品甚至远销中国内地及海外。

为扩大宁波海产品在外埠乃至海外的销售,当时宁波地方当局也有过积极的努力。如光绪六年(1880)初,德国定于当年4月在柏林举办渔业博览会,邀请中国政府参加。总理衙门将这一任务下达给宁波府办理。对此,宁波府相当积极。"西历今午四月间,德国欲设一赛鱼大格致会,函请各国往赛,中国亦已允准。经总理衙门转咨浙抚,札饬宁波道府办理此事。闻已预备两月余,兹由海关提调一切。本月十一日,宁绍道瑞观察亲往阅视,壁上挂有浙海图及捕鱼各种情形。图画五十幅,海鸟、海鱼俱备。又有中国渔家乐各种画轴,细腻无匹。鱼共二百种,余一百三十种俱以酒浸,其余则腌之。鸟共五十种,皆极齐整。另一冰厂模形并煮盐场模形,另有渔船大模及网及渔人草房,皆与原物无别。另制渔人十二,大小相同,衣服皆备。又将各网各篓一并备齐。余外又有以鸟捕鱼之船,亦同大小,鸟与人亦立于其上。闻不日将由轮船送至德国伯灵京都矣。"①(图5-9)

---

① 《大鱼赛会》,《申报》第二千四百二十四号,清光绪六年十二月十六日(1880年1月27日),第二页。

图 5-9　男笼裤

　　清朝晚期,在国内与国际市场双重拉动下,浙江的传统海洋渔业经济达到了顶峰。光绪二十七年(1901),挪威籍浙海关税务司佘德(F. Schjoth)在提交给海关总税务司的《浙海关十年报告(1892—1901 年)》中论述了两个涉及浙江海洋渔业的贸易活动:

　　先谈墨鱼。可以看出该项贸易起伏很大,最高捕获量在 1894 年,从本口岸运出数量达 71800 担,最低为 17000 担,是在 1899 年运出的。价格变动在每担 7 银两至 10 银两之间,与上个 10 年期间的价格相比,上升约 50%。近年来,该贸易急剧下跌有各种原因:前已提到的价格抬高,捕鱼后处理不当,以及贸易转向其他渠道。捕鱼要在舟山群岛进行。鱼洗净后,从背上简单切开成条加盐,然后摷在海滩上晾干,背骨整个留下,而在包装时让许多沙子黏附其上以增加重量。日本人是这项贸易的强劲竞争对手,在鱼的加工

方面分外当心。他们加工处理是,先仔细把背骨去掉,放在席子或竹匾上,除去砂土在太阳下晒干。因此,在东方各地大受欢迎,甚至在宁波本地也销售甚佳。据了解,本地的墨鱼大量从舟山群岛装民船,直接运往上海和长江下游的口岸。

另一项重要贸易,是迄今为止一直在我们的统计中未受重视的鲜鱼。尤其是黄鱼的大量供应,每天由本口岸装定期班轮运往上海。鱼被裹在冰里,装大小木桶,分别重 300 斤和 60 斤,一般是在开船前一刻装上轮船,黎明前到达上海,再转送到鱼市场。这样装运鱼的数量,估计每年在 5 万担左右,货值超过 10 万关平两。没有征税,但货物是照常列入舱单并且报关。鉴于悬挂英、美旗帜的民船,现在从海岸外渔船队上转运冰冻鱼到上海并完税,而且经过常关的民船也征收一种税费。现在产生一个问题就是,由我们口岸定期班轮装运的货物,是否也应同样对待,然而这一问题尚未决定。[1]

从文献中可以看到,清朝晚期浙江的海洋渔业已经形成产业化,冰鲜渔业和墨鱼渔业是浙江海洋渔业中规模化较高的种类。

以墨鱼而言,作为东海主要海产品,墨鱼的捕捞和开发历史非常早。同治八年(1869),浙海关署税务司包腊在提交给海关总税务司的《同治七年(1868)浙海关贸易报告》中记载了当

① 〔挪〕佘德(F. Schjoth):《浙海关十年报告(1892—1901 年)》(1901 年 12 月 31 日),载中华人民共和国杭州海关译编:《近代浙江通商口岸经济社会概况:浙海关、瓯海关、杭州关贸易报告集成》,浙江人民出版社 2002 年版,第 46 页。

地的渔民将墨鱼骨磨成粉状后药用,"每担银元 1 元"①。众多的墨鱼资源和重要的经济价值,使得浙江沿海的墨鱼捕捞逐渐形成规模化。作为宁波最重要的渔业捕捞活动及出口产品,当时的浙海关在海关贸易报告中对墨鱼捕捞活动有大量记载,如《同治十二年(1873)浙海关贸易报告》中记载道(图 5-10):

图 5-10　鳗鲞

墨鱼年出口数量为 57818.74 担,比去年增长了31519.96 担。本年夏初捕鱼时,天气特好,炎热得捕捉后即能在甲板上晒干而毋须船只之往返,而且捕获量也大。另一方面,这类适合于捕鱼之气象却不利于农业,因为过于干旱炎热。而绝大部分宁波人是亦渔亦农按季行事者。本年粮价虽有上涨,但百姓手头不紧。虽然难以获得可靠统计数据,但估计至少有八九千只渔船在舟山群岛四周打捞墨鱼,而每只船上平均有船员计六名壮丁,另

---

① 〔英〕包腊(E. C. Bowra):《同治七年(1868)浙海关贸易报告》(1869 年 1 月 31 日),载中华人民共和国杭州海关译编:《近代浙江通商口岸经济社会概况:浙海关、瓯海关、杭州关贸易报告集成》,浙江人民出版社 2002 年版,第 114 页。

外还有些青少年。这就至少有 48000 到 54000 人在海上
捕鱼,这些数字中还不包括那些人数不多、次数不少的个
体散户在内。年内上市之数量除了 1869 年外都是逐年
上升,而且洋商上海汽轮公司也深表兴趣,把从宁波到上
海的水脚减去一半,从原来的 2 角一担下降到 1 角一担,
而宁波到汉口也只是 5 角一担。

墨鱼出口之数量及抵达地如下:

单位:担

运往上海 (其中一部分 转口去汉口)	50481.69	运厦门	764.85
运汉口	3585.50	运广州	271.60
运九江	2039.40	运香港	675.70

合计 57818.74 担,计值关平银 289094 两。①

从上述文献中可以看到,影响墨鱼船捕捞活动的因素有
二:一是海上自然条件;二是渔业捕捞成本,主要是出海捕捞所
需要携带大米的价格。自然条件对墨鱼等渔业捕捞的影响在
上述文献中表现得非常明显。炎热的天气虽然对农业不利,但
非常适合海产品捕捞后的及时加工。因为当时在浙江沿海的
渔船除了冰鲜鱼外,基本都需要盐渍后晒干以便长期保存。
《同治六年(1867)浙海关贸易报告》就记载道:"最近本口出口

---

① 〔英〕惠达(F. W. White):《同治十二年(1873)浙海关贸易报告》
(1874 年 1 月 31 日),载中华人民共和国杭州海关译编:《近代浙江通商口
岸经济社会概况:浙海关、瓯海关、杭州关贸易报告集成》,浙江人民出版
社 2002 年版,第 151—152 页。

产品中之墨鱼已占重要项目之一,是类产品洋商不感兴趣,经营者全系华商,行销华北和长江沿岸各城市,获利不薄。墨鱼之渔场,很大一部分由舟山帮经营,而干这一行的又是主要仰仗杭州和其附近沿海的制盐厂。"①对于需要长途运输的海产品,晒干加工是必须的。因此,多雨天气对海产品的产量影响是很大的。如同治十年(1871),"宁波邻近渔民遇到了多年未见之恶劣天气。5 月阴雨绵绵,千辛万苦所捕到比往常大为减少的墨鱼,因无法晒干而变质,也就不得不丢掉。今年出口计 18038 担,比 1866 年还减少了 4393 担,可说是从 1864 年至 1870 年以来最差的一年矣"②。光绪元年(1875),"渔业就碰着流年不佳矣。七八月狂风暴雨,船只出不了海。即便有些冒险出了海打捞了鱼回家,又遇大雨连天,阴雨绵绵,晒也无法晒干(图 5-11),最后还是发臭弃之了事。去年墨鱼出口计达 86668 担,到本年连一半都不到,仅有 37245 担"③。光绪三年(1877),"是出口墨鱼最低一年。经由洋轮运载出口者恐不到出口总数之半也。大部分不论是舟山群岛或宁波都是由民船运往福建。从收获来看,1877 年乃是最糟糕之年也,好多捕到的鱼由于连绵阴雨再加上冷风劲吹,大

---

① 〔英〕林纳(J. K. Leonard):《同治六年(1867)浙海关贸易报告》(1868 年 1 月 1 日),载中华人民共和国杭州海关译编:《近代浙江通商口岸经济社会概况:浙海关、瓯海关、杭州关贸易报告集成》,浙江人民出版社 2002 年版,第 105 页。

② 〔英〕惠达(F. W. White):《同治十年至十一年(1871—1872)浙海关贸易报告》(1873 年 1 月 31 日),载中华人民共和国杭州海关译编:《近代浙江通商口岸经济社会概况:浙海关、瓯海关、杭州关贸易报告集成》,浙江人民出版社 2002 年版,第 141 页。

③ 〔英〕裴式楷(R. F. Bredon):《光绪元年(1875)浙海关贸易报告》(1876 年 2 月 26 日),载中华人民共和国杭州海关译编:《近代浙江通商口岸经济社会概况:浙海关、瓯海关、杭州关贸易报告集成》,浙江人民出版社 2002 年版,第 164 页。

好到手之商品眼看着变成废品。年内出口极少,而价格犹如芝麻开花——从 5 元、6 元到 13 元、14 元一担,那是 7 月价格。年内之出口数竟低于 1871 年,那是多年来所未见过的"①。光绪七年(1881)的天气则非常好,是"晒鱼理想之天,鱼价为几年来之最低者"②。在捕捞成本中,渔船的集中出海捕捞会推高相应的生产成本。如光绪二十三年(1897)四月初六日的《申报》一则报道:"宁波采访友人云:日来东南乡一带渔民,修苇綜艑,备具罥罟,互相邀约,出海捕鱼。计业此者,多至千余艘,临行均购储食米。各米行因此昂其价,仅每石较平时增一角数分。"③

图 5-11　龙头鳀

作为最主要的出口海产品,清朝晚期宁波的墨鱼出口量在

---

① 〔美〕杜德维(E. B. Drew):《光绪三年(1877)浙海关贸易报告》(1878 年 7 月 12 日),载中华人民共和国杭州海关译编:《近代浙江通商口岸经济社会概况:浙海关、瓯海关、杭州关贸易报告集成》,浙江人民出版社 2002 年版,第 189 页。

② 〔德〕康发达(F. Kleinwachter):《光绪七年(1881)浙海关贸易报告》(1882 年 3 月 31 日),载中华人民共和国杭州海关译编:《近代浙江通商口岸经济社会概况:浙海关、瓯海关、杭州关贸易报告集成》,浙江人民出版社 2002 年版,第 243 页。

③ 《月湖渔唱》,《申报》第八千六百三十九号,清光绪廿三年四月初六日(1897 年 5 月 7 日),第二页。

浙海关报告中均有详细的记录,其中光绪八年(1882),浙海关出口墨鱼数量为13458担,货值98442关平银两;光绪九年,浙海关出口墨鱼数量为30805担,货值182604关平银两;光绪十年(1884),浙海关出口墨鱼数量为55576担,货值259195关平银两;光绪十一年,浙海关出口墨鱼数量为36397担,货值148269关平银两;光绪十二年,浙海关出口墨鱼数量为52410担,货值193845关平银两;光绪十三年,浙海关出口墨鱼数量为47881担,货值210060关平银两;光绪十四年,浙海关出口墨鱼数量为43468担,货值209414关平银两;光绪十五年,浙海关出口墨鱼数量为29579担,货值221841关平银两;光绪十六年,浙海关出口墨鱼数量为37658担,货值263608关平银两;光绪十七年,浙海关出口墨鱼数量为82568担,货值330272关平银两①。上述数据显示,浙海关的墨鱼出口量起伏很大。不过总体而言,浙江沿海的墨鱼产量是呈增加态势的。

图 5-12　挑冰入船

①　〔美〕墨贤理(H. F. Merrill):《浙海关十年报告(1882—1891年)》(1891年12月31日),载中华人民共和国杭州海关译编:《近代浙江通商口岸经济社会概况:浙海关、瓯海关、杭州关贸易报告集成》,浙江人民出版社2002年版,第16页。

冰鲜渔业是浙江海洋渔业中另一个重要的捕捞产业。与墨鱼加工不一样的是,冰鲜渔业是另一种在长途运输中的保鲜方式,其保鲜的主要辅助物是冷藏冰。(图 5-12)根据邱仲麟的研究,江南地区的冷藏及冰鲜渔业出现的历史并不短,苏州曾一度是冰鲜渔业的中心①。但就浙江,特别是宁波周边区域而言,根据笔者对地方志和相关文献的记载推测,宁波的冰鲜渔业形成产业化应该是在清朝晚期,制约冰鲜渔业产业化的最大因素就是天然制冰。天然冰的制作需要当地气候接近或低于0℃,而在历史时期江南地区的气候波动有明显的周期性。根据韩昭庆的研究,1440 年至 1899 年长江中下游气候有明显的六次波动,其中 1790—1899 年气温明显降低②。而这一自然环境恰巧就是宁波天然制冰业及冰鲜渔业产业化的基础。宁波的冰厂主要集中于江东,即甬江南岸。光绪三年(1877)六月二十五日的《申报》就有一篇关于宁波冰厂的报道:"二十二日下午,宁江东冰厂有多人挑冰至鲜鱼船,一人因失足落水,便随波而去,至今尚打捞无着云。"③作为浙江地区的特色,宁波冰库曾被做成模型,送到光绪六年(1880)的德国柏林渔业博览会和光绪九年(1883)的英国伦敦渔业博览会参展,一同展出的还有

①　邱仲麟:《冰窖、冰船与冰鲜:明代以降江浙的冰鲜渔业与海鲜消费》,《中国饮食文化》2005 年第 2 期,第 31—95 页。

②　韩昭庆:《明清时期(1440—1899)长江中下游地区冬季异常冷暖气候研究》,《中国历史地理论丛》2003 年第 2 辑,第 41—49 页。

③　《挑冰入水》,《申报》第一千六百十九号,清光绪丁丑六月廿五日(1877 年 8 月 4 日),第二页。

"各种小船、木筏的模型,渔网和渔业设备"①。在伦敦渔业博览会中,中国展品特别目录中还特意记载了中国沿海渔业的情况,其中对宁波的介绍有5页,分别介绍了宁波的墨鱼船、冰鲜船、跳鱼船、小三板搭客、竹排、鸬鹚船、扳罾船、脚踏船、渔船悬挂各样旗子、看风旗、冰房、明瓦窗、菩萨蚌壳、渔人形式、台州蛤壳等②。从这些珍贵的文献中可以看到,清朝晚期东海的传统海洋捕捞业已经非常发达,形成捕捞、加工、运输和销售一整套完整的产业链。对于清朝晚期宁波的海产品消费情形,郑光祖在《一斑录》中记叙道:"自镇武宫至灵桥,沿江一路名江下各店铺前海鱼四集,腥气袭人。鲨鱼大如牛丛,齿锐利;赤鱼大如水车盘,尾长及仞。他如鲥、鲳、黄、带、比目、乌贼及蛏、蛤、蚶、螺(图5-13)之属,鲜者无不腥恶。……察当地治食诸鱼类,以盐酒蒸食,蛏、蛤之属,下滚水一捞,即以盐酒腌食。余买鲳鱼、黄鱼,上海舟用油煎,加酒、酱、葱、糖,一舟之人莫不骇异。闻此地素有江蟯柱,余特为此而来,乃必于正二月闲方可得,今已过时,不无失望。"③

----

① 〔美〕墨贤理(H. F. Merrill):《浙海关十年报告(1882—1891)》(1891年12月31日),载中华人民共和国杭州海关译编:《近代浙江通商口岸经济社会概况:浙海关、瓯海关、杭州关贸易报告集成》,浙江人民出版社2002年版,第8页;《大鱼赛会》,《申报》第二千四百二十四号,清光绪六年十二月十六日(1880年1月27日),第二页。

② INSPECTORATE GENERAL OF CUSTOMS:《The Fisheries of Ningpo》,载吴松弟整理:《美国哈佛大学图书馆藏未刊中国旧海关史料:1860—1949》(第219册),广西师范大学出版社2014年版,第134—139页。

③ 〔清〕郑光祖:《一斑录》杂述三《宁波府》,清道光二十五年(1845)刊本,《海王邨古籍丛刊》,中国书店1990年版,第35、36页。

图 5-13　咸泥螺

　　对于清朝晚期浙江海洋渔业资源开发的情况，光绪年间(1875—1908)浙江沿海各府县陆续编纂的地方志书均有记载，这里罗列如下。

　　《[光绪]嘉兴府志》卷三十三《物产》记载，当时嘉兴海洋渔业资源开发的种类有："鳞类"的金鱼、鲢、河鲀、斑鱼、银鱼、菜花鱼、鲚、鲻、石首鱼、鲋、鲟鳇、鲨、鲕、跳鱼；"介类"的龟、鳖、蟹虾、螺、蚬、蛤、海虾、白蚬、蛼蛦、沙虎、土蚨；"饮食类"的鱼鲊、烘虾。[①]

　　《[光绪]嘉兴县志》卷十六《物产》记载，当时嘉兴海洋渔业资源开发的种类有："鳞类"的金鱼、鳜、鲫、鲤、鲚、白鱼、鲇、鲈、鳊、鲭、鲦、鲢、鳤、鳢、黑鱼、黄鳝、河鲀、斑鱼、银鱼、菜花鱼、旁皮鲫、玉筋、小鱼、鲚、鳗、鳝、鳅；"介类"的龟、鳖、蟹、虾、五色

――――――――――

　　① ［清］许瑶光修：《[光绪]嘉兴府志》卷三十三《物产》，清光绪四年(1878)刊本，载上海书店出版社编：《中国地方志集成·浙江府县志辑》(第 12 册)，上海书店出版社 1993 年版，第 805—806、809 页。

螺、螺、蚌、蚬。①

《[光绪]平湖县志》卷八《食货下·物产》记载,当时平湖海洋渔业资源开发的种类有:"鳞属"的鲤、鲫鱼、鲈鱼、鳜、白鱼、黄鳝、鳊、鳢、鲢、鲤、河豚、鳗鲡、鳝、鲂、银鱼、虾、石首、鲻、鲚、鲫、海鹞、乌贼、马鲛、鲥、箬鲽、带鱼、鲟鳇、鲳、水母、白虾、青鱼、金鱼、鲽、海鳗、跳鱼;"介属"的龟、鳖、蟹、蚌、螺、蚬、黄甲、白蛤、白蚬、蟛蜞、沙虎、蛏、土蚨。②

《[光绪]镇海县志》卷三十八《物产》记载,当时镇海海洋渔业资源开发的种类有:"药之属"的海风藤、石决明、牡蛎、海螵蛸;"鳞之属"的石首鱼、春鱼、黄滑鱼、梅鱼、鲈鱼、鮸鱼、鲳鳊、比目鱼、箬鱼、白鱼、箭鱼、肋鱼、竹筴鱼、火鱼、鲟鳇鱼、鲂鱼、鲹鱼、鲨鱼、鳑、虹鱼、地青鱼、鲻鱼、吹沙鱼、土附鱼、鳢鱼、鲫鱼、鲻鱼、鹳嘴鱼、泽鱼、鲨鱼、马鲛鱼、带鱼、华脐鱼、银鱼、银针鱼、玉箸鱼、蜜姑鱼、鳗、鳡鱼、鲇鱼、鳙鱼、鲢鱼、黄颡鱼、鳝、土龙、鳜鱼、江豚、阑胡、鳍、过蜡、枫叶、沙蒜、麦鱼、鲥鱼、郎君鱼、海鳐、沙嘴、鲨鱼、乌贼、章巨、海鳅;"介之属"的簜、蛸蚨、彭越、螃蟹、溪蟹、石蟹、膏蟹、金钱蟹、蚌、海月(图 5-14)、石华、海扇、海胆、鲒、江珧、蛤、蛤蜊、黄蛤、西施舌、蠪、蚬、车螯、蚶子、蛏子、蛎房、螺、龟脚、蟹、鲎、虾、肘子、田螺、淡菜;"食之属"的鱼膏、虾米、红虾鲊、虾脯、对鰕、墨鱼干、道士裙、乌鲗骨、苔、紫菜、海

①　[清]赵惟崳修:《[光绪]嘉兴县志》卷十六《物产》,清光绪十七年(1891)刊本,载上海书店出版社编:《中国地方志集成·浙江府县志辑》(第 15 册),上海书店出版社 1993 年版,第 335—337 页。

②　[清]彭润章修:《[光绪]平湖县志》卷八《食货下·物产》,清光绪十二年(1886)刻本,载上海书店出版社编:《中国地方志集成·浙江府县志辑》(第 20 册),上海书店出版社 1993 年版,第 214 页。

藻、昆布。①

图 5-14　海月

　　《[光绪]奉化县志》卷三十六《物产》记载,当时奉化海洋渔业资源开发的种类有:"药之属"的牡蛎、石决明;"鳞之属"的鲤、鲈、鳗、鲻、蒻鱼、鲫、鲇、鲨、鳇、鲳鲦、鳢、白鱼、石首、黄颡、鲡、鳓、马鲛、弹涂、魟、鳀、竹筴、枫叶、带鱼、江豚、吹沙鱼、斑豹、梅鱼、泽鱼、蜜姑、铜盆鱼、泥鱼、泥鳅、鳝、水母、乌贼、章巨、鸡肠、沙蜃;"介之属"的江瑶柱、蟹、鲎、龟、鳖、蚶、海扇、鲒、鼋、蟟、蚌、蛎、螺、蚬、蛏、虾、黄蛤、海绩筐。②

---

　　①　[清]俞樾:《[光绪]镇海县志》卷三十八《物产》,清光绪五年(1879)刊本,《中国方志丛书·华中地方》(第183号),(台北)成文出版社有限公司1974年版,第2985、3045—3080、3090—3091页。另一版本见《续修四库全书·史部·地理类》(第707册),上海古籍出版社2002年版,第765—766、781—789、792—793页。卷三十八"食之属"中盐需要蛎灰制作篾;洋菜由东洋进口;冰用于冰鲜渔业;"货之属"船舶为贡品,卷末有谢辅绅的《蛟川物产五十咏》。

　　②　[清]李前泮修,张美翊纂:《[光绪]奉化县志》卷三十六《物产》,清光绪戊申年(1908)刻本,载上海书店出版社编:《中国地方志集成·浙江府县志辑》(第31册),上海书店出版社1993年版,第463、468—470页。另见[清]李前泮主修,[清]张美翊总修:《[光绪]奉化县志》卷三十六《物产》,清光绪卅四年(1908)刊本,《中国方志丛书·华中地方》(第204号),(台北)成文出版社有限公司1975年版,第1846、1866—1874页。

　　《[光绪]慈溪县志》卷五十四《物产下》记载,当时慈溪海洋渔业资源开发的种类有:"鳞之属"的鲤鱼、鳢鱼、鲫鱼、吐哺鱼、白鱼、鲻鱼、鲈鱼、箭鱼、肋鱼、石首、梅鱼、春鱼、黄滑鱼、鮸鱼、比目鱼、箸鱼、紫鱼、鱛鱼、鲳鳊、吹沙鱼、红鲨、泥鱼、火鱼、竹笑鱼、鲨鱼、鲟鳇鱼、带鱼、魟鱼、鱲鱼、华脐鱼、马鲛鱼、鮎鱼、黄颡、鳗、箭鳗、鳝、血鳝、鳅、阑胡、鳙鱼、银鱼、海艳、溪钻、乌贼、鮀鱼;"介之属"的龟、绿毛龟、鼋、鳖、蟢蚜、簺、螃蟹、彭越、膏蟹、虾、虾姑、螯、螺、蚌、蛤、黄蛤、蛤蜊、蛏子、蚶子、蚬、淡菜、蛎房、蟢、朗晃、吐铁。①

　　《[光绪]余姚县志》卷六《物产》记载,当时余姚海洋渔业资源开发的种类有:"鳞之品"的鲤、鳜鱼、鲈鱼、青鱼、鲢鱼、鳊鱼、鳢鱼、鲹鱼、白条鱼、江鲎、时鱼、银鱼、土步鱼、鮎鱼、鲋鱼、石首鱼、梅鱼、鲻鱼、鲜鱼、鲳鱼、鳖鱼、箸獭、海鲎、烘鱼、鱛鱼、鲨鱼、弹涂、鳙鱼、鳝、鳗、箭鳗;"介之品"的龟、鼋、鳖、蚌、蛎、蛏、蚬、蛤蜊、黄蛤、吐铁、螺、虾、沙蟹、黄甲蟹、紫蟹、白蟹、稻蟹、蟛蜞、蟛蜞蟹、金钱蟹、毛大蟹、大钳蟹。②

------

　　① [清]杨泰亨提调,[清]冯可镛总修:《[光绪]慈溪县志》卷五十四《物产下》,清光绪二十五年(1899)刊本,载上海书店出版社编:《中国地方志集成·浙江府县志辑》(第36册),上海书店出版社1993年版,第197—201页。另见[清]杨泰亨提调,[清]冯可镛总修:《[光绪]慈溪县志》卷五十四《物产下》,清光绪二十五年(1899)刊本,《中国方志丛书·华中地方》(第213号),(台北)成文出版社有限公司1975年版,第1167—1171页。
　　② [清]邵友濂修,[清]孙德祖等纂:《[光绪]余姚县志》卷六《物产》,清光绪己亥年(1899)刊本,载上海书店出版社编:《中国地方志集成·浙江府县志辑》(第36册),上海书店出版社1993年版,第371—372页。另见[清]邵友濂修,[清]孙德祖等纂:《[光绪]余姚县志》卷六《物产》,清光绪二十五年(1899)刊本,《中国方志丛书·华中地方》(第500号),(台北)成文出版社有限公司1983年版,第122—123页。

图 5-15　鲥

《[光绪]宁海县志》卷二《地理志二·物产》记载,当时宁海海洋渔业资源开发的种类有:"鳞类"的鲤、鲈、鲨、鲥(图 5-15)、緇、鲑、鲳、鲽、鳗、马鲛、石首、虹、枫叶、纬骨、白袋、章巨、弹涂、鱲、银鱼、香鱼、带鱼、鲞、鳝、鲮、蛇、鲜、鲅、海猪、虎头鱼、沙噗;"介类"的龟、鳖、蛏、蚶、蛎、蟳蚘、石蚴、涂蜻、蛤蜊、鲎、虾、江珧、鲒、螺、吐铁、螃蟹、白蟹、拥剑、彭越;"货类"的蛎灰。①

《[光绪]定海厅志》卷二十四《物产·鱼之属》记载,当时定海海洋渔业资源开发的种类有:"蔬之属"的苔菜、紫菜;"药之属"的海藻、海带、石决明、海螵蛸;"鱼之属"的鳣鱼、鲟鳇鱼、鳢鱼、鲦鱼、鲨鱼、石首鱼、春鱼、梅鱼、鲈鱼、鲏鱼、鲳鲏、比目鱼、箬鱼、白鱼、箭鱼、肋鱼、鲞鱼、虹鱼、地青鱼、鲰鱼、土鲋鱼、緇鱼、泽鱼、马鲛鱼、带鱼、华鲚鱼、银鱼、鳗、鳠鱼、鳝、鲵鱼、海豨、人鱼、江豚、阑胡、海艳、鱿、过腊、鳓、枫叶、沙噗、鲍鱼、乌贼、章巨;"介之属"的团鱼、蠒、蟳蚘、彭越、螃蟹、溪蟹、金钱蟹、蚌、海月、海扇、鲒、蛤、齐蛤、文蛤、姑劳、

————————

①　[清]王瑞成等主修,[清]张浚等纂:《[光绪]宁海县志》卷二《地理志二·物产》,清光绪二十八年(1902)刊本,载上海书店出版社编:《中国地方志集成·浙江府县志辑》(第 37 册),上海书店出版社 1993 年版,第 77—79 页。另见[清]王瑞成等主修,[清]张浚等纂:《[光绪]宁海县志》卷二《地理志二·物产》,清光绪二十八年(1902)刊本,《中国方志丛书·华中地方》(第 215 号),(台北)成文出版社有限公司 1975 年版,第 308—313、315 页。

蛤蜊、黄哈、蟶、蚬、车螯、西施舌、蚶子、蛏子、蛎房、螺、蜑、淡菜、鲎、虾、吐铁;"货之属"的冰、石灰。①

《[光绪]玉环厅志》卷一《舆地志下·物产》记载,当时玉环海洋渔业资源开发的种类有:"蔬之属"的苔、紫菜;"鱼之属"的鲈、黄花鱼、鲳、马鲛、鲻、鳓、鲨、鳎、带鱼、鲊、鱼变、鲥鱼、魟、箸鱼、鳜、鲤、鲗、海鳅、鳝、鳣、鲦、米鱼、银鱼、鲫、鸥鱼、章巨、望潮、寄蜈、弹涂;"介之属"的鳖、龟、蛏、蚶、蛤蜊、蟶、螺、蛳、虾、石蚨、牡蛎、蟥蚌、滚塘、蟛、土铁、鲎、蛤、淡菜、沙蒜、神鬼眼、西施舌。② (图 5-16)

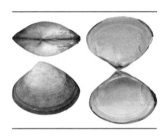

图 5-16　西施舌

《[光绪]乐清县志》卷五《田赋·物产》记载,当时乐清海洋渔业资源开发的种类有:"蔬类"的紫菜、海藻、海苔;"鳞介类"的鲤、细鳞、石首、鲥、鳓、鳖、鲈、鲻、鳢、鲳、鲫、鲨、马鲛、魟、鲇、黄刺头、比目鱼、鳗、鳝、鲎、带鱼、金鱼、银鱼、面鱼、跳鱼、鳅、墨鱼、锁管、章鱼、鳎、斑鱼、鲑、枫叶鱼、青鳞、火鱼、麦鱼、水母、华

① ［清］王葆初等总理,［清］陈重威等总修:《[光绪]定海厅志》卷二十四《物产·鱼之属》,清光绪十一年(1885)刊本,《中国地方志集成·浙江府县志辑(第 38 册)》,上海书店出版社 1993 年版,第 293、298、300、312—319、322 页。

② ［清］杜冠英、［清］胥寿英等修,［清］吕鸿涛纂:《[光绪]玉环厅志》卷一《舆地志下·物产》,清光绪七年(1881)刊本,载上海书店出版社编:《中国地方志集成·浙江府县志辑》(第 46 册),上海书店出版社 1993 年版,第 765、766—767 页。

脐、地青、石勃卒、白袋、鲮鲤、龟、鳖、车螯、蛤、江珧、海月、西施舌、蚌、蚶、蛏、牡蛎、螺、土铁、鲨、蟹、沙蒜、虾。①

二、清朝晚期的浙江海洋渔业管理

　　清朝晚期,清政府海洋渔业管理最重要的职能仍是各种渔业赋税的征收和转解。道光年间(1821—1850),余姚起运银中,工部折色银项下,"渔课改折银五十一两五钱三分八厘八毫一丝九忽三微七尘五渺,路费银五两一钱五分三厘八毫八丝一忽九微三尘七渺五漠,渔户出办;雍正七年为坍没田粮案内无征渔课并路费银五十六两六钱九分二厘七毫一忽三微一尘二渺五漠,于该年新升田粮内拨抵完项,仍该前数"②。

　　光绪年间(1875—1908),嘉兴府外赋不入地科征:"本府天星、马场、鸳鸯、相家四湖河泊所课钞银七十七两七钱一分一厘,本府天星河泊所渔课并路费银一百六十八两二钱五分九厘零";"各县河泊所课钞银七十五两三钱七分四厘零,各县渔课并新加银七十三两二钱三厘零"③。其中,海盐县外赋不入地丁

　　①　[清]李登云、[清]钱宝镕主修,[清]陈珅总纂:《[光绪]乐清县志》卷五《田赋・物产》,1911年刊本,载上海书店出版社编:《中国地方志集成・浙江府县志辑》(第61册),上海书店出版社1993年版,第253、267—270页。

　　②　[清]邵友濂修,[清]孙德祖等纂:《[光绪]余姚县志》卷九《田赋下》,清光绪己亥年(1899)刊本,载上海书店出版社编:《中国地方志集成・浙江府县志辑》(第36册),上海书店出版社1993年版,第418页。

　　③　[清]许瑶光修:《[光绪]嘉兴府志》卷二十一《田赋一》,清光绪四年(1878)刻本,载上海书店出版社编:《中国地方志集成・浙江府县志辑》(第12册),上海书店出版社1993年版,第532页。

科征:"渔课并新加银二十六两二钱五分六厘零,渔户出办"①;"代征平湖县乍浦河泊所课钞银六十两三钱三厘零,渔户出办"②。平湖县外赋不入地丁科征:"渔课并新加银一十八两六钱七分二厘零,渔户出办"③。另有"渔户三百五十一名"④,其

---

① 据《[光绪]海盐县志》记载,清同治四年(1865),海盐县"渔课并新加银二十六两二钱五分六厘六毫,渔户出办";代征"平湖县乍浦河泊所课钞银六十两三钱三厘七毫二丝二忽零,渔户出办"。相关数据见[清]王彬、[清]徐用仪纂修:《[光绪]海盐县志》卷九《食货考一·赋额》,清光绪二年(1876)刻本,载上海书店出版社编:《中国地方志集成·浙江府县志辑》(第21册),上海书店出版社1993年版,第707、708页。

② [清]许瑶光修:《[光绪]嘉兴府志》卷二十一《田赋一·海盐县》,清光绪四年(1878)刻本,载上海书店出版社编:《中国地方志集成·浙江府县志辑》(第12册),上海书店出版社1993年版,第551—552页。另据《[光绪]海盐县志》记载,光绪年间,海盐县"代征平湖县乍浦河泊所课钞银六十两三钱三厘七毫二丝二忽四微,渔户出办"。相关数据见[清]王彬、[清]徐用仪纂修:《[光绪]海盐县志》卷十《食货考二·课程》,清光绪二年(1876)刻本,载上海书店出版社编:《中国地方志集成·浙江府县志辑》(第21册),上海书店出版社1993年版,第736页。

③ [清]许瑶光修:《[光绪]嘉兴府志》卷二十二《田赋二·平湖县》,清光绪四年(1878)刻本,载上海书店出版社编:《中国地方志集成·浙江府县志辑》(第12册),上海书店出版社1993年版,第557页。另据《[光绪]平湖县志》记载,平湖县外赋渔课银"原编二十两七钱四分七厘二毫六丝六忽五微,减免二两七分四厘七毫二丝六忽六微二尘,实征银一十八两六钱七分二厘五毫三丝九忽八微五尘,遇闰加征银(每两加闰银一钱七分一厘二毫六丝九忽六微八尘四渺二埃二织一沙)三两一钱九分八厘四丝,渔户出办"。见[清]彭润章修:《[光绪]平湖县志》卷七《食货中·田赋·征收银》,清光绪十二年(1886)刻本,载上海书店出版社编:《中国地方志集成·浙江府县志辑》(第20册),上海书店出版社1993年版,第173页。

④ [清]彭润章修:《[光绪]平湖县志》卷六《食货上·户口·渔户》,清光绪十二年(1886)刻本,载上海书店出版社编:《中国地方志集成·浙江府县志辑》(第20册),上海书店出版社1993年版,第153页。

"出办渔课各入田赋"①。平湖县起运银的工部折色银中,渔课改折银"一十两一钱六分五厘六毫一丝二忽五微",路费银(图5-17)"一两一分五厘五毫六丝一忽二微五尘",水脚银"一分五厘二毫二丝二忽六微",遇闰加正银"二两六钱二分二厘",闰加路费水脚银"二钱六分三厘六毫四丝";鱼胶新增时价银"二两四钱七分三厘六毫七丝二忽五微",路费银"二钱四分七厘三毫六丝七忽二微五尘",闰加"正银二钱三分四厘,加路费银二分三厘四毫";以上工部折色银中"外赋渔课二款一十三两九钱一分八厘四毫三丝六忽一微,遇闰折色一款加地丁银二十两二分八毫七丝八忽五微,外赋渔课银二款加三两一钱四分三厘四

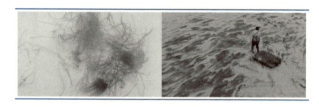

图5-17　浒苔

毫,解布政司库转解"②。石门县外赋不入地丁科征:"渔课并新加银一十三两二钱九厘零","河泊所课钞银八两三钱四厘零"③。桐乡县外赋不入地丁科征:"渔户并新加银一十五两六分五厘

　　① ［清］彭润章修:《[光绪]平湖县志》卷六《食货上·户口》,清光绪十二年(1886)刻本,载上海书店出版社编:《中国地方志集成·浙江府县志辑》(第20册),上海书店出版社1993年版,第151页。

　　② ［清］彭润章修:《[光绪]平湖县志》卷七《食货中·田赋·起运银》,清光绪十二年(1886)刻本,载上海书店出版社编:《中国地方志集成·浙江府县志辑》(第20册),上海书店出版社1993年版,第177页。

　　③ ［清］许瑶光修:《[光绪]嘉兴府志》卷二十二《田赋二·石门县》,清光绪四年(1878)刻本,载上海书店出版社编:《中国地方志集成·浙江府县志辑》(第12册),上海书店出版社1993年版,第561页。

零"，"河泊所额征课钞银六两七钱六分六厘零"①。嘉兴县河泊所"并于税课司，设大使一员征收，隶在府属，未详其额"②。

　　光绪年间，奉化蛤岸"原额六顷三十九亩二分五厘，弃置五顷八十一亩八分五厘七毫，内于康熙十六年展界复业，至二十九年起科升垦足额。实存蛤岸六顷三十九亩二分五厘，每亩征银一分四厘四毫，该银九两二钱五厘，以上赋役全书。今计蛤岸六顷七十一亩一分九厘八毫九丝，每亩征银一分四厘四毫九丝，该银九两七钱二分五厘，以上县册"③。(图 5-18)奉化外赋入地丁科征银中，"渔课并新加银九十两五钱六分八厘，除弃置

图 5-18　用于固定渔网的矼石

　　①　[清]许瑶光修：《[光绪]嘉兴府志》卷二十二《田赋二·桐乡县》，清光绪四年(1878)刻本，载上海书店出版社编：《中国地方志集成·浙江府县志辑》(第 12 册)，上海书店出版社 1993 年版，第 565 页。
　　②　[清]赵惟嵹修：《[光绪]嘉兴县志》卷十一《田赋上》，清光绪十七年(1891)刻本，载上海书店出版社编：《中国地方志集成·浙江府县志辑》(第 15 册)，上海书店出版社 1993 年版，第 183 页。
　　③　[清]李前泮修，张美翊纂：《[光绪]奉化县志》卷七《户赋·田赋》，清光绪戊申年(1908)刻本，载上海书店出版社编：《中国地方志集成·浙江府县志辑》(第 31 册)，上海书店出版社 1993 年版，第 100 页。

实荒银外,实征银八十四两五钱六分五厘,原系里甲征办,归经费用";外赋不入地丁科征银中,"河泊所课银三两二分七厘,原系渔户出办,归经费用",现"摊入地粮编征";地丁加闰全书编银中,"渔课新加一钱四分四厘,外赋不入地丁河泊所课钞加闰银二钱一分七厘"①。奉化起运加闰地丁本折全书编银中,"工部渔课改折银三两六钱八分一厘,除弃置外实征银三两五钱二厘;路费水脚银三钱六分九厘,除弃置外实征银三钱五分一厘。鱼胶新加时价银一钱三分一厘,路费银一分四厘"②。慈溪外赋入地丁科征银中,"河泊所课钞银七两七钱八分二厘六毫八丝,原系里甲出办,归经费用,嗣归入田地科征;带征河泊所课钞银九两三钱三分八厘一毫八丝,原系均瑶编征,抵充兵饷,嗣归入田地科征;渔课并新加路费银六十八两二钱八分三厘九毫七丝六忽六微七尘",以上"俱系随粮带征,即在地丁编征之内"③。慈溪工部折色银中,"渔课改折银三十八两一钱九分五厘八毫一丝六忽七微一尘二渺五漠,路费水脚银三两八钱六分一厘二毫一丝三忽六微三渺五漠,里甲征办;鱼胶新增时价银三两五钱一分九厘九毫九丝三忽二微六尘二渺五漠,路费银三钱五分一厘九毫九丝九忽三微二尘六渺二漠五埃,里甲征办,不久科

---

① [清]李前泮修,张美翊纂:《[光绪]奉化县志》卷七《户赋·田赋》,清光绪戊申年(1908)刻本,载上海书店出版社编:《中国地方志集成·浙江府县志辑》(第31册),上海书店出版社1993年版,第101、104页。

② [清]李前泮修,张美翊纂:《[光绪]奉化县志》卷七《户赋·田赋》,清光绪戊申年(1908)刻本,载上海书店出版社编:《中国地方志集成·浙江府县志辑》(第31册),上海书店出版社1993年版,第105页。

③ [清]杨泰亨提调,[清]冯可镛总修:《[光绪]慈溪县志》卷十二《经政一·田赋》,清光绪二十五年(1899)刊本,载上海书店出版社编:《中国地方志集成·浙江府县志辑》(第35册),上海书店出版社1993年版,第271页。

则每年于地丁项下每两科加"①。慈溪地丁加闰原额银中，"加渔课新加银三钱六分六厘七毫九忽七微三尘六渺二漠五埃，遇闰年分于地丁项下每两带征"②。慈溪起运本折加闰银中，"工部渔课改折银三两六钱七分七厘四忽六微一尘五渺六漠二埃五织，路费水脚银三钱七分一厘六毫三丝一忽九微六尘六渺九漠六埃二织五沙"；"工部鱼胶新增时价银三钱三分三厘三毫七丝二忽四微八尘七渺五漠，路费银三分三厘三毫三丝七忽二微四尘八渺七漠五埃"③。宁海"原额民涂田二百一十二顷三十三亩六分二厘二毫，顺治十八年全迁，康熙十一年展复升科涂田一十一顷九十八亩五分，(图 5-19)十二年展复八顷七十三亩八分；实在涂田二十顷七十二亩三分，按旧志七作九，顺治十一年奉文涂田每亩科银四分七厘三毫，科米三合七勺，康熙十一年每亩科银四分八毫，科米一升二勺八抄；除弃置外征银八十四两五钱四分九厘八毫四丝，征米二十一石三斗三合二勺四抄四撮"④。

① ［清］杨泰亨提调，［清］冯可镛总修：《［光绪］慈溪县志》卷十二《经政一·田赋》，清光绪二十五年(1899)刊本，载上海书店出版社编：《中国地方志集成·浙江府县志辑》(第 35 册)，上海书店出版社 1993 年版，第 273 页。

② ［清］杨泰亨提调，［清］冯可镛总修：《［光绪］慈溪县志》卷十二《经政一·田赋》，清光绪二十五年(1899)刊本，载上海书店出版社编：《中国地方志集成·浙江府县志辑》(第 35 册)，上海书店出版社 1993 年版，第 278 页。

③ ［清］杨泰亨提调，［清］冯可镛总修：《［光绪］慈溪县志》卷十二《经政一·田赋》，清光绪二十五年(1899)刊本，载上海书店出版社编：《中国地方志集成·浙江府县志辑》(第 35 册)，上海书店出版社 1993 年版，第 278 页。

④ ［清］王瑞成等主修，［清］张浚等纂：《［光绪］宁海县志》卷五《版籍志·田赋》，清光绪二十八年(1902)刊本，载上海书店出版社编：《中国地方志集成·浙江府县志辑》(第 37 册)，上海书店出版社 1993 年版，第 135—136 页。

图 5-19　东门渔港

　　光绪年间,定海"各乡涂田七十二顷五亩二厘九毫六丝六忽",整个清代数量多有变化,"实存田六十六顷九十四亩四分九厘一毫六丝九忽,实征银一百十二两四钱六分七厘四毫六丝三微九尘二渺,实征米四十石八斗三升六合三勺九抄九撮三圭九粒"①。其中,金塘、蓬莱、安期三乡涂田"五百十八顷八十四亩三分九厘六毫四丝七忽","每亩征银一分六厘八毫,该银八百七十一两六钱五分七厘八毫六丝六微九尘六渺;每亩征米六合一勺,该米三百十六石四斗九升四合八勺一抄八撮四圭六粟七粒"②。定海额外岁征项下,"涂租银九两一钱六分,车珠银一钱五分五厘七毫二丝";"涂税银一百四十六两二钱三厘","车珠银二两五钱二分八厘九毫四丝六忽八微五尘三渺六漠八织"③。

　　① ［清］王葆初等总理,［清］陈重威等总修:《［光绪］定海厅志》卷十六《志三上·田赋》,清光绪十一年(1885)刊本,《中国地方志集成·浙江府县志辑》(第 38 册),上海书店出版社 1993 年版,第 173 页。

　　② ［清］王葆初等总理,［清］陈重威等总修:《［光绪］定海厅志》卷十六《志三上·田赋》,清光绪十一年(1885)刊本,《中国地方志集成·浙江府县志辑》(第 38 册),上海书店出版社 1993 年版,第 173—174 页。

　　③ ［清］王葆初等总理,［清］陈重威等总修:《［光绪］定海厅志》卷十六《志三上·田赋》,清光绪十一年(1885)刊本,《中国地方志集成·浙江府县志辑》(第 38 册),上海书店出版社 1993 年版,第 182 页。

涂税银原本是采捕渔户承担,但因各渔户都来自鄞县,难以征收。此后因此产生诸多矛盾,"鄞、镇两县各为其民纷纷聚讼,前后凡六载,始蒙宪允计厂征收,每厂一间,上则轮税银四钱,中则轮税银二钱五分,下则轮税银二钱、一钱、八分不等"①。定海渔课(图5-20)并新加银"七两六钱一分八厘一毫七忽,原系渔户出办,今摊入地亩编征";渔课改折银"七两六钱一分八厘一毫七忽"②。

图 5-20　用于渔业捕捞的桐木浮子

光绪年间,镇海各乡"涂田九顷八十三亩二分六厘","实存田九顷八十三亩二分六厘,每亩征银一分六厘八毫,实征银一十六两五钱一分八厘七毫六丝八忽,每亩征米六合一勺,实征米五石九斗九升七合八勺八秒六撮"③。镇海外赋入地丁科征

　　① ［清］王葆初等总理,［清］陈重威等总修:《[光绪]定海厅志》卷十六《志三上·田赋》,清光绪十一年(1885)刊本,《中国地方志集成·浙江府县志辑》(第 38 册),上海书店出版社 1993 年版,第 182 页。

　　② ［清］王葆初等总理,［清］陈重威等总修:《[光绪]定海厅志》卷十六《志三上·田赋》,清光绪十一年(1885)刊本,《中国地方志集成·浙江府县志辑》(第 38 册),上海书店出版社 1993 年版,第 182、190 页。

　　③ ［清］俞樾:《[光绪]镇海县志》卷九《户赋·田赋》,清光绪五年(1879)刊本,《中国方志丛书·华中地方》(第 183 号),(台北)成文出版社有限公司 1974 年版,第 578 页。

银中,"河泊所课钞银三十一两四钱五分三厘,均徭编征抵兵饷用;带管河泊所课钞银二两四钱三分九厘二毫,里甲征办,归经费用"①。镇海外赋不入地丁科征银中,"渔课并新加银一十四两八钱九分三厘二毫九丝一忽二尘二渺,原系渔户出办,今归入地粮编征"②。镇海工部折色银中,"渔课改折银一十两六钱六分九厘八毫五丝二忽,路费水脚银一两八钱三分二厘四毫五丝四忽八微三尘二渺;鱼胶新增时价银一两一钱八分九厘一毫五丝二忽"③。镇海地丁加闰银中,"渔课额征并新加银一两三钱七分九厘七毫七丝九忽四微八尘三渺五漠,原系酒醋铺户、渔户出办,归经费用,今归入地粮编征"④。镇海起运本折加闰银中,"工部渔课改折银一两一钱三分二毫四丝七忽,路费水脚银一钱一分三厘一毫五丝三忽七微五尘一渺;工部鱼胶新加时价银四分一厘九毫四丝一忽五微七尘五渺,路费银四厘一毫九丝四忽一微五尘七渺五漠"⑤。另外,镇海海关"每年立夏起至止零设鱼

① 〔清〕俞樾:《〔光绪〕镇海县志》卷九《户赋·田赋》,清光绪五年(1879)刊本,《中国方志丛书·华中地方》(第183号),(台北)成文出版社有限公司1974年版,第606页。

② 〔清〕俞樾:《〔光绪〕镇海县志》卷九《户赋·田赋》,清光绪五年(1879)刊本,《中国方志丛书·华中地方》(第183号),(台北)成文出版社有限公司1974年版,第609页。

③ 〔清〕俞樾:《〔光绪〕镇海县志》卷九《户赋·田赋》,清光绪五年(1879)刊本,《中国方志丛书·华中地方》(第183号),(台北)成文出版社有限公司1974年版,第621页。

④ 〔清〕俞樾:《〔光绪〕镇海县志》卷九《户赋·田赋》,清光绪五年(1879)刊本,《中国方志丛书·华中地方》(第183号),(台北)成文出版社有限公司1974年版,第665页。

⑤ 〔清〕俞樾:《〔光绪〕镇海县志》卷九《户赋·田赋》,清光绪五年(1879)刊本,《中国方志丛书·华中地方》(第183号),(台北)成文出版社有限公司1974年版,第667页。

税厅,专征黄鱼税课鱼息,岁有旺衰,税银多寡无定"①。

　　清朝晚期渔业管理中一个最突出的特点就是渔民组织的出现和自我管理的逐渐成熟。明末清初,浙江沿海渔民在长期的海洋捕捞活动中逐渐形成以地缘和业缘为纽带的行帮组织——渔帮。渔帮在产生之后,对海洋渔业经济发展和渔船出海作业的安全曾起到积极作用,而渔帮集体化作业使渔业在后期的行业分工愈发明显。在出海捕鱼前,渔帮柱首负责将本帮渔船自行书烙编号,开册报官,过口查验。光绪六年(1880)三月十四日的《申报》刊登宁波鄞县颁布的《绥靖海盗告示》,明确了渔帮(图 5-21)柱首在其中的职责:

图 5-21　渔业公所《勒石永遵》碑

鄞县正堂石抄奉浙江补用道特授宁波府正堂加三级

---

　　①　[清]俞樾:《[光绪]镇海县志》卷九《户赋·关税》,清光绪五年(1879)刊本,《中国方志丛书·华中地方》(第 183 号),(台北)成文出版社有限公司 1974 年版,第 714 页。

纪录三次宗为出示晓谕事:奉头品顶戴兵部尚书巡抚浙江部院节制水陆各镇谭札开,照得宁台温州各属内外洋面时有行船被劫之案,叠经札饬严缉,报获者甚属寥寥。若不设法严杜盗蹿,何以靖海面而安商旅。夫盗匪不生于海中,必藉船只驾驶出洋方能伺劫。前据温处道以领照出洋船只往往影射为匪,请饬各属勒令封篷烙号,俾资查察等情。即经通饬遵办,恐未实力奉行。查沿海各邑渔船多于商船,其中良莠不齐,较商船更难稽察。定例沿海一应采捕及各色小船,地方官取具澳甲邻佑甘结,一体印烙编号给票查验,方准出口,立法本极周详。现在盗风不靖,自应申明定例,认真编查一次,以清盗源。除委员前赴各属会同查办外,合再札饬札到该府,立即转饬管辖洋面各属遵照,会同委员查照定例,出示晓谕,将境内所有一应商船大小船只,刻日拘集查验,询明船户籍贯姓名,造册登记,编定字号,一律于篷上船旁大书某号、某船及籍贯、姓名字样,以备稽考而资辨认,毋任匿漏抗延以及新造船只一体报官编写,方准出洋采捕营运,使匪徒无从影混,缉捕易于得手。仍责成巡洋舟师及守口兵弁认真查察,如无编写字号者即以匪船论。本部院为绥靖海洋起见,该府务须严饬各属实力遵办,勒限半月内查编峻事,造册申报。本部院当于查阅海口之便,亲访抽查验视,毋任草率违延及纵书役需索滋事等因。奉此并奉抚宪札委三品衔升用道即捕府郭会同各地方官认真查办,除已札饬传集税行、鲜咸货行,责成催督商渔各船,务各一律于篷上大书某县某船姓名,不准将字画缩小,编定字号并于船旁烙号书名,俾易辨认。其外来船只未及书烙者亦照温州办法,将该船籍贯姓名就近明白书写方准出洋外,合亟出示晓谕,为此示仰商渔各船暨税行、鲜咸货行并汛口兵役书吏人等一概遵照。凡未经书篷烙号之船户,务各遵照赶紧书烙,其税行人等务各加紧催督。现奉抚宪通札沿海水师严密稽查,此后洋面(图 5-22)遇有不书篷、不烙号之船户,即照匪船论。若各船户抗玩不遵,出洋后被舟师轮船因无书烙作匪船拿获,则身家性命不保,后悔莫及。故此举专为保全良莠商渔起见,绝非平日之挂验取费可比。本府已严饬各口书吏兵役不准藉此需索分文,如有藉此需索,准赴本府衙门指控。至于各乡小船户之向不领照者,此次若不书篷烙号,更恐出洋后误认匪船被获。此等小渔船闻向不与税行等经手,应责成何人催督照办,本府已饬县商之抚宪委员妥筹办法。如各该小渔船情愿自邀乡间绅董柱首自行书烙编号,开册报官,过口查验放行,本府自必为之严禁需索分文,亦尽可自邀绅董赴府县具禀也,其各遵照毋违,特示。①

图 5-22　峡山渔港

---

　　①　《绥靖海盗告示》,《申报》(第二千五百零四号),清光绪庚辰三月十四日(1880 年 4 月 22 日),第二页。

除了负责管理帮内事务之外,柱首还负责出面调解本帮内部渔民与其他渔帮渔民之间的矛盾。对于重大案件,渔帮柱首需要主动自首,协助官府的调查。光绪十年(1884)十一月二十八日的《申报》就报道了一件宁波奉化和象山渔帮渔民之间的纠纷,我们可以很清楚地了解渔帮柱首在其中所起到的作用。

> 宁郡奉、象等渔户暴悍殊常,动辄恃强械斗,虽当道严申禁令,而若辈愍不畏死,终觉野性难驯。奉帮渔人石涨贵曾欠象帮渔人林阿华之钱,屡向索讨,未经归赵。日前林邀同中人沈鱼来、沈小伙往索,一言不合,石即纠集同帮胡美悌、杨阿乃各逞威武,互相斗殴。林鸡肋不足当尊拳,以至受伤甚重,控诸定海厅,尚未集训,即由象帮董事蒋某与奉帮董事沈某带同各渔户到府自首。宗太守检查此案,谓本应由定海厅按名提究,姑念各具改过切结,尚知悔过自新,遂将石笞责五百板,胡杨各笞三百板。其奉帮之沈渔来、沈小伙作中索欠,虽无不合,然听众互殴,致林受伤甚重,其在场逞凶亦可不言而喻,因亦各笞五百,以示薄惩。林伤已告痊,从宽免究,随行文定海厅销案云。①

作为渔业基础的组织形态,渔帮在后来渔业公所和渔团建设中起到的作用是不言而喻的。而没有各地渔帮的配合,政府仅靠官兵的力量来有效管理在汪洋大海上漂泊的渔船几乎是不可能的。随着渔业捕捞、加工、销售的发展和渔帮竞争的日

① 《渔人鬮案》,《申报》第四千二百念四号,清光绪十年十一月廿八日(1885年1月13日),第三页。

益激烈,各地渔帮纷纷以地缘为纽带,成立更加严密的渔业组织——渔业公所。

关于渔业公所的职能,我们从奉化鱼汛公所的成立过程可大致窥探一二。光绪三十三年(1907)四月初七日的《申报》报道说:"奉邑沿海居民向以捕鱼为业,每届鱼汛,各渔船均驶至定海所属之衢山、岱山、东沙角等处一带洋面网捕。近以海面多盗,该渔民等因自备资斧,置办号衣,雇勇巡护,并在该处分设鱼汛公所,延董坐理,以免滋事。日前已公同会议举鄞县举人应朝光、宁海生员邬冠春、奉化廪生沈一桂充当董事,业由各渔民联禀奉化县,请给印谕矣。"①从报道中可以看出,渔业公所是由地方渔民为防备海盗自发成立的,其董事皆为地方有名望的乡绅,这非常有利于政府对公所的管理,而对渔民而言,渔业公所的董事由士绅担任可以有效地提升其声望,协调与政府的关系。(图5-23)如光绪三十四年(1908)三月十九日,定海岱山渔民要求公所董事出面,请求政府将渔盐课由提标中营改为绅

图 5-23 开洋节

---

① 《渔业公所举定董事:宁波》,《申报》第一万二千二百三十八号,清光绪三十三年四月初七日(1907年5月18日),第三张第十二版。

办。报道说:"定海岱山等处各渔船所需腌盐课两,向归提标中营营弁经收给引,嗣由各渔户邀请绅董出首,具禀运司改归绅办。近来运司又复札令标营仍照向章办理,各渔户因此集议,拟嗣后改归渔业公司经办,以免多所周折,未识运司能允准否。"①

渔业公所的职能主要有两方面:一是代表渔民与政府交涉;二是协调公所内部的纠纷,进而维护公所的秩序。清代浙江沿海经常有海盗出没,为了保证渔业生产安全,除了政府加强对海盗的围剿外,渔业组织自身也雇用武装保护出海捕鱼的渔船。如光绪四年(1878)四月初六日的《申报》报道:"向年宁波之渔船出洋,必另自雇船保护,名曰:'护洋船。'在后因红单船在洋捕盗颇资得力,海面肃清,故护洋船皆置之不用,上年红单船已裁撤。现在各渔户将次放洋采捕黄鱼,深恐猝遭盗劫,意欲在镇海口设立护洋局,置备枪船梭巡,已浼绅士具禀道辕,尚未知能批准否也。"②此外,渔业公所还要积极协助政府处理本公所内部违反国家法令、治安及其他危害海洋安全情事。正如时人所言,"内地外海设立公所,设有渔船被盗以及斗殴各事,只须就近报明公所,即为缉捕"③。在配合政府维护渔业秩序、解决渔业纠纷方面,渔业公所无疑起到了重要作用。这从宣统元年(1909)三月十三日和五月初九日《申报》的两则报道中可见一斑:

定属岱山南平渔业公所董事沈君禀称,屠仁美等

---

① 《渔盐又须改章:宁波》,《申报》第一万二千六百五十号,清光绪三十四年三月十九日(1908年4月19日),第二张第四版。

② 《捕鱼防盗》,《申报》第一千八百四十九号,清光绪戊寅四月初六日(1878年5月7日),第二页。

③ 《东湖月波居士来书》,《申报》第三千八百八十一号,清光绪十年正月初九日(1884年2月5日),第二页。

二人黝夜割网送案,请即究办。经史司马研讯,屠仁美等供称本山渔户前月新设登和公所,延聘镇邑刘绅崇焀为董事,身等均系该所丁役,梭巡后呑地面,南平公所系巡前呑。昨夜该所巡丁数名过船,诬为割网窃贼等语。司马得供后,知系同行嫉妒,即将屠仁美等交差取保,限令邀同刘绅来定讯断。①

甬郡某渔船于上月钞汛毕回湖,载有盐渍多斤,突被关员查获,照章完税五两,以充公用。该渔船心有不甘,遂赴岱山等处,扬言关员勒索渔税,亟宜设法抵制。当经渔民会议,与洋关为难,并约定于初三日一齐开驶至关前停泊,约计四百余号。果有洋员入舱搜查,该渔民等遂鸣锣掷石,洋员见势不佳,转身上岸,饬丁飞报道辕,由桑观察率领卫队驰往弹压不散,并要求道宪勒石永免,势颇嘈杂。观察当即传同该处乡约董事,谕令静候办法,毋得暴动,所有税罚,一概免去。各渔船遂解缆而去,其事始寝。②（图 5-24）

在维护内部秩序方面,渔业公所最重要的职能就是救济在渔业生产中伤残的渔民及其家属。如光绪二十三年(1897)三月十九日《申报》的一则报道:"宁波采访友人云,甬江渔业柱首于式荣等拟设渔业公所,凡渔人所售之鱼抽钱汇存所中,作为渔船遭风失足等情抚恤之费,具词禀请甯绍台道立案。道宪批示云:据禀拟设渔业合顺公所,抽钱汇存,以作渔船遭风失足等

---

① 《诬控巡丁之理由:宁波》,《申报》第一万三千十七号,清宣统元年己酉三月十三日(1909 年 5 月 2 日),第二张第四版。

② 《渔民因税滋闹详情:宁波》,《申报》第一万三千七十一号,清宣统元年己酉五月初九日(1909 年 6 月 26 日),第二张第四版。

图5-24　做船福

抚恤之费,事为善举起见,似尚可行。惟称售鱼每口抽钱二十
八文,有无一定斤数,该处渔船约有若干,是否众情允洽,必须
确查定议以杜流弊。仰定海廳速即查明核覆,详办饬遵毋
延。"①此时的渔业公所,还仅仅是维系政府和渔民之间的一个
中间组织,对渔业生产管理和渔业秩序维护更多的是靠公所董
事个人的威信,而不是行会规定。一旦董事的威望下降,其执
行力便会大打折扣。如宣统元年(1909)五月十四日《申报》的
一则报道:"定属岱山地方渔民王某,近因鱼胶被窃,鸣捕追查
不允,即纠众将捕役殴伤。厅主赴岱弹压,缉获到案。该帮渔
民数百人蜂拥至公堂,大肆咆哮。司马手持长刀,厉声嘶喝,如
敢聚众滋闹,格杀勿论。该渔民惧,始有稍稍散去。事后由公
所董事张瑞甫向官乞释,而王某等业经厅主严惩,已属不及。
于是该帮渔民以谓张董毫无势力,又聚众将公所捣毁一空,张

①　《月湖打鱼歌》,《申报》第八千六百廿二号,清光绪廿三年三月十
九日(1897年4月20日),第二页。

亦致受殴辱云。"①同时,地方官吏为了自己的私利,也会做出损害公所形象的事情来。如光绪五年(1879)十月二十六日《申报》的一则报道:"宁关道书吏黄甲,近在沙井头杨姓娼家包娼开赌,又私立护渔公所,惯放渔户之债。其弟黄乙倚仗兄势,平日欺诈渔户,无所不至。兹闻有某甲等被黄甲诱至娼家聚赌,旋因勒索赌欠,彼此争闹。经地保绅民等出为排解,不致酿成人命。当即禀诸府宪,邻人王兆山亦赴府具禀。宗太守立即详明道宪,请将书吏黄甲发县外,仰鄞县即提黄甲黄乙,传集王兆山等并该图地保,严究如何聚赌索欠,私立公所,索诈渔户情由,再行详办云。"②光绪三十年(1904)六月,"以捏造府示,私设公所巡船,诈扰商民、渔户,革浙江台州协标候补守备张鸿飞职并讯办"③。因此,强化对渔业及渔民的管理,仅仅依靠渔业公所的力量是不够的。(图 5-25)

图 5-25　手抛网作业

---

①　《渔民聚众之强横:宁波》,《申报》第一万三千七十六号,清宣统元年己酉五月十四日(1909 年 7 月 1 日),第二张第四版。

②　《革办书吏》,《申报》第二千三百七十五号,清光绪乙卯十月念六日(1879 年 12 月 9 日),第二页。

③　《清实录·德宗实录》卷五三二,光绪三十年甲辰六月丁巳条,中华书局 1986 年版,第 82 页。

　　清朝晚期,海防危机和海盗丛生严重威胁中国东南沿海社会秩序的稳定。如何动员沿海民众参与海防建设,成为中央政府和地方官员非常关注的问题。晚清早期改良派人士陈炽认为:"夫渔团者,当编查于平日,而不能取办于临时,当以防奸细、绝接济、禁登岸为功,而不能倚以为御侮攻坚之用。何以言之? 彼渔人者,皆中国之民也。其畏死贪利之心,亦与常人等耳,平日置诸度外,一旦有事,遽欲编之卒伍,置之前敌,驱之于枪林弹雨之中,虽黄金满前,白刃在后,犹有畏避不遑者,岂区区一纸公文遂能作其忠义之气乎?"①因此,他提出要发挥沿海渔民的作用,就要将其纳入政府常态化的军事管理制度中。而政府在参考乡团制度的建设后,提出在沿海举办类似乡团的地方防卫力量——渔团。光绪六年(1880)八月乙丑,在朝廷首肯下,山东巡抚周恒祺将山东省沿海团练"寓于保甲之中,变通办理,并饬沿海州县,挑选渔户,协防口岸"②。光绪十年(1884),清政府"檄沿海各厅县筹备组织渔团,浙江举办最力。旨檄既下,浙抚委大对渔船帮永安公所董事华子清为渔团总董,稽查渔民,编列保甲,给照收费,以供局中经费开支,有余例充渔民善举,或雇勇办护"③。同年正月初九,宁波知府宗源瀚带同邑绅查看渔团举办情况,并将弹压局勤参军调回宁波,协助渔团工作。④ 但因华子清"将所余经费专充其本帮护船之用,偏其所

　　① [清]陈炽:《渔团》,载赵树贵、曾丽雅编:《陈炽集》专著《庸书·外篇卷下》,《中国近代人物文集丛书》,中华书局 1997 年版,第 121 页。

　　② 《清实录·德宗实录》卷一一八,光绪六年庚辰八月乙丑条,中华书局 1986 年版,第 726 页。

　　③ 李士豪、屈若搴:《中国渔业史》,《中国文化史丛书》,商务印书馆 1937 年版,第 33 页。

　　④ 《东湖月波居士来书》,《申报》第三千八百八十一号,清光绪十年正月初九日(1884 年 2 月 5 日),第二页。

私,不顾他帮盗祸,六邑士绅,咸为不平,联名控告,渔团遂即取消,距开办时间仅九阅月耳"①。

　　虽然省政府撤销了渔团,但是地方对于渔团的探索仍在继续。光绪十一年(1885)三月初一日的《申报》发表评论文章,指出宁波开办渔团的必要性和可能性,"……孤拔在宁,以西人之引港者索价四万至七万,嫌其太巨,因电致巴德诺脱,请其在沪代雇宁波轮船之引港。巴使误会,雇得之后,迄无所用,彼之欲雇引港至于如是之急。设有汉奸引诱,告知法人,以此种人深知水性,熟谙海道,法人因而悬重利以啗之,则此辈正在无可为生之时,忽有此绝处逢生之地,岂有不为所诱者? 虽曰:法人在口外,若辈在口内,一时不易联络,然暗中潜煽,安知无人? 一或内变,其患滋大。故仆前者早经著为论说,谓沿海居民凡有谙于海洋业为捕渔者,皆当援照左侯相在两江时兴办渔团之法,编其丁口,籍为保甲,教以步武,使之守望相助,或竟招入兵籍,以防他变,原亦虑此辈或有意外之虞。今镇海沿海各居民至于无可谋食,不能迁避,而犹能坚忍不动,则其人亦类多略知大义,不肯蠢动,于以益见本朝德泽之厚,与夫官宪教化之深,实皆可怜而更可感者也……"②光绪十九年(1893),王炳钧在浙江台州创办渔团局,"废司营进出号金(图5-26),并临海县渔商牌照,旋改商办"③。

---

　　①　李士豪、屈若搴:《中国渔业史》,《中国文化史丛书》,商务印书馆1937年版,第33页。

　　②　《论镇海施赈之善》,《申报》第四千三百零九号,清光绪十一年三月初一日(1885年4月15日),第一页。

　　③　项士元:《海门镇志》卷三《机关团体·渔团局》,临海市博物馆编刊1988年版,第64页。

图 5-26　用于计数的柴爿码子

　　光绪二十一年(1895)二月,朝廷"因思渔团亦海防中之一事,未容轻忽,现饬沿海府厅州县及各防营,督同地方绅董查明渔户,编立渔团。江南、浙江、福建、广东等省海面广袤,港汊纷歧,若不认真举办,渔团设使为敌所用,尤属可虑,请饬妥筹办法等语。沿海举办渔团,藉以保卫海疆,免致为敌所用"①。其命令的出台恰逢中日甲午海战之后中国军队的惨败。在东南沿海海防空虚的背景下,政府为了重建海防体系,开始组织沿海渔民,以期稳定海上秩序。正因为如此,光绪二十二年(1896),浙江巡抚廖寿丰下令宁波、台州和温州三府所辖厅县于同年三月一律开办渔团。由丰南公所董事刘孝思拟订具体办法,经浙抚院批交布政司立案后施行。其章程如下:

<hr>

　　①　《清实录·德宗实录》卷三六一,光绪二十一年乙未二月癸丑条,中华书局 1986 年版,第 711 页。

（1）勤编查：合属各帮渔船，散处海滨，非在鱼汛之前，认真分别编查，不能尽归约束。应由各员董先期分赴各乡村，督率司巡，按户编册。凡渔船每十艘为一牌，立牌长一人；十牌为一甲，立甲长一人。由局重选其干练诚朴者专任之。其偏僻小村，渔船不满十艘者，听其四五艘或五六艘为一牌，务求实际，不必拘定成格。

（2）严互结：渔船领照，必令取具互结，以别良莠。如无互结，即由局董将该牌照扣押，取亲邻确实保结，方准给照出洋。

（3）严连坐：渔船中有作奸通匪者，起初形迹未露，偶被遮瞒误保，后经察觉，当具词禀局，该船犯事，始可与互结之船无干；但不许于犯事之日始行呈报。

（4）定赏罚：渔船出洋，如有奸通匪类等情，其同牌有能擒其首到官者，审实后即以该匪奸之船货，酌量赏给，以示鼓励。

（5）严稽查：渔船进出口岸，为鄞、奉、镇、象、定各厅及石浦、乍浦、沈家门等，均由各局董事，督率司巡，切实查验，并按船书蓬烙号以专责任，而绝弊窦。

（6）牌照：由局移厅县会印，然后给董收领，凭给渔船，庶厅县既不得置团务于事外，而胥吏亦无从索浮费于渔民。

（7）裁减规费俾渔民乐从：凡渔民向厅县领印照，缴费若干，现照减去二成，实收八成，从前未领厅县照现始编给者，即比较向领县照之船，一律酌减，其大船核收大洋二元，中船一元五角，小船一元。如墨鱼船小对船等，再减收五角，以示区别而资体恤。其各帮牌甲长旗号及墨鱼全帮旗号，（图5-27）均由局办给，不取分

文。至查验规费,照营台向收原数,减收五成,以充公
用。此外不准司巡需索留难,及勒取羹鱼,以除积弊。

图 5-27　标示渔具作业位置的浮标(洋花)

(8)墨鱼船帮:每船酌收照费洋五角。其洋提缴
宁局一千元,以备制旗照,并津贴局用之需;余归该帮
司员柱首薪水夫马支销。倘仍有盈余,即由该帮存
储,以备建造公所之用。每届鱼汛已毕,将同帮船数
并支销各款分项开列,榜示通衢,以绝浮冒。

(9)宁、定、镇三处:各立县局,以资办公,其沿海
各乡村及海岛,有另设分局办理者,有就渔业公所兼
理者,因地制宜;选派司巡编查,以资周密。惟奉、象
二邑,渔船较少,办理简易,毋庸特设县局,但就沿海
渔户繁盛处所,设立分局编查,以节经费。

(10)渔户牌甲名册:并各局董收支清据,每年于

十二月间汇造呈送。

（11）渔帮自雇护船：原属渔户等万不得已谋保护
生命起见，然误被匪类私护，恐致抑勒之害，嗣后渔户
禀请各宪，给发护照，应饬各局董确切调查，并无私护
抑勒情弊，始准由局禀请给谕，派弁督带。

（12）经收减成照验各费：除各局支销外，余款俟
年终提解宁波支应局专款存储，以便渔团要公之用。①

甲午战争之后，政府对沿海地区的控制力大大减弱，而沿
海渔团的组建恰好可以弥补这一不足。因此，清廷对于各地筹
备渔团之事非常重视并加以督促。光绪二十四年（1898）九月
己卯、十一月戊辰，朝廷先后两次谕令沿海各省督抚将本省筹
办渔团情形据实上奏。② 光绪二十五年（1899）正月丙辰，浙江
巡抚廖寿丰上奏："浙江宁波、绍兴、温州、台州，与嘉兴府属之
乍浦，沿海渔团，办有端绪，以卫海疆。"③至此，浙江沿海渔团的
筹建工作全面完成。

渔团开办后，宁属渔团委员为毕贻策、胡钟黔、李炳塈和刘

---

① 李士豪、屈若搴：《中国渔业史》，《中国文化史丛书》，商务印书馆
1937 年版，第 34—36 页。

② "谕军机大臣等，前经谕令各省办理团练保甲，著沿江海各督抚办理
渔团，以资联络。现在如何办法，著各将军督抚先行具奏。"见《清实录·德宗
实录》卷四三〇，光绪二十四年戊戌九月己卯条，中华书局 1986 年版，第 653—
654 页。"谕令各省举办积谷保甲团练各事宜，并谕沿江沿海将军督抚筹办
渔团，现在各该省筹议情形，究竟如何，著该将军督抚于奉到此次谕旨后查
明。如办已就绪，即行据实具奏。若尚未一律举办，应克日筹定章程，勒限办
理，毋再延宕。将此各谕令知之。"《清实录·德宗实录》卷四三四，光绪二十四
年戊戌十一月戊辰条，中华书局 1986 年版，第 700 页。

③ 《清实录·德宗实录》卷四三七，光绪二十五年己亥春正月丙辰，
中华书局 1986 年版，第 749 页。

凤岗4人,其经费最初由宁波支应局提供,其后就按照渔团章程向辖区渔民征收,征收项目主要是牌照费。① 在机构运行初期,渔团局的收入相对较多。据《中国渔业历史》记载,宁波渔团局仅牌照费一项收入就有"一万四千元"②。

　　从浙江渔团局的规章制度来看,显然第二次浙江筹备的渔团过程更加成熟,一方面廖寿丰将渔团纳入政府的管理部门体系,但是又给予其极大的自主权。就宁属渔团委员而言,毕贻策即为当时的鄞县知县③,(图5-28)分局则由各渔业公所董事兼理。如光绪二十五年(1899)二月二十日《申报》的一则报道:"宁波渔团局务向由鄞县毕大令办理,现奉宪札易委现任镇海县周大令

---

① 李士豪、屈若搴:《中国渔业史》,《中国文化史丛书》,商务印书馆1937年版,第36页。另《清实录》载:"有人奏沿海各县设立渔团领牌给照,莫不有费,暨台州盗匪肆行,抢劫团甲人等,结党分赃,并请禁止温州洋面官轮营船牌照等费。"见《清实录·德宗实录》卷三九四,光绪二十二年丙申八月己丑条,中华书局1986年版,第147页。

② [清]沈同芳:《中国渔业历史》渔捞第五,"宁波渔时渔船海产一览表",载《万物炊累室类稿:甲编二种乙编二种外编一种》(铅印本),中国图书公司1911年版,第39页。

③ 《清实录》载:"前据翰林院侍读学士济澂,奏保道员穆克登布、知县毕贻策,当经谕令刚毅等详查。兹据查明覆奏:'江苏候补道穆克登布,委办金陵厘局,逐年收数,均有加增,实不止如原奏八十万两之数。其毕贻策一员,就近咨查浙江。'据刘树堂覆称:'龙泉、鄞县,捐存动用谷石,均在光绪十五年。毕贻策到任后,并无捐谷数十万石之事。带勇一节,无凭查考。办理交涉事件,尚有未结之案。'查明该县令,并无政绩。是济澂原保,难保非专为毕贻策而发。其保穆克登布,系词知刚毅此次前往江南,委令该道稽查各局卡,因而借该道之声名,以见毕贻策之堪以并论。此等伎俩,难逃朝廷洞鉴。济澂著交部议处,嗣后内外臣工保荐人材,务须一秉大公,据实陈奏。傥并无真知灼见,撷拾风闻,率登荐牍,甚至瞻徇请托,巧市私恩,一经觉察,定当立予严惩,决不宽贷。"见《清实录·德宗实录》卷四四八,光绪二十五年己亥秋七月癸丑条,中华书局1986年版,第904—905页。从该文献中可知毕贻策时任鄞县知县。

兼办〇浙江巡抚刘景帅因三门湾防务吃紧,特委王太守书霖、李太守文慧陈统领玉昆履勘是处形势。月之十四日到甬,当晚即偕管驾布兼三渔团局练董刘道生乘宝顺轮船前往。"①就宁波渔团局的设置来看,宁波渔团局在宁波、镇海、定海、沈家门、蟹浦和石浦设置了分局,沿海各乡村及岛屿渔船较少的地方则由渔业公所代办相关事务。

图 5-28　鹤浦渔港

　　除了征收渔业税费外,渔团局的责任主要是在鱼汛期保证渔业安全,而这与当时海上安全形势恶化密切相关。正是海上渔业生产安全的日趋恶化,渔团的组建才一再被提及,宁波渔团局专门购买了大船作为护渔之用。在这里要注意的是,渔团局的护渔船主要是保护有牌照的渔船。就政府而言,为了加强对渔民的控制,同时保证海上安全,要求出海渔船必须向渔团局领取牌照。如清光绪二十九年(1903)四月十五日《申报》的一则报道:"江北渔团局胡明府查自接办以来,各渔户多有未领牌照出洋渔捕,一遇劫夺之事,玉石难分。现届鱼汛,诚恐渔民无知,仍蹈故辙。日前特出示谕,凡各渔户出洋捕鱼,(图 5-29)

---

　　① 《四明官场纪事》,《申报》第九千三百廿二号,清光绪廿五年二月二十日(1899 年 3 月 31 日),第二页。

须先赴局领取牌照,无得抗违,致干查究。"①

图 5-29　用于固定渔网的砖沉子

渔团的各种规约和办法,从实际办理的情形来看,多数地区流于形式,少数办得较好的地区,初期由渔团一家公开向渔民征收费用,对于减轻渔民负担有些作用。而在鱼汛收获不佳的时候,渔团局也会酌情减免牌照税。如光绪三十年(1904)八月十七日《申报》的一则报道:"宁属各渔户因今岁墨鱼收获不佳,齐赴船局吁请暂免照费,俟来年一律呈缴。局员胡大令禀请宁波府尊喻太守转详省宪,现已邀准,遂于某日出示晓谕矣。"②

不过,渔团从渔民手中收取的大量费用,其大部分并没有投入渔业建设,而是被地方政府挪作他用。如光绪三十二年(1906)八月二十一日《申报》《改办渔船经费拨充乡约学堂经费:宁波》的报道:"鄞邑举人郑彬瑞等日前联名具禀宁府署,呈请将宁属渔船牌照余款改归渔户承办,以便将照费分充该处乡约、学堂两项经费。府尊喻庶三太守批示云,此项余款向由局员经收,拨给永安会充作善举,现该绅等拟将此项余款改归渔户承办,并由绅等经理,移缓就急,分充乡约、学堂两项经费,同一正用,自应准行,候

① 《甬郡官场纪事》,《申报》第一万七百九十五号,清光绪廿九年四月十五日(1903 年 5 月 11 日),第三页。

② 《甬江杂志》,《申报》第一万一千二百九十五号,清光绪三十年八月十七日(1904 年 9 月 26 日),第三页。

札饬渔团局遵照可也。"①而据光绪三十四年(1908)七月十三日《申报》的一则报道:"许邓太守日前具禀宁道,略谓印山偿款,除在渔团项下尽数提拔,仅得洋二千一百余元,不敷尚巨。现拟于去岁绅富借款办米项下暂拨洋五千元,又于临海志书存款内借拨洋三百元,足成七千四百元之数。惟绅富借款、临海志书两项均须归还,仍拟将渔团款截存,分年摊还。俟各款还清后,所有渔团存款拟即截留,拨作常年印山学款及警察经费之用,将来尚求宪台主持批准立案。并谓此次印山偿款,交付天主堂,应请宪台派员来郡,会同临海县孙令,将偿款学堂两面一齐交点,掣取李教士收据签字为证。其收据如何收法,(图5-30)并恳颁定程式,以便遵行云云。日前喻道据禀已电邀台府来署商办矣。"②可见当时渔团局征收的经费被挪作他用,并非个案,而是有一定的普遍性。这种情况当然不利于渔团主要职能的履行。

图 5-30　昆布

①　《改办渔船经费拨充乡约学堂经费:宁波》,《申报》第一万二千零二十三号,清光绪三十二年八月廿一日(1906年10月8日),第二张第九版。

②　《筹拨印山学堂赔款:宁波》,《申报》第一万二千七百五十九号,清光绪三十四年七月十三日(1908年8月9日),第二张第二版。

第六章 ≫——
民国时期的浙江
海洋渔业

　　进入 20 世纪,浙江海洋渔业的发展随着朝代更替得到质的改变,自清朝晚期开始的渔业现代化在这一时期逐步加速。总体而言,这一时期浙江海洋渔业呈现出传统与现代并存的发展模式。在渔业捕捞方面,以舟山群岛周边海域为主的浙江近海海面,不仅有大量传统的木帆船渔业捕捞,也有吨位较大的钢制动力渔船捕捞。这一时期,以舟山渔场为主的浙江沿海渔业捕捞区域中,传统水产捕捞方式无论是捕捞工具还是捕捞方法都已经非常成熟和细化,主动捕捞成为传统水产捕捞的主要形式。同时,随着大量动力渔轮投入舟山渔场,现代化的拖网和手操网作业也逐渐发展并壮大,成为浙江海洋渔业捕捞的重要组成部分,并在水产捕捞中占据优势地位。在水产养殖方面,浙江沿海已经形成宁波和温州两大养殖区域,宁波的象山、奉化和温州的乐清养殖的蛏、蚶、牡蛎是这一时期浙江最典型的沿海养殖产品,并形成一定的知名度。值得注意的是,随着新式水产教育的普及和水产人才的培养,相关文献材料所展示出来的人们对于海洋生物的认知已经非常科学。在政府和水产学校的支持下,相关学者对于民国时期的养殖业均有非常详细的实地调查和相应的调查报告,这为我们了解当时浙江的海洋渔业发展情况提供了非常重要的历史文献。而这些也是民国时期浙江海洋渔业发展最重要的特点。

一、民国时期的浙江海洋渔业捕捞

　　民国时期浙江沿海的水产品捕捞既有传统的小帆船捕捞，也有现代化的渔轮捕捞。以传统帆船捕捞而言，浙江沿海已经形成五个大的渔业区，分别是杭州湾北岸的乍浦、舟山群岛的沈家门、三门湾的石浦、台州的海门和温州湾的玉环。其中，乍浦"北连苏省之金山卫，南接渔盐之澉浦镇，乍芜铁路已在兴筑中，外口西山列岛为产鱼繁盛之区"；沈家门"为舟山群岛之渔业根据地"；石浦(图 6-1)"在三门湾口，为中山先生指定渔业港之一"；海门"为台州六县通商之海口，临海、黄岩、温岭之渔船，均以此为出口"；玉环"为省南重要渔区"①。民国时期，浙江沿海渔场规模已经非常成熟，主要的渔业有大黄鱼渔业、小黄鱼渔业、乌贼渔业、带鱼渔业和鲥鱼渔业等。

图 6-1　石浦渔港

---

　　①　李士豪：《中国海洋渔业现状及其建设》，商务印书馆 1936 年版，第 94、95 页。

（甲）大黄鱼渔业：大黄鱼栖息于浅海沙泥质之内湾，春夏之交到近海产卵。初因水温尚低，居于下层，及水温较高，鱼亦上浮，冬季则潜伏外海之下层。渔期自春分节至小满节，尤以谷雨至夏至为最盛。渔场在衢港及黄大洋鱼山、羊山一带，因其地产大黄鱼特多。台州洋及石浦附近，亦为大黄鱼渔场。渔船以临海之红头对、宁海之花头对，温岭之白底对为主。宁属各帮亦不少，均集中于岱山。每年鱼汛时，岱山各帮渔船，在万艘以上，渔获额每年约四五百万。渔获之鱼，大都在洋面售于贩鲜船，运至上海、宁波。由岱山、衢山之鱼厂收集制鲞者亦不少，直接间接以大黄鱼渔业为生活者不下十万人。惟近年以渔获减少，鱼价惨跌，日趋破产，深为可虞。

（乙）小黄鱼渔业：小黄鱼渔业为近年来渐行注意之渔业。小黄鱼春季来游近海，以海底平坦之沙泥质，水深约十寻之处，为最适宜。其洄游状况，自南而北，大都群集而游。故其采捕地点，亦由南而北。冬季至春季初渔场在桃花、六横及浪岗之南方，大都集中于沈家门。至清明相近，乃以嵊山附近为根据地。普通在舍山洋捕捞之渔船，以大对船拖网为主，渔获额约七八百万元。

（丙）乌贼渔业：舟山群岛之乌贼渔业，亦占重要之地位。乌贼栖息于海底岩礁之间，四、五月间游至沿海岛屿产卵。渔场北自马鞍群岛，南至桃花岛近海，以中山街列岛、青滨、庙子湖一带为最盛。渔期以四月至五月底止为盛期。渔具分乌贼拖网及墨鱼笼、照船、墨鱼排等数种，产额年达二三百万元。晒干制鲞名螟蝛鲞，销江西、福建、广东及南洋。

（丁）带鱼渔业（图 6-2）：带鱼栖息于远洋之深海

底,八、九月间,至内湾产卵,其洄游状况大都由北而南,游于水之中层。渔期自九月上旬至十一月中旬,尤以九月下旬至十一月上旬为多。渔场在定海、长涂等处,每年渔获额约二百万。

图 6-2　带鱼(俗称:小眼睛带鱼、雷达网带鱼)

(戊)鳓鱼渔业:鳓鱼初夏时群游于沿海产卵。渔场以岱山附近为最著名。渔具为摇网、流网、张网。衢港一带,鳓鱼流网颇盛。渔期自清明至大暑,约一百二十日,产额约十万元之谱,大半销乍浦。[1]

以上为浙江沿海主要渔业。根据捕鱼工具的不同,浙江沿海渔船数量和渔期、渔场也多有差别。(表 6-1)

表 6-1　浙江沿海渔船、渔获物种类统计表

渔业种类	船数	人数	渔期	渔具	渔场	渔获物
大对船渔业	约千对		长船:八月至次年五月;短船:八月至次年三月;春船:正月至三月	对网属船泄网类	北起江苏吕四洋,中经嵊山、四礁、黄龙、马迹、大戢、浪港、衢山、岱山、青滨、庙子湖,南迄东霍东南及韭山洋面	小黄鱼、大黄鱼、乌贼、带鱼、鳓鱼、米鱼、鲳鱼、蟹等

[1]　李士豪:《中国海洋渔业现状及其建设》,商务印书馆 1936 年版,第 95—97 页。

渔业种类	船数	人数	渔期	渔具	渔场	渔获物
小对船渔业	二千五百余对	每船四人至八人	清明至夏至	大对网	衢港、黄大岙及岱山、长涂港等处	黄鱼、带鱼、鳗鱼为主,鲳鱼次之
大莆网渔业	一千四百余艘	四人至五人	秋季三月至六月,端午最盛	大莆网属敷网类	舟山群岛衢港、洋山、黄大洋一带	大黄鱼,次黄花鱼、鲳鱼、墨鱼、鳓鱼、鳗鱼、鳓鱼、海蜇
溜网渔业(图6-3)	约二千一百艘	每船七八人	四月至八月	流网(大流及小流)	洋东南大小用山、衢山、岱山、乌沙门、庙子湖、舟山群岛马迹及吕四洋	黄花鱼、鳓鱼、鲽鱼、蟹等
张网渔业	一千一百余只		清明至夏秋季	黄鱼张网(墨鱼张网)及海蜇张网	舟山群岛、台州列岛、鸟晌江、南韭山、金漆门、蛇幡等	大黄鱼、墨鱼、鳓鱼、鲳鱼、马鲛鱼、海蜇
乌贼渔业	约四百四十只		四月初至五月底止	笼捕或网捕(拖网)	舟山群岛、中街山群岛,自大西嘴至东伏山止,分东嘴、米拉、花阿张、小板、黄兴、庙子湖、青滨、西鹤、东伏等处	乌贼

续　表

渔业种类	船数	人数	渔期	渔具	渔场	渔获物
钓鱼渔业	拉钓三十余只;小钓约九十只;福建钓船	六七人;十八九人	全年以春秋二季为盛	鲨鱼钩钓	坎门、石浦、青滨、庙子湖、沈家门一带	带鱼、黄鱼、鲨鱼、鳗鱼;带鱼
串网渔业	二百六十只		终年		舟山群岛	黄花、虾、蟹、杂鱼
虾罗渔业	七十只		二月至六月;八月至二月		上下大陈、一江东西廊	杂鱼、虾

资料来源:李士豪:《中国海洋渔业现状及其建设》,商务印书馆1936年版,第97、98页。

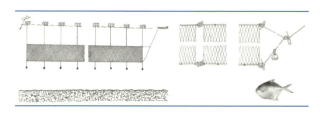

图6-3　鲳鱼流网

　　从表6-1可以看到,进入民国后,浙江海洋渔业中渔船有了更加细致的划分,按照其驾驶形式和渔具种类可分为"对船""网船""钓船"和"莆船"。民国时期,尽管政府开始推动新式动力渔船捕捞,但浙江沿海渔民根本无力置备机动船,只有行会把头的渔业团体或研究水产机构才有能力作为试用之用。根据1936年《浙江实业志》和南京国民政府实业部调查统计所得,将浙江沿海渔船构造和数量情况略加叙述:

（一）大对船。船长 46.75 英尺，阔 7.5 英尺，深 4
英尺（煛船深 3.5 英尺），首高 8 英尺，尾高 8.75 英
尺。中部分作三大舱一小舱（从驶风帆到大梁）用以
盛鱼；大梁前面有四小舱，为渔民休息之所（并供有神
佛）；驶风梁的前面也有三舱，为贮藏食物和饮水之
用。桅高 49 英尺，舵长 8.25 英尺，阔 2.25 英尺。造
船原料，横材用樟木，直材用松木。浙江约有 6000
只，但 1933—1937 年间各方面的统计数，人言人殊，
如 1933 年出版的《浙江实业志》的数字为 1000 对
（2000 只），其分布情况计定海 550 对，鄞县 450 对。
而 1935 年浙江省水产试验场的统计，为定海 500 对，
鄞县 106 对，镇海 6 对，共只有 612 对；到 1937 年统
计，则春季为 720 对，冬季为 800 对，相差甚远。

（二）小对船。船长 23.75 英尺，阔 4.75 英尺，深
3.25 英尺，有梁 3 道，肋骨 8 道，首高 1.5 英尺，尾高
1.75 英尺。全省约有 6000 对。但根据 1933 年《浙江
实业志》报告仅有 2500 对，其分布情况，计定海 240
对，象山 120 对，临海（红头）1100 对，温岭（白底）550
对，宁海（花头）350 对，黄岩 100 对，其他玉环、乐清等
处（红头）40 对。而 1935 年浙江水产试验场的统计为
定海 40 对，临海 836 对，宁海 320 对，南田 124 对，镇
海 10 对，瑞安 31 对，平阳 230 对，乐清 114 对，永嘉
122 对，玉环 628 对，温岭 680 对，黄岩 18 对，象山 120
对，共计 3273 对。

（三）大钓船。为母船式延绳钓船（图 6-4），船的大
小不一定，船上有舢板船 4 只。到远洋捕鱼，其作业全
靠舢板船，操作者大多数是福建人，浙江以玉环人最

多,其他各县很少。因其以浙江的玉环和温岭为根据地而在浙江海面捕鱼,所以也可以说是浙江渔船和渔具的一种。据 1935 年的调查,玉环有 157 只,温岭有 84 只。

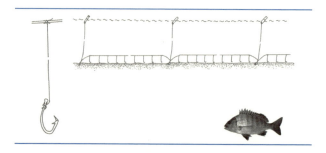

图 6-4　黑鲷延绳钓

(四)小钓船。为本船式延绳钓船,也是福建和玉环人所经营。这种渔船强固耐用,堪航力大,浙江渔民仿造的很多,船长约 36 英尺。抗战前在浙江共有 1000 只左右,据 1935 年的调查,共有 1396 只,计在温岭的 678 只,在定海的 32 只,在玉环的 686 只。

(五)流网船。船长约为 46 英尺。据《浙江实业志》统计,在定海有 300 只,临海和宁海共有 650 只。但据 1935 年的调查,则定海为 460 只,临海为 360 只,宁海为 260 只,平阳有 175 只,玉环 175 只,镇海 63 只,温岭 30 只,乐清 25 只,永嘉 27 只,共计 1575 只,其中又分为大流、中流、单流三种。

(六)大莆船。又名大捕船,其构造和大对船相同,但船幅比较阔 1—2 英尺,可以载重 10—20 吨。全省约有 800 只,据《浙江实业志》报告则有 1429 只,计定海 594 只,奉化 470 只,鄞县 220 只,象山 120 只,镇海 25 只。但 1935 年的调查则定海为 240 只,奉化 470 只,鄞县 39 只,象山 94 只,镇海 4 只,宁海 44 只,共计 891 只。

（七）张网船。（图 6-5）分为三种,大规模的可载重 10 吨,小规模的可载重 5 吨左右,海蜇张网可载重 5－6 吨。据 1935 年调查,定海 498 只,临海 35 只,温岭 122 只,象山 48 只,南田 46 只,玉环 356 只,宁海 72 只,镇海 49 只,瑞安 197 只,平阳 518 只,永嘉 53 只,乐清 60 只,共计 2054 只。

图 6-5　张网船

（八）墨鱼船。有大小两种,大的相当于小对船,惟船身比小对船长 3 英尺左右,多一道梁;小的就是舢板(船照火诱船也属于这一种)。死笼捕船就是"台州小白底",船长 16.5 英尺。活笼捕船是"温州舢板"和"竹筏",船长 16.75 英尺。据 1935 年调查,全省共有 2610 只,计鄞县 990 只,定海 420 只,玉环 350 只,温岭有笼捕船 240 只,网捕船 422 只,平阳有笼捕船

188 只,网捕船不详。

(九)舢板。舢板是一种作业上的辅助船,长约 20 英尺,构造简单,造价很低。内河的"落水船""巡荡船""渔舟"均属于这一类,在东海大约有 6000 只,内河则难以估计。

(十)冰鲜船。是一种加工和运销的杂用船,约有 1000 只,分布在上海、南京、乍浦、宁波、临海、永嘉各地,大小不一样。①

浙江渔船的差异主要体现在船只所载网具的不同,不同渔船本身的形制差别不大。以鲳鱼流网渔业作业渔船为例,其长 50—56 尺,阔 10—13 尺,深 4.5—5 尺,载重 300—360 担。船壳甲板等直材,多用杉木;而肋骨横梁等材,多用桑据。全船共分十二舱:①淡水舱;②网舱;③出水舱;④脱鱼舱;⑤鱼舱;⑥渔船;⑦网舱(贮干网);⑧出水舱;⑨绳舱;⑩火舱;⑪淡水舱;⑫卧舱[位于⑨⑩⑪三舱之上,另加棚盖,作为全船人员卧室]。渔船桅杆共三枝:大桅一枝,备桅一枝,各长 50 尺余;小桅一枝,长 40 尺余。渔船有舵一个,备舵一个,橹二枝;大锚一个,副锚一个;大帆一领,小帆一领。另外,渔船还有锚索,长 40 寻,重 40 斤,三股捻合,每股以大麻为心,外包藤皮,索径 3 寻,共计三根②。

———————————

① 曾寿昌:《浙江渔业史料述要》,载浙江省政协文史资料委员会编:《浙江文史集粹》(经济卷),上册,浙江人民出版社 1996 年版,第 70—72 页。

② 朱通海:《镇海县渔业之调查》,《浙江建设》第 10 卷第 4 期,1936 年 10 月,第 9—10 页,载民国浙江史研究中心、杭州师范大学选编:《民国浙江史料集刊(第二辑)》第 41 册,国家图书馆出版社 2009 年版,第 107—108 页。

　　根据 1935 年金之玉的调查,定海县比较有代表性的捕捞
方法有大对网、网捕墨鱼。

　　大对渔法(图 6-6):当到达目的地后,由煨船老大
发令下网,网船渔夫即各就各位,将曳网之一端,抛予
煨船,煨船即将其缚于左舷中央部,网船之头目,乃将
曳网渐次松出,继投翼网,囊网终以网船方曳网松出,
将末端缚于右舷中央部,曳之而行,约一小时起网一
次。起网时仍由煨船老大下令,船首相对而进,至接
近时,煨船乃将曳网交还网船,由网船起出。①

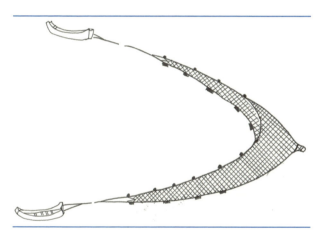

图 6-6　背对网作业

　　网捕墨鱼渔法:船至相当地带后,视潮流方向,将
船摇向潮上,由司网渔夫,顺潮将网投入海中,继使沉

---

　　① 金之玉:《定海县渔业之调查》,《浙江建设》第 9 卷第 4 期,1935
年 10 月,第 23 页,载民国浙江史研究中心、杭州师范大学选编:《民国浙
江史料集刊(第二辑)》第 37 册,国家图书馆出版社 2009 年版,第 169 页。

子网及浮竹与船舷并直放下，然后视水深程度，将曳网徐徐放出，至接近海底而网地不致破损为适度。放网既毕，司橹司桨之渔夫各竟全力，顺潮摇去，司网者须深悉海底状态，而伸缩其曳网，因墨鱼大多为养殖而来，喜洄游于接近岩礁之处，以冀附着产卵，如曳网过短，则渔获必缺，如曳网过长，则渔网容易破损；故司网者非热知渔场状态不可。拖网时间，因渔场之大小而有不同，普通一二十分钟，起网时，司橹者即停止船之前进，司网者即引扬曳网，至浮竹及水面时，司橹者急操船向拖网之舷回转，使浮竹与船舷并行，司网者乃将浮竹双手举起，使沉子网起入船内，而后放下浮竹，操扬网具，及囊底，乃将囊底之缚网解放，倒出渔获物。每次渔获成绩，因网手之技能优劣不同，大有高下，多者数十只，少者数只，甚至全无。如网地损坏，立即驶回根据地，另换一网（或有预备放置船中者）继续作业，须得工作略暇，再事修补。每日工作时间，普通晨四时至日没，惟在盛渔期间，往往操作至二十小时者。此种渔业，在上下层潮流不一致时，即不能下网。①

死笼笼捕墨鱼法：鱼汛将届，事先将总网三四条连为一组，俗称一行，抛入海中（普通每船抛三行，约竹笼三〇〇只），二端各沉以重约三〇〇斤之沉石，以保行地；二端各五寻处，各附长三呎径1/2呎之圆筒浮标，并书以业主姓名；同时整理竹笼等物。至鱼汛，则每一总网结附二六至二八只竹笼，以待鱼类。普通每天平潮

①　金之玉：《定海县渔业之调查》，《浙江建设》第 9 卷第 4 期，1935年 10 月，第 25 页，载民国浙江史研究中心、杭州师范大学选编：《民国浙江史料集刊（第二辑）》第 37 册，国家图书馆出版社 2009 年版，第 171 页。

时,起笼一次。其法将渔船载渔夫三人,一人摇橹,一人划桨,一人作预备工作,或更橹替换,驶至行地,则一人摇橹,二人起笼,起笼者先将浮标捞起,再取得总网,于是向反对方向,依次将笼起上仍放下。有鱼之笼,则将鱼类倒入船内,再行放下,一行起毕,另起一行。①

活笼笼捕墨鱼法(图6-7):与死笼略同,然渔场较死笼为远,水亦较深,是以作业时较死笼劳苦。起笼时,每将全行之笼及总网全部起上,渔获物倒出后,再行放下;故总网两端之沉石,祇百斤左右,以便起上放下。作业时亦较死笼为长,因渔场较死笼离岸为远,一轻大风浪,必有若干竹笼流失。②

图 6-7　地笼网作业

---

① 金之玉:《定海县渔业之调查》,《浙江建设》第9卷第4期,1935年10月,第27页,载民国浙江史研究中心、杭州师范大学选编:《民国浙江史料集刊(第二辑)》第37册,国家图书馆出版社2009年版,第173页。

② 金之玉:《定海县渔业之调查》,《浙江建设》第9卷第4期,1935年10月,第28页,载民国浙江史研究中心、杭州师范大学选编:《民国浙江史料集刊(第二辑)》第37册,国家图书馆出版社2009年版,第174页。

船照火诱墨鱼法:黄昏时驶至渔场,将船抛定,于张竹之前艣及船舷各系滑车一个,张竹斜向上方伸出海面而固缚之,并将网与引扬网连结,而将四周分别通过四滑车,船舷之中央,立一叉状竹架,为搁置火篮之用。网之四角,结附沉石。俟天黑,火篮生火,诱集鱼群,普通每五分钟起网一次。起网时,一人执定火篮,二人或四人分将引扬网西扬,绿网出水时,乃以挡网将渔获物起出。①

大捕网渔法:大捕网船驶抵渔场后,先将二木锚投下,然后将网敷定,乃将囊口上方之网结系浮竹,而投入海中,于是网受潮而张开网口,使鱼类陷入其中,待平潮即起网,每天起网二次。②

流网渔法:视渔船之大小,用网亦有多少,自五十把、百余把不等,先将各网地接连之,到达渔场后,观察潮流之方向,然后顺次将网投下,同时延下浮筒。下网时,操橹或张帆使船前进,迨至末端,即将网纲系于船侧,于是顺潮而流。一俟平潮,耶行起网。每日起下网各一次,每月通常出海二次,概在大潮时也。③

① 金之玉:《定海县渔业之调查》,《浙江建设》第9卷第4期,1935年10月,第29页,载民国浙江史研究中心、杭州师范大学选编:《民国浙江史料集刊(第二辑)》第37册,国家图书馆出版社2009年版,第175页。

② 金之玉:《定海县渔业之调查》,《浙江建设》第9卷第4期,1935年10月,第30页,载民国浙江史研究中心、杭州师范大学选编:《民国浙江史料集刊(第二辑)》第37册,国家图书馆出版社2009年版,第176页。

③ 金之玉:《定海县渔业之调查》,《浙江建设》第9卷第4期,1935年10月,第31—32页,载民国浙江史研究中心、杭州师范大学选编:《民国浙江史料集刊(第二辑)》第37册,国家图书馆出版社2009年版,第177—178页。

张网渔法:在未到渔期之先,择定渔场行地,而在海水中竖一木桩,名曰打根或打桩(每一桩张一网),然后设竹架。至渔期,将网张上竹架,网因水流关系,面向潮张大,"使鱼陷入网中。待平潮时,水流慢而竹架浮起,即可起网倒鱼,以次全行倒毕,则扬帆归港。倘一船平潮时不及倒完,则用舢板协助之。每日一次,每半月换网一次,以期晒干烤补。在夏天水温高时,则每四五天换网一次。但海蜇网则必待不能应用时,始行更换"。[1]

钓鱼渔法:每船备五〇篮左右之钓钩,备齐饵料,至渔场后,先用大椗或木锚抛入海底,将船扣定,然后将饵以次施放,每间三篮用小椗及浮标扣住总线,又有八斤左右之沉石,系于椗尾,使之压沉海底,将全行钓连而为一,末端用一大浮筒。鱼见饵而吞噬,若空钓钓,因潮涨落,鱼着钩后,亦动他钩,亦随而附集,令不得脱逃,此捕大鱼之法也。每平潮起钩一次。[2]

根据 1936 年朱通海的调查,宁波镇海比较有代表性的捕捞方法有鳓鱼流网、鲨鱼流网、挑捕、浅水插网、打桩张网、篙建网和芦建网等,其捕捞方法分别如下:

---

① 金之玉:《定海县渔业之调查》,《浙江建设》第 9 卷第 4 期,1935年 10 月,第 33 页,载民国浙江史研究中心、杭州师范大学选编:《民国浙江史料集刊(第二辑)》第 37 册,国家图书馆出版社 2009 年版,第 179 页。

② 金之玉:《定海县渔业之调查》,《浙江建设》第 9 卷第 4 期,1935年 10 月,第 35 页,载民国浙江史研究中心、杭州师范大学选编:《民国浙江史料集刊(第二辑)》第 37 册,国家图书馆出版社 2009 年版,第 181 页。

鲻鱼流网渔法（图 6-8）：渔船一艘，渔夫六至八人，载渔网四〇〇顶及淡水米柴等，于清明节后，展帆出渔。抵渔场后，老大即命渔夫接连渔网及浮沉子等，整理妥当，至天晚时乘风下网（日间畏匪恐遭劫掠），先投下浮标，继则渔网浮沉子等。老大在后专司舵柄，指挥全船一切事项。工作完毕，则进舱休息，留渔夫一人，在外轮流看守渔网。天明起网，渔夫三人起上网，其余渔夫起下网兼脱渔获物。全网起完后，即抛锚卸帆，整理渔网及盐制渔获物于鱼舱。如是俟渔船满载或在外半月后，即返港卖鱼，并添装食粮淡水，或拷染渔网等事，数日后再行出渔，至大暑节鱼汛终了为止。[①]

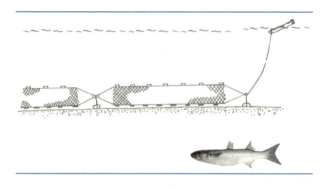

图 6-8　鲻鱼流网

鲨鱼流网渔法：船抵渔场，将渔网八〇顶连缀完

①　朱通海：《镇海县渔业之调查》，《浙江建设》第 10 卷第 4 期，1936 年 10 月，第 10—11 页，载民国浙江史研究中心、杭州师范大学选编：《民国浙江史料集刊（第二辑）》第 41 册，国家图书馆出版社 2009 年版，第 108—109 页。

成,乘风下网,每日夜各渔捞一次,如遇水深五〇至六
〇寻之处,则每夜下网一次。处理渔获物,白露至立
冬用盐藏,立冬后用冰藏。每次出渔时间一二月
不定。①

　　挑捕渔法:渔船一只,渔夫六至七人,载渔网四顶
及附属具与柴米等,扬帆出渔。抵渔场后,择定张鱼
地点,即卸帆抛锚,整理渔网绳索等,俟平潮下网,左
右舷各张一顶,形如挑担,故名。每网六小时,即一潮
水,每日四网,皆以潮水涨落而定。每月朔望,为旺渔
期。半月返港一次,销售渔获物,购买柴米,添装淡
水,并烤染渔网,事毕后,再行出渔。②

　　浅水插网渔法:抵渔场后,俟潮水尽退,将插竹插
入泥中,每隔二寻插一根,同时将渔网张于插竹上,务
使渔网与海底勿生间隙,致使鱼类逃逸。涨潮时,渔
网全部淹没水中,鱼群随潮越网而入;潮退时,鱼则被
网所阻,露出水面,即得渔获物。每日二次。如渔获
不丰,则另觅地点插网,至十月后天气寒冷,停止
出渔。③

　　打桩张网渔法(图6-9):新旧年交界时,赴渔场打

---

　　①　朱通海:《镇海县渔业之调查》,《浙江建设》第10卷第4期,1936
年10月,第13页,载民国浙江史研究中心、杭州师范大学选编《民国浙
江史料集刊(第二辑)》第41册,国家图书馆出版社2009年版,第111页。
　　②　朱通海:《镇海县渔业之调查》,《浙江建设》第10卷第4期,1936
年10月,第15页,载民国浙江史研究中心、杭州师范大学选编《民国浙
江史料集刊(第二辑)》第41册,国家图书馆出版社2009年版,第113页。
　　③　朱通海:《镇海县渔业之调查》,《浙江建设》第10卷第4期,1936
年10月,第17页,载民国浙江史研究中心、杭州师范大学选编《民国浙
江史料集刊(第二辑)》第41册,国家图书馆出版社2009年版,第115页。

桩,于桩索上系一浮木,作为标识,然后载渔网竹架等
出渔。俟低潮时将渔网一一系于桩索上,完毕返港,
潮落再赴渔场,网口竹架则浮起水面,用竹篙捞取网
袋,解开囊绳,倾出渔获物后,仍缚好网袋,投放海中。
各网捞取完毕,返港卖鱼,每日二次,日日如是。平均
每半月调换渔网烤染与修理一次。秋季用草绳网张
捕海蜇,网之长短大小,与麻线网同。惟网目则大过
数倍,自六吋至一呎目。渔法亦同上。[1]

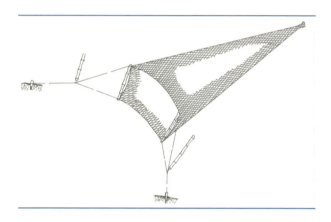

图 6-9　反纲张网

篙建网渔法:渔船一只,渔夫二人,带渔网一八
顶,用橹摇至渔场,平潮时将渔网四角圆圈套于网篙
上,使网口正对潮流,完毕摇橹返港。俟平潮时,再往
捞取网袋,倒出渔获物,各网完全处理后,返港卖鱼。
一日四次。在夏季天气和暖之时,五六日调换渔网修

① 朱通海:《镇海县渔业之调查》,《浙江建设》第 10 卷第 4 期,1936
年 10 月,第 21 页,载民国浙江史研究中心、杭州师范大学选编:《民国浙
江史料集刊(第二辑)》第 41 册,国家图书馆出版社 2009 年版,第 119 页。

理烤染一次,平时则半月一次。①

　　芦建网渔法:低潮时,将芦网插入泥中,成八字
形。在八字缺口处,装制鱼篓一个。涨潮时,鱼类越
网入内,潮退,鱼类则被芦网所阻,迫入鱼篓。每低潮
时前往取渔获物二次,日日如是,至秋间或遇大风潮
修理一次。②

　　传统海洋渔业主要是依靠渔民日积月累、口耳相传形成的
经验从事渔业生产,其所用渔业生产工具多为木质帆船。随着
西方工业化成果在海洋渔业领域的实用化,机动渔船的出现极
大扩展了渔民的捕捞范围,大量近海渔民在海洋技术的支持下
纷纷前往远洋从事渔业作业。远洋渔业生产技术的成熟不仅
可以吸纳更多的渔业劳动人口,还能扩大渔业资源捕捞范围,
减轻浙江沿海人多地少的矛盾。为此,在中华民国成立初期,
政府就出台相关法规鼓励渔民从事远洋渔业生产。1914 年 4
月 28 日,隶属农商部的渔牧司就公布《公海渔业奖励条例》(教
令第五十五号)。该条例共 11 条,其中第四条是对公海渔船吨
位给予一定奖励。如:"一、汽船总吨数在五十吨以上者,每吨
十元,但三百五十吨以上,不得照超过之顿数加奖;二、帆船总
吨数在三十吨以上者,每吨六元,但二百吨以上,不得照超过之

---

　　①　朱通海:《镇海县渔业之调查》,《浙江建设》第 10 卷第 4 期,1936
年 10 月,第 24 页,载民国浙江史研究中心、杭州师范大学选编:《民国浙
江史料集刊(第二辑)》第 41 册,国家图书馆出版社 2009 年版,第 122 页。
　　②　朱通海:《镇海县渔业之调查》,《浙江建设》第 10 卷第 4 期,1936
年 10 月,第 26 页,载民国浙江史研究中心、杭州师范大学选编:《民国浙
江史料集刊(第二辑)》第 41 册,国家图书馆出版社 2009 年版,第 124 页。

吨数加奖。"①在这一政策的鼓励下,浙江沿海渔商开始购买新
式机轮渔船,从事海洋渔业生产。浙江海洋渔业生产技术的革
新在这一背景下逐步展开。(图6-10)

图 6-10　用于夜晚航行或锚泊的桅灯

　　浙江最早的动力渔船是 1905 年江浙渔业公司购买的新式
蒸汽机拖网渔船"福海号"。"福海号"之后,一些中小民族资本
家纷纷以上海为基地,成立渔业公司,添置渔轮,在舟山海域进
行捕捞生产。1914 年,浙海渔业公司在上海成立,从美国购入
"府浙"渔轮一艘,该渔轮在与其他公司渔轮的竞争中,不断改
进捕捞技术,渔业生产兴旺起来。但由于第一次世界大战爆
发,煤炭价格上涨,浙海渔业公司日渐入不敷出,难以维持,遂
将"府浙"渔轮改为商船。1919 年,浙海渔业公司恢复营业,新
造"富浙""裕新"渔轮两艘。1921 年,浙海渔业公司又向美国购
买退役的军用轮船一艘,改装为"富海号"渔轮,多次出海捕鱼,
收获颇丰。1922 年,江苏省海州渔业技术传习所在上海新造渔

---

　　①　商务印书馆编译所编:《最新编订民国法令大全:民国十三年增
订》,商务印书馆 1924 年版,第 1190—1191 页。

轮一艘,名为"海鹰"。1923 年,宁波商人在上海成立海利渔业公司,从英国购入渔轮一艘,名为"海利",在舟山群岛附近海域捕捞作业。后因经营不善于 1925 年改名为"永丰",归属于永丰渔业公司。1929 年 4 月,浙江省立水产职业学校向上海大中华造船厂订造铁壳手操网渔轮两艘,定名"民生一号""民生二号",基地设在上海。①

　　截至 1932 年,在浙江海域从事海洋渔业捕捞的上海、浙江、福建渔船总共有 35 艘,其中上海 21 艘,浙江 2 艘,福建 12 艘,详细数据见表 6-2。

表 6-2　1932 年沪、浙、闽渔轮统计表

渔业根据地	船名	渔业种类	渔具种类	渔船			渔业权存续时期	执照字号	给照年月
				种类	载重	船员人数			
上海	联丰渔轮	汽船拖网渔业	拖网	汽船	78 吨	24 名	3 年	渔字一号	1931 年 5 月 12 日
上海	海顺渔轮	汽船拖网渔业	拖网	汽船	167 吨	21 名	3 年	渔字二号	1931 年 7 月 23 日
上海	中华渔轮	发动机船拖网渔业	拖网	汽船	132 吨	22 名	3 年	渔字三号	1931 年 7 月 25 日
上海	海兴渔轮	汽船拖网渔业	拖网	汽船	150 吨	26 名	3 年	渔字四号	1931 年 7 月 24 日
上海	永丰渔轮	汽船拖网渔业	拖网	沙船	185 吨	21 名	3 年	渔字五号	

　　① 李士豪、屈若搴:《中国渔业史》,《中国文化史丛书》,商务印书馆1937 年版,第 155—156 页。徐荣:《上海机轮渔业的起源与发展》,《古今农业》1991 年第 1 期,第 77—79 页。

续　表

渔业根据地	船名	渔业种类	渔具种类	渔船			渔业权存续时期	执照字号	给照年月
				种类	载重	船员人数			
上海	永茂渔轮	汽船拖网渔业	拖网	汽船	161吨	21名	3年	渔字六号	1931年7月27日
上海	集美第二拖网渔轮	汽船拖网渔业	拖网	汽船	190吨	26名	3年	渔字八号	1931年8月17日
上海	安裕渔轮*	发动机船手操网渔业	手操网	发动机船	49吨	9名	3年	渔字八十八号	1931年9月
上海	安康渔轮*	发动机船手操网渔业	手操网	发动机船	48吨	9名	3年	渔字八十九号	1931年9月
上海	茂丰一号渔轮	汽船拖网渔业	拖网	汽船	224吨	24名	3年	渔字一〇三号	1931年10月
上海	达富渔轮	发动机船手操网渔业	手操网	发动机船			3年	渔字一〇五号	1931年11月
上海	达贵渔轮	发动机船手操网渔业	手操网	发动机船			3年	渔字一〇六号	1931年11月
上海	第一福生号渔轮	发动机船手操网渔业	手操网	发动机船	20吨	8名	3年	渔字一〇七号	1931年11月
上海	第二福生号渔轮	发动机船手操网渔业	手操网	发动机船	17吨	8名	3年	渔字一〇八号	1931年11月

渔业根据地	船名	渔业种类	渔具种类	渔船			渔业权存续时期	执照字号	给照年月
				种类	载重	船员人数			
上海	中华渔轮	汽船拖网渔业	拖网	汽船			3年	渔字一四〇号	1931年11月
上海	复源渔轮	柴油发动机手操网渔业	手操网	汽船			3年	渔字一四一号	1931年11月
上海	复利渔轮	柴油发动机手操网渔业	手操网	汽船			3年	渔字一四二号	1931年11月
上海	华东一号	柴油发动机手操网渔业	手操网	发动机船	22吨	12名	3年	渔字一四三号	1933年11月
上海	华东二号	柴油发动机手操网渔业	手操网	发动机船	22吨	12名	3年	渔字一四四号	1933年11月
上海	泰兴一号渔轮	发动机船拖网渔轮	拖网	发动机船			3年	渔字一三二号	1933年5月
上海	泰兴一号渔轮	发动机船拖网渔轮	拖网	发动机船			3年	渔字一三三号	1933年5月
浙江定海	民生一号渔轮	发动机船手操网渔业	手操网	发动机船	19吨			渔字八二号	1931年9月
浙江定海	民生二号渔轮	发动机船手操网渔业	手操网	发动机船	19吨			渔字八三号	1931年9月

续　表

渔业根据地	船名	渔业种类	渔具种类	渔船			渔业权存续时期	执照字号	给照年月
				种类	载重	船员人数			
福建晋江	第一闽南渔轮	发动机船手操网渔业	手操网	发动机船	19吨	10名	3年	渔字八十四号	1931年9月
福建晋江	第二闽南渔轮	发动机船手操网渔业	手操网	发动机船	19吨	10名	3年	渔字八十五号	1931年9月
福建晋江	第一闽山渔轮	发动机船手操网渔业	手操网	发动机船	32吨	11名	3年	渔字八十六号	1931年9月
福建晋江	第二闽山渔轮	发动机船手操网渔业	手操网	发动机船	32吨	11名	3年	渔字八十七号	1931年9月
福建晋江	第一泉州渔轮	发动机船手操网渔业	手操网	发动机船	24吨	13名	3年	渔字九十号	1931年9月
福建晋江	第二泉州渔轮	发动机船手操网渔业	手操网	发动机船	24吨	13名	3年	渔字九十一号	1931年9月
福建晋江	第一闽兴渔轮	发动机船手操网渔业	手操网	发动机船	40吨	10名	3年	渔字九十二号	1931年9月
福建晋江	第二闽兴渔轮	发动机船手操网渔业	手操网	发动机船	35吨	10名	3年	渔字九十三号	1931年9月
福建晋江	第三闽发渔轮	发动机船手操网渔业	手操网	发动机船	30吨	10名	3年	渔字九十四号	1931年9月

渔业根据地	船名	渔业种类	渔具种类	渔船			渔业权存续时期	执照字号	给照年月
				种类	载重	船员人数			
福建晋江	第五闽兴渔轮	发动机船手操网渔业	手操网	发动机船	30 吨	10 名	3 年	渔字九十五号	1931 年 9 月
福建厦门	南中一号渔轮	发动机船手操网渔业	手操网	发动机船			3 年	渔字一三四号	1933 年 6 月
福建厦门	南中二号渔轮	发动机船手操网渔业	手操网	发动机船			3 年	渔字一三五号	1933 年 6 月

*已停止捕鱼。

资料来源:《渔业消息:国内及国外:我国沿海各省市渔轮统计表(上海市)》,《上海市水产经济月刊》1933 年第 2 卷第 11 期,第 2—3 页;《渔业消息:国内及国外:我国沿海各省市渔轮统计表(续)》,《上海市水产经济月刊》1934 年第 2 卷第 12 期,第 9 页;《渔业消息:国内及国外:我国沿海各省市渔轮统计表(续)》,《上海市水产经济月刊》1934 年第 3 卷第 2 期,第 1 页;《渔业消息:国内及国外:我国沿海各省市渔轮统计表(续完)》,《上海市水产经济月刊》1934 年第 3 卷第 3 期,第 3 页。

　　从表 6-2 可以看出,民国初期,浙江本省的机轮渔船几乎为零,在浙海捕鱼的机轮渔船来自上海与福建,或者日本。之所以如此,一个很大的原因是生产技术的低下导致机轮渔船大多需要从国外进口,购买一艘渔轮的价格远远超过一般渔户的承受力。近代上海作为国际大都市的崛起为海洋渔业的现代化提供了很好的技术、人才与消费市场,这也是浙江海域大量的现代化捕鱼技术均为上海渔轮所采用的原因。相比之下,浙江

本省的渔船大多仍旧是传统木制帆船,对其技术改造的难度不
仅仅是资金的问题,渔业技术人员的短缺与民众受教育程度的
低下极大限制了渔业技术(图 6-11)在浙江的推广。

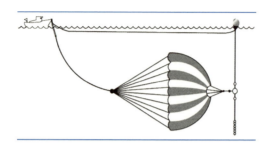

图 6-11　用于深海捕捞的伞锚(水锚)

对于上海渔轮的形制和捕捞情况,《上海市水产经济月刊》
1934 年第 1 期和第 2 期有专文进行介绍,其内容摘录如下:

中华拖网渔轮

中华渔轮建造于民国十六年,由上海汇昌机器厂
承造,计长三十八・四一公尺,阔七・〇一公尺,吃水
二・七四公尺,总吨数为一百三十二英吨。初为柴油
发动机,有三百匹马力,速度每小时九海里。自去冬
修船后乃改装蒸汽引擎,速度每小时达十海里。

该轮于二十二年份一年中共进口十六次,渔获四
千一百廿五担五十三斤,价值三万五千二百三十元一
角八分。渔获物中以鳢鱼为最多,计有二十一万九千
三百九十四斤;鲵鱼次之,计有五万一千九百三十二
斤;其次为鲨鱼、小黄鱼、鳗鱼等。

永茂拖网渔轮

永茂拖网渔轮造于民国十七年,造价八万元,长

三十三·七一公尺,阔六·〇九公尺,深三·三五公尺,总吨数为一百六十一·二四四公吨,三百八十四马力,速率每小时九海里。

该轮于民国二十二年一年中进口二十七次,渔获六千四百〇五担九十四斤,价值六万二千〇十六元五角一分。渔获中以鳓鱼为最多,计有二十四万四千〇四十四斤;次为鲵鱼,有十万〇四千六百九十九斤;再次为鞋底鱼、梭子蟹、鳗鱼等。

该轮属于永胜渔轮局创立于民国十八年,每年约盈万元。

连云拖网渔轮

连云渔轮(图 6-12)原名不来摩海芬(Bremerhauen),于一九一八年八月造于德国,为一等级拖网渔轮,载重吃水十四尺,长一百二十七尺七寸,阔二十二尺七寸,深十三尺。登记总吨数二百一十四吨,净吨数八十一吨,烧煤积载量一百廿五吨。全船共有四隔仓,可载锅炉用水及吃水共二十八吨。引擎为三次膨胀式蒸汽机关,马力四百匹,速力每小时约可行十海里,烧煤每小时约六吨。

图 6-12　用于编织渔网的尼龙网

该轮由江苏省立渔业试验场新由英国购来,现已修理完竣,于二月二十日正式出渔。

集美拖网渔轮

集美渔轮原为法国渔轮,十五年厦门集美水产学校购自法国,价五万八千元(新加坡洋),长三十八·六五公尺,阔六·七一公尺,深三·六六公尺,总吨数一百八十九·九二公吨,马力共四百四十四,速率每小时计九海里半。

二十二年一年中,集美进口三十八次,计渔获六千一百七十二担〇八斤,价值六万二千六百八十二元四角六分。渔获物中以鳎鱼为最多,计有二十万五千六百五十四斤;鲳鱼次之,有九万六千九百五十九斤,鲵鱼为九万一千七百〇九斤;再次为小黄鱼、鞋底鱼等。

该轮属于厦门集美高级水产航海学校,原由上海陈家庚公司经理,现归集美学校直接管辖。

茂丰拖网渔轮

茂丰渔轮原名"黄海",最初则名"振新一号",造于民国十五年,辗转买卖成本乃达十二万六千元,长三八·一公尺,阔七·〇一公尺,深三·六六公尺,总顿数二二三·五二公吨,马力五百匹,速率每小时九海里。

该轮于民国二十二年一年中进口三十一次,计渔获九千二百四十三担七十九斤,价值八万五千一百二十六元六角二分。成绩最佳渔获物中以鳎鱼为最多,计有四十一万二千二百〇四斤;次为鲵鱼,有十二万六千〇十斤;次为鞋底鱼,计有十二万〇九百四十四斤;再次为梭子蟹、大黄鱼、小黄鱼等。

　　该轮属于茂丰渔业公司创立于二十一年。民国十五年由振新公司建造,后因经济发生困难停业拍卖,乃归黄海渔业公司,四月正式出渔。嗣复属于茂丰渔业公司,成绩转佳。

联丰拖网渔轮

　　联丰渔轮(图6-13)造于民国二十年,由上海洪兴祥承造,造价七万五千元,长一百二十八英尺,阔二十二英尺,吃水十四英尺,总顿数一百七十六吨,马力五百六十四,速率每小时九海里。该轮于民国二十二年一年中进口凡二十九次,计渔获五千八百二十七担,价值六万一千二百零九元四角。渔获物中以鲵鱼为最多,计有十五万七千二百〇四斤;次为鲟鱼,计有十五万一千〇二十二斤;再次为小黄鱼、鞋底鱼、鳗鱼等。

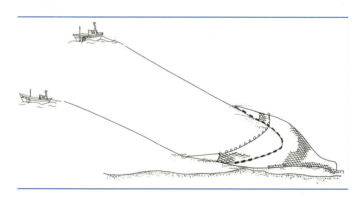

图 6-13　双船底拖网

　　该轮属于联兴渔轮公司创办于民国二十年,自开办迄今除开支及一切官利外,约盈余三万元。

海顺拖网渔轮

海顺渔轮原为拖驳,于民国十九年改造,购价七万,长三十二·〇〇四公尺,阔六·五五三二公尺,吃水三·六五七六公尺,总顿数六百七十六英吨,马力五百匹,速率每小时九海里。

二十二年一年中海顺进口三十一次,计渔获五千七百九十七担四十八斤,价值六万六千〇六十四元二角七分。渔获物中以鲵鱼为最多,计有十四万七千九百八十二斤;次为鳕鱼,有十一万五千五百三十一斤;再次为梭子蟹、小黄鱼、鞋底鱼等。

该轮属于永顺渔轮局创立于民国十八年,每年约盈七千余元。

永丰拖网渔轮

永丰渔轮购自德国,价八万元,长三十七·三七公尺,阔六·七一公尺,吃水三·八一公尺,总吨数为一百八十五英吨,蒸汽机马力五百匹,速率每小时九海里。

该轮二十二年份一年中进口凡二十五次,共渔获五千〇〇八担〇六斤,价值五万七千二百〇二元九角三分。渔获物中以鲵鱼为最多,计有十五万六千〇四十七斤;鳕鱼次之,计有九万七千四百六十二斤;再次为小黄鱼、鞋底鱼、梭子蟹等。

该轮属永丰渔轮局创立于民国十五年,每年盈余约一万元左右。

达富达贵手操网渔轮

达富达贵渔轮为手操网渔轮,买自日本,原名"东泰丸",买价一万三千元,计各长二十一·〇三一二公

尺,阔二·七四四二公尺,深二·五六公尺,总吨数各
有三十七·七四四四吨,有六十二匹马力,速率每小
时七海里半。二十二年一年中进口凡二十三次,计渔
获四千三百五十六担九十八斤,价值四万六千〇七十
四元九角二分。以渔获价值言,为全市手操网渔轮之
冠。渔获物中以小黄鱼(图6-14)为最多,计有十四万
一千四百八十斤;次为鳓鱼,有五万六千五百五十斤;
再次为鞋底鱼、鳗鱼等。

图 6-14　小黄鱼

该渔轮属于志达渔轮局创办于二十一年五月。
初时成绩不佳,去年以来营业颇能获利矣。

福生手操网渔轮

福生一二号渔轮原为日本渔轮,原名"统洋丸",
于二十年七月以二万元购来。

该二船一为十九英吨,一为十七英吨,前者有六
十四马力,后者五十四马力,速率约七八海里。

该轮于二十二年一年中只一二三三个月出渔,共
渔获三百四十五担五十五斤,价值四千七百三十九元
四角五分。渔获物中以鳗鱼为最多,计有七千一百二
十斤;次为鲨鱼,计有六千一百七十八斤;再次为鳓
鱼,鞋底鱼等。

该轮经营以来颇有盈余,惜以经济关系发生问题,自四月后迄未驶进上海港。

华东手操网渔轮

华东一二号渔轮原为华南渔轮,以福建厦门为根据地,于民国二十二年九月由上海华东渔业公司以一万二千元购得。该两船各长七十英尺,阔十四英尺,吃水船首四英尺,船尾七英呎,总吨数四十五吨,马力八十匹,速率每小时九海里。

该渔轮现属于华东渔业有限公司,为水产家张君一所发起,船员均属水产学校毕业生,成绩极佳。第一次于一月一日进口,共渔获三万九千八百八十七斤,价值三千〇九十八元九角一分。

泰兴手操网渔轮

泰兴一二号渔轮购自日本,买价二万五千元。

二十二年一年中泰兴进口二十二次,计渔获四千六百五十担三十六斤,价值四万四千三百七十六元五角七分。以鱼获数量言,为全市手缲网渔轮之冠。渔获物中以小黄鱼为最多,计有十五万四千九百三十三斤;次为鳂鱼,计有十一万七千八百八十五斤;再次为鞋底鱼、白果子、鳗鱼等。

该轮属于泰兴渔轮局,创立于民国二十一年十一月。①

民生手缲网渔轮

民生一二号手缲网渔轮为浙江省立水产学校于

---

① 《水产画报(第八期):上海市渔轮专号(上)》,《上海市水产经济月刊》1934 年第 3 卷第 1 期,第 1—4 页。

民国十八年委由上海大中华造船厂建造,各长八十五英尺九英寸,阔十五英尺九英寸,深九英尺,总吨数约七吨,机关马力一百三十匹,每小时速率九海里,船壳为铁质。

该手缲网渔轮寓有试验性质,曾在台湾附近试验渔捞,最近亦以上海港为根据。计二十二年一年中进口十五次,共渔获二千七百八十二担六十四斤,价值三万一千七百三十六元,渔获中以小黄鱼为最多,计五万三千八百六十七斤;次为蛇子鱼,计三万二千一百八十一斤,白果子鱼三万一千三百三十八斤;再次为鳕鱼、鲨鱼(图 6-15)、鳗鱼等。

图 6-15　路氏双髻鲨

复源、复利手操网渔轮

复源、复利两手操网渔轮原为福建泉州闽南渔业公司之第一、第二闽山号,十九年四月二十九日造于香港广长兴船厂,费银五万五千三百元。两船各长二三・〇一二四公尺,深二・七四三二二公尺,阔四・五七二〇公尺,重五〇・六八八二公吨,马力一百匹,速度一六・六六八〇公里。于二十一年五月改为冰鲜运轮船,二十二年八月售于上海复兴渔输局,计价二万五千元。出渔后因船壳引擎时生障碍,营业不振,

今年起租予源利鱼行。

海永、海利手缲网渔轮

海永、海利手缲网渔轮原为日本之手缲网渔轮昭生九一二两号,闻买价为一万余元。该二船各长十九公尺又八十四,阔四公尺又二十四,深二公尺零四,总吨数三十四公吨,马力七十七四,每小时速率七、八里。

该手操网渔轮现为本市舜兴渔轮局所有,正在办理登记手续,尚未经核准。

华利手缲网渔轮

华利一二两号手缲网渔船原为日本渔轮,原名未详,建造于民国十四年,由日本德岛县宫繁松之助船厂承造,总吨数四十二·七一吨,登记吨数三七·一一吨,装有柴油发动机一部,为日本山阳铁工所出品,马力八十四,速率每小时八海里。

该手缲网渔轮为本市大华渔业公司所有,已出渔一次。而华利二号于三月二十日左右在嵊山因风大及船员技术欠精竟触礁沉没,现闻已进行打捞。

华安手缲网渔轮

华安一二号渔轮亦为日本渔轮,原名未详,建造于民国十三年,由日本德岛县日柴发动机铁工所建造,总吨数六九·六三吨,登记吨数三五·六七吨。装有柴油发动机一部,亦为日本发机铁工所出品,该渔轮亦属于大华渔业公司。

华生手缲网渔轮

华生一二号手缲网渔轮原为日本渔船,原名未详,为日本德岛县甘时利次郎船厂建造,竣工于民国十三年,总吨数五六吨又二二,登记吨数三〇吨又九九。该船引擎为柴油发动机,为日本发动机铁工所出品,马力八十四,每小时速率八海里。

该手操网渔轮亦为本市大华渔业公司所有。

海兴拖网渔轮

海兴拖网渔轮建造于民国十六年,总吨数一百五十英吨,计长四七·五四六八公尺,阔七·九二四八公尺,深四·五七二公尺,马力四百五十四,每小时速率九海里。

该轮原为三兴渔轮局所有,出渔成绩尚佳,民国二十年租予江苏省立渔业试验场。该场除用于捕鱼外,尚以之举行海洋调查及渔捞试验,是以捕鱼数量不及其他渔轮之多。二十二年一年中共出渔二十八次,计渔获五千〇十一担十一斤,价值四万七千九百九十九元五角五分。渔获中以鳕鱼为最多,计有十六万五千二百九十一斤;鳀鱼①次之,为九万一千七百八十二斤;次为鞋底鱼(图6-16),八万三千四百八十斤;再次为鳗鱼、大黄鱼、小黄鱼等。

图 6-16　黄唇鱼

---

①　此处原文有误,应为"鮸鱼"。相关数据见《二十二年份上海市各渔轮渔获类别产量统计表》,《上海市水产经济月刊》1934年第2卷第12期,第6,7页。

该轮自二十二年七月止已由渔业试验场交还三兴渔轮局，故目前已该由公司自行经营矣。

鸿丰一号手缫网渔轮

鸿丰一号手缫网渔轮亦为日本渔船，原名未详，由中国人购买来申，但抵沪时为上海海关搜出夹带私货，因致充公拍卖，当被鸿丰渔轮局拍得一艘，现正办理登记手续，尚未经核准。

计该船长二一·三三六公尺，阔四·七二四四公尺，深二·四三八四公尺（吃水一·五二四公尺），总吨数四一·七〇六八公吨，马力七十五匹，速度每一小时一四·八一六公里。

鸿丰二、三号手缫网渔轮

鸿丰二、三两号手缫网渔轮原为日本渔船，昭生九第三、第五两号，计各长二〇·七二六四公尺，阔四·二六七二公尺，深二·二八六〇公尺，马力七十匹，速度一四·八一公里，总吨数三八·一八一三公吨。

该手操网渔轮为鸿丰渔轮局所有，现正办理登记手续，尚未经核准。

德泰手操网渔轮

德泰一二号手操网渔船为二十二年所新建，由日本山口县凤浦郡产岛町村上铁工所所建造，闻造价达六万元以上。两船各长七十六呎，阔十四·四呎，深七·四七呎，总吨数五十六吨，木壳马力一百五十匹，每小时速率八海里。该船设备极完善，除船员卧室等具备外，并有无线电、电灯等设备。

该手缫网渔轮为本市德泰钱庄孔繁钦所有，现正在办理登记手续,尚未经核准。①

　　从上述文献中可以看出,上海港渔轮来源比较多样,既有本土船厂建造,也有从其他国家购买的二手渔轮。所购买的二手渔轮,基本来自日本,还有部分来自德国、法国。从形制来看,这一时期在浙江沿海从事捕捞活动的渔轮基本都是中小型的动力船只。作为新式渔轮,其采用的捕捞方式和传统渔船有着明显的不同。首先,以上海为基地的渔轮在浙江沿海捕捞回港口,都会提交捕捞报告。这些报告不仅是后续渔轮从事捕捞活动的依据,也给我们了解当时的捕捞活动提供了很好的文献史料。其次,与传统捕捞活动相比,新式渔轮捕捞的船员素质普遍较高,相当一部分是从专门水产学校毕业,可以驾驶渔轮,使用各种测量仪器。大量测量仪器(图 6-17)的使用,使得渔轮捕捞的精确度更高,更有利于产量的提高。最后,相比传统渔业捕捞方式,渔轮捕捞均为冰鲜,自身带冰,随捕随冰,可以长时间逗留在渔场,提高了生产效率,产业化程度很高。总之,相对于传统水产捕捞,渔轮捕捞除了投出成本巨大、对人员素质要求较高外,在整个海洋渔业产业中都占据优势地位。更值得关注的是,相比传统渔船在水产捕捞中还要担心海盗等问题,当时的渔轮由于航速和形制的优势,基本无须担心。对于渔轮出海捕捞情形,当时的《渔况》杂志均有详细报道,从中可以看到当时渔轮的捕捞方法、捕捞时间及捕捞区域。

---

　　① 《水产画报(第九期):上海市渔轮专号(下)》,《上海市水产经济月刊》1934 年第 3 卷第 2 期,第 1—4 页。

图 6-17　标示渔具作业位置的电浮标

集美第二渔轮渔捞报告

集美第二渔轮,于上月七门出洋,前赴渔场捕鱼;随装烧煤八十吨,冰三百担。到达渔场后,因天气欠佳,渔获较少。兹将经过情形,略记于下:此次捕鱼地点在东经一百二十二度五十五分至一百二十三度十分间,北纬三十一度十二分至三十一度二十五分间;即距花鸟山东北约八十海里处之洋面。第一日下网九次,得鱼四千零九十斤。该处水深为二十二寻,海底多泥质;是日天气时阴时晴,气压最高七六八·四,最低七五八·七;多南东风,风力在三五之间。第二日下网六次,得鱼四千三百斤。天气则阴晴不定,气压最高为七六三,最低七五七·五,风向亦不定。第三日改驶至水深三十二寻处,计下网六次得鱼二千八百斤。是日天晴，气压略同前一日，多北东风。第四日下网八次，得鱼三千一百斤。气压在七六四·四与七六一·八之间，升降极微；天气晴而多云，有微弱之东风。第五日下网七次，得鱼二千六百四十斤。天晴，气压亦本稳，风为北北东风。第六日下网六次，得鱼三千三百六十斤。天气晴明，气压最高七六七，最低七六三·八，仍北北东风。总计六日间共下网四十二次，共获鱼二万又四百九十斤。若以鱼类分之，则为鳡鱼一万零二百八十斤，鲵鱼三千二百一十斤，魴鲱鱼一千八百七十斤，鞋底鱼三百九十斤，什鱼二千斤，乌贼九百九十斤，小黄鱼一千七百五十斤，计售洋二千元。较之以往出渔成绩，实未能满意也。嗣该轮续于五月十六日下午二时五十分，由上海出发；随装烧煤一百吨，冰四千斤，于十七日上午二时半驶抵东经一百二十二度五十分至一百二十三度二十分间，北纬三十度零二分至三十度五十八分间渔场。该处水深在三十寻左右。底质为泥，间有发现蚌壳处。前后捞五日，凡下网三十三次，其获鱼六万零四百斤。最后两日，每网渔获益见丰富，奈藏冰已罄，不得已遂于二十二日晨返港。计售去鳡鱼四万八千四百斤，黄鱼四千四百斤，鲵鱼三千三百斤，鲨鱼一千三百斤，鲷鱼四百斤，什鱼二千六百斤，仅售洋一千七百余元。因适暑天又连日沪上各渔轮所获甚丰，致售价亦因而低廉，集美第二渔轮于渔物售完后，略事添购船用什物

及冰煤等,又匆匆开赴外海渔场矣。①

镇宁渔轮渔捞报告

镇宁渔轮上次自渔场归港后,复于五月二十五日晨由沈家门出发,驶往东汀岛南方渔场,开始捕鱼。当时测得该渔场海底为泥质,水深自十六寻以至二十寻不等。自二十五日早九时十分起至二十八日深夜止,经过八十七小时;内有四十七小时为避风时期,故无渔捞,实际仅四十小时。凡投网九次,每网平均获鱼六百余斤。以当时所获鱼类之时价计算,尚不足渔轮自身每日之开支。在经过时间中,有四十四小时降雨;气压最高为三〇·四四吋,最低为三〇·三〇吋;气温在七十三度与七十六度之间,无大升降差;风则多北东风惟风力不强,故尚无大浪。嗣以该渔场鱼类无多,遂于二十九日晨,以北西针路(图6-18)航行七小时,驶抵浪岗东北渔场。地当东经一百二十五度三十分,北纬三十一度之洋面。该处水深自二十五寻以至三十寻不等,海底为泥质,间夹沙质。于二十九日正午起,继续投网,凡经四日,共下三十网,获鱼二万四千三百斤。拖网时所采之针路无定向,概言之以北东向较多;每小时速力在三四海里之间。综计四日中天气晴明,气压虽间有升降,然最低为三〇·三〇吋,最高为三〇·三四吋,尚无骤升骤降之显然变化。气温最高八十摄氏度,最低七十三摄氏度;多微弱之东风,北东风次之。更总计自出渔之日起以迄归港,凡

---

① 《重要渔况:集美第二渔轮渔捞报告》,《渔况》1930年第2期,第1—2页。

图 6-18　桐照渔港

经八日。除其中有两日半因避风而停泊不计外,实际
仅五日有半;共投网三十九次,获鱼三万一千斤。以
鱼类分之,为鲙鱼三千斤,鳗一千五百斤,小黄鱼四千
五百斤,鲳鱼五百斤,鲨鱼八百斤,鞋底鱼一千三百
斤,刀鱼五百斤,鳕鱼一万九千斤。以价格言,鲙鱼每
担十二元,鳗每担十一元,小黄鱼每担八元,鲳鱼每担
十四元,鲨鱼每担七元,鞋底鱼每担十三元,刀鱼每担
六元,鳕鱼每担四元三角,共售洋一千五百七十元。
仅敷开支,未足以言获利也。更以所获鱼类之销路言
之,因本次所获以鳕鱼居多,而宁波鳕价低平,每担仅
售洋二元左右。故改运沈家门出售,每担售洋四元三
角,多为福建商船所收买。据言是鱼经盐藏后,待至
八九月间,运往福建宁德等县,每担可得二十余元。
又其他鱼类,则多运销宁波云。①

_____

① 《重要渔况:镇宁渔轮渔捞报告》,《渔况》1930 年第 2 期,第 2、3 页。

二、民国时期的浙江海洋渔业养殖

民国时期浙江海洋渔业除了传统的近海与远洋捕捞之外，在政府倡导下大力发展近海养殖业。民国时期浙江近海养殖产品包括蛏子、蚶、牡蛎、蛤等，养殖区域主要集中在宁波和温州。牡蛎养殖"本只限于象山港璜溪口村一带，民国廿三年起，薛岙一带亦仿照试养，成绩颇佳，现在范围已渐扩大"①。

宁波地区的近海养殖业早在明清时期就已经出现，但上规模的水产养殖则是在晚清民国时期，尤其是西方海洋养殖技术传入中国之后，相当一部分渔民由远洋捕捞行业转入风险相对较低的近海养殖业。宁波的海水养殖业集中在镇海、宁海、奉化、舟山等地，主要利用涂地养殖蛏子和毛蚶。如镇海"昆亭至合岙一带，因养蛏业颇为发达，每年收入甚丰，总计出产达六七十万斤，而以合岙为最著"②。根据1932年《中国实业志浙江省编》记载："本省养蛏（图6-19）最著名者首推镇海，销售时以冬季为主，每年产值约数万元。"③

① 陈同白：《十年来之浙江水产事业》，《浙江建设》第10卷第11期，1937年5月，第140页，载民国浙江史研究中心、杭州师范大学选编：《民国浙江史料集刊（第二辑）》第43册，国家图书馆出版社2009年版，第330页。

② 朱通海：《镇海县渔业之调查》，《浙江建设》第10卷第4期，1936年10月，第7页，载民国浙江史研究中心、杭州师范大学选编：《民国浙江史料集刊（第二辑）》第41册，国家图书馆出版社2009年版，第105页。

③ 转引自宁波市镇海区水产局、宁波市北仑区水产局合编：《镇海县渔业志》，内部发行，1992年版，第64页。

图 6-19　缢蛏

　　宁波镇海地区的养蛏场区域包括昆亭、三山、慈岙、合岙、梅山之裹岙等处海滩泥涂。其养蛏场面积为:"昆亭,纵一里,横六里,面积六方里;三山,纵一·五里,横六里,面积九方里;慈岙,纵二里,横五里,面积一〇方里;合岙,纵三里,横五里,面积一五方里;裹岙,纵·五里,横六里,面积三方里;共计面积四三方里。"①养蛏户数为:"昆亭三〇〇户、三山四〇〇户、慈岙四〇〇户、合岙五〇〇户、裹岙五〇户,共计一六〇〇户。"②蛏苗资本为:"昆亭每户一〇元至二〇〇元,共计一〇〇〇〇元;三山每户一〇元至四〇〇元,共计一二〇〇〇元;慈岙每户一〇元至五〇〇元,共计一五〇〇〇元;合岙每户一〇元至五〇〇元,共计三五〇〇〇元;裹岙每户一〇元至五〇元,共计三〇〇

　　①　朱通海:《镇海县渔业之调查》,《浙江建设》第 10 卷第 4 期,1936 年 10 月,第 26 页,载民国浙江史研究中心、杭州师范大学选编:《民国浙江史料集刊(第二辑)》第 41 册,国家图书馆出版社 2009 年版,第 124 页。
　　②　朱通海:《镇海县渔业之调查》,《浙江建设》第 10 卷第 4 期,1936 年 10 月,第 26—27 页,载民国浙江史研究中心、杭州师范大学选编:《民国浙江史料集刊(第二辑)》第 41 册,国家图书馆出版社 2009 年版,第 124—125 页。

元;总计蛏苗资本七五〇〇〇元。"①蛏苗价格是:"蛏苗愈小,其价愈昂,盖小者数量增多,每斤约在二千个以上,价为九角至一元;大者每斤仅六百个左右,价为一角至四角;普通中号每斤一千四百个,价约六角至七角。"②蛏苗一般"由苗商至象山、奉化、宁海、海门等处购买,装箕运至内地,转卖养户"③。蛏苗的放养数目是:"小苗每亩五斤,大苗一五斤,普通一〇斤左右。"④放养时节一般在清明至谷雨节。蛏子(图 6-20)的养殖概况:"初放

图 6-20　厚壳贻贝

① 朱通海:《镇海县渔业之调查》,《浙江建设》第 10 卷第 4 期,1936 年 10 月,第 27 页,载民国浙江史研究中心、杭州师范大学选编:《民国浙江史料集刊(第二辑)》第 41 册,国家图书馆出版社 2009 年版,第 125 页。

② 朱通海:《镇海县渔业之调查》,《浙江建设》第 10 卷第 4 期,1936 年 10 月,第 27 页,载民国浙江史研究中心、杭州师范大学选编:《民国浙江史料集刊(第二辑)》第 41 册,国家图书馆出版社 2009 年版,第 125 页。

③ 朱通海:《镇海县渔业之调查》,《浙江建设》第 10 卷第 4 期,1936 年 10 月,第 27 页,载民国浙江史研究中心、杭州师范大学选编:《民国浙江史料集刊(第二辑)》第 41 册,国家图书馆出版社 2009 年版,第 125 页。

④ 朱通海:《镇海县渔业之调查》,《浙江建设》第 10 卷第 4 期,1936 年 10 月,第 27 页,载民国浙江史研究中心、杭州师范大学选编:《民国浙江史料集刊(第二辑)》第 41 册,国家图书馆出版社 2009 年版,第 125 页。

养数月内,每日须派人至苗地视察,如有水流回沟及蛏苗倒覆时,应立时处理妥当,以免蛏苗死亡。四、五两月,天气和暖,水温适宜,泥涂油肥,生长最快。如系极肥泥涂,一年即可出售,劣者则需三、四年,普通为二年。"①蛏子的生长率是:"普通一年,每斤约三〇只,壳纹圈一个;二年每斤一六只,壳纹圈二个;余类推。"②蛏子的年产额分别是:"昆亭,四五〇〇担,九〇〇〇〇元;三山,五五〇〇担,一一〇〇〇〇元;慈岙,八〇〇〇担,一六〇〇〇〇元;合岙,一一五〇〇担,二三〇〇〇〇元;裹岙,三五〇担,七〇〇〇元;总计,二三〇〇〇担,五九七〇〇〇元。"③镇海养蛏业大多采用雇佣工制,"放苗工资,每日每人五角;捕捉大蛏工资,每捉一斤取得一分"④。蛏的销售情况是:"由蛏商收买,用竹篓装运至柴桥,再以汽车转运宁波,或至穿山运沪销售。"⑤1949年前,蛏养殖已成为昆亭、三山、梅山等地

---

①　朱通海:《镇海县渔业之调查》,《浙江建设》第10卷第4期,1936年10月,第27页,载民国浙江史研究中心、杭州师范大学选编:《民国浙江史料集刊(第二辑)》第41册,国家图书馆出版社2009年版,第125页。

②　朱通海:《镇海县渔业之调查》,《浙江建设》第10卷第4期,1936年10月,第27页,载民国浙江史研究中心、杭州师范大学选编:《民国浙江史料集刊(第二辑)》第41册,国家图书馆出版社2009年版,第125页。

③　朱通海:《镇海县渔业之调查》,《浙江建设》第10卷第4期,1936年10月,第27页,载民国浙江史研究中心、杭州师范大学选编:《民国浙江史料集刊(第二辑)》第41册,国家图书馆出版社2009年版,第125页。

④　朱通海:《镇海县渔业之调查》,《浙江建设》第10卷第4期,1936年10月,第27页,载民国浙江史研究中心、杭州师范大学选编:《民国浙江史料集刊(第二辑)》第41册,国家图书馆出版社2009年版,第125页。

⑤　朱通海:《镇海县渔业之调查》,《浙江建设》第10卷第4期,1936年10月,第28页,载民国浙江史研究中心、杭州师范大学选编:《民国浙江史料集刊(第二辑)》第41册,国家图书馆出版社2009年版,第106页。

群众的主要经济收入之一,渔谚有传"若要富,靠海涂"①。

宁波奉化是蚶的著名养殖区。1949年,王金台在《新渔》刊登《奉化的蚶子养殖业》,详细记录了当时奉化的蚶子养殖情况:

奉化县的南部抱拢象山港的北岸,沿海山峦挺秀,可耕田地寥寥无几,靠近这一带的人民生活大都趋向海上,除去到海上捕鱼,蚶子养殖业便是各渔村主要副业生产,所谓名闻遐迩的奉蚶就是这里出产的。

沿岸海涂到处皆是,因为处在象山港湾里,赤潮不易发生,对蚶子养殖业很少受到意外天灾的摧残,不过当抗战期间,渔村被敌人恶意蹂躏,销路受阻,致渔村经济破产,盛极一时的养殖业,至此一落千丈。

胜利后虽有少数人试行复业,常以经济困难,甚有被人偷窃等情事,亦不过苟延挣扎,勉力从事而已,去年沿岸各渔村渔民为了振兴此项事业,联合多数以往业户在下陈组织一个下陈蚶业合作社,社址定在下陈并向中央合作金库申请货款,加入社员户现已达二三百户之多,死去已久的蚶业又渐渐地复活了。

该县自下陈到梧山乡的桐照经人放养之优良涂面即达一千余亩,其未经开辟者为数尤多,分布情况如图6-21:

---

① 宁波市镇海区水产局、宁波市北仑区水产局合编:《镇海县渔业志》,内部发行,1992年版,第64页。

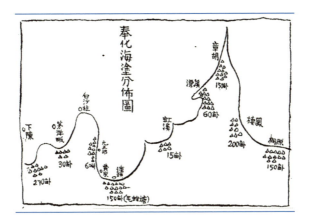

图 6-21　奉化海涂分布图

种苗来源：蛐苗在奉化当地各涂中并无生产，多系向乐清、玉环、黄岩等县采购来，但以上各处产苗区，并非年年皆有，有时竟四五年方产一次，更有时临近两处产地，彼处毫无生产，而此处却产量独丰之现象，其原因，实在有加以研究的必要，因为种苗丰凶，足以影响养蛐业的盛衰。

种苗采集法：种苗采集系用一个二尺半长的麻袋、袋口装一斜方形的竹筐，底边长十四吋，顶边长十一吋，斜边各阔七吋，采集时将袋放于产苗最盛涂面上，用竹片物产有种苗的泥拨入袋中，然后放在水中冲洗，除去浮泥和杂质，余下即是种苗。

蛐塘之设置：划海涂面大者五六亩，小者三四亩之广袤，四周筑径，围插竹枝，是谓蛐塘，放养前将涂面分畦治平，每畦视地势长阔不定，畦与畦间隔一小沟可容一人往来，蛐塘整理工作即告完竣。

播种法及时期：播种法甚为简单，其放养重随种

苗之大小而定,小者每亩可种十四至十五斤,即放养稍多亦可,候种苗稍长可再行分殖,只要播种时必须撒布均匀即可,蚶子之体质较强,其对外界环境之抵抗力远较牡蛎蛏子来得大,故播种时期四季均可,唯当冬夏两季天气寒暑甚烈,对工作也较困难,故播种工作多在春秋两季举行。

成长度:蚶子之放养多以三年为成熟期,收获佳者可比放养时增重百余倍之多。

受害之原因:新鲜健壮之蚶苗,由采运至收获死亡率甚小,全期也不过百分之十,其唯一灾害即当夏季酷热时期,蚶塘常生青色泥苔,日久蚶子常因被盖而窒息,故当见有青苔发生时,须以人工除去,以防蚶之被害。

收获:蚶之收获甚为简单,因生在涂之表面,以手捡拾,或以耙具捡拾亦可。

贩卖:从涂里收集之蚶多以人工运至下陈,装汽车由鄞奉路运至宁波委托鱼行出售。①

民国时期温州近海养殖主要"有玉环、乐清沿海之从事养蛏养蚶(图 6-22)者,但亦仅为农民之副业,无大规模组织及专门经营者,故养殖业在本区渔业上之地位,尚不重要"②。因此,从规模上来比较,温州的近海养殖远远低于宁波。根据《乐清县水产志》(征求

---

① 王金台:《奉化的蚶子养殖业(附图)》,《新渔》1949 年第 10 期,第 13 页。

② 方扬编:《瓯海渔业志》,温州市图书馆藏 1938 年 8 月内部编印本,第 93 页。

意见稿)记载:"20 世纪 30 年代,是滩涂养殖业的鼎盛时期。1936 年养殖面积达 18285 亩(其中缢蛏 7225 亩、蚶 11060 亩),产量 7511 吨(其中缢蛏 2615 吨、泥蚶 4936 吨)"[①]。

图 6-22　泥蚶

温州蛏养殖场的位置,"须择沿海倾斜度缓漫之涂地,一、底质上层深度约二三尺,混有四成砂之软泥,尤以表面有油泥者为佳,所请油泥实为黄绿色之硅(硅)藻类生物,即蛏子之食料。二、水深大潮时二公尺,干潮时需暴露底部三四小时,小潮底部不露出者为佳。三、海水与盐分比重须为一·〇一至一·〇一五。四、水温夏季在 28℃为宜。五、地势须无大风巨浪。六、环境须无敌害地方,适合以上条件者,在乐清有朴头、蒲岐、沙头、宅前、下山等处,在玉环有起水头、西潭、水孔口、小水步塘垟、后蛟、礁头、犁头嘴、白岩、大小青、沙岙、北岙、大坟岙等

---

① 转引自浙江省水产志编纂委员会编:《浙江省水产志》,中华书局 1999 年版,第 246 页。

处，在平阳有舥艚、沙波、浦门等处"①。温州各场蛏苗"均由乐清供给，往昔盛时陈家塘每日可采集二十余担，年产五万余元，蒲岐年产三万余元，白沙、下岁、下塘、宅前、翁垟等处，年产亦万余元，合计全县年产八万余元，自养蛏事业失败后，现全县仅产三千余元，仍有每况愈下之势"②。蛏苗的作业时期有蛏苗采集期、播种期和收获期三个阶段，其中采集期"第一期自正月中旬至二月中旬，第二期自三月初旬至五月底"；播种期"二月至三月即清明时节"；收获期"放养一年者收获期在九十月间，一年以上者随时可以收获，但蛏在九十月最肥，故收获期亦多在此期间"③。蛏的放养方法由五个步骤组成，分别是蛏苗采集法、蛏苗搬运法、养殖法、长成度及灾害、销路。具体内容如下。

（一）蛏苗采集法

种蛏在中秋时节，产卵随水漂流，至适宜地点而发育。冬至前十日，泥涂表面发现一层较黑之油泥时，即为蛏苗发生之象征，再过二十天渐变白色，次年正月至五月随时均可采集。

1.洗货 当蛏秧将出前，在泥涂上筑一阔一·七〇公尺去随意之塘，塘之周围就涂上筑一阔二〇公分高二〇公分之堤，每塘四个之中央有一潭，径一·三公尺深〇·六公尺，各塘间之沟阔一·六公尺，深与

① 方扬编：《瓯海渔业志》，温州市图书馆藏1938年8月内部编印本，第93页。
② 方扬编：《瓯海渔业志》，温州市图书馆藏1938年8月内部编印本，第93页。
③ 方扬编：《瓯海渔业志》，温州市图书馆藏1938年8月内部编印本，第93页。

塘底同,待天然蛏秧发生后,觅密生蛏秧之处,将泥涂之泥用木制铲铲入塘内,铲入塘内之泥径潮水冲荡,渐渐平坦,蛏秧即密布涂之表面,有顾客时再用铲将塘中表层泥土铲入麻布制之洗秧袋中。在潭中洗涤之,是称洗货,洗货又分二种。

(1)细货　秧之大小仅如米粒,每两约有五六百只价较贵,但数量亦较多,饲养时利大而害亦大,易长亦易死。

(2)粗货　秧之大小有如着端,每两约有四五十只,价较廉,但数量少,成长缓,死亡亦少。(图6-23)

图6-23　用于渔业捕捞的草绳

洗货中又有春子、秋子、头塘货、二塘货之分,秋子较好,春子较劣,头塘货较二塘货夹杂,但成长速,故较好。

2.杓货　杓货为采捕者以手插入泥涂中,连泥掘起,将手掌伸开,砂泥裂开而得者,亦有粗细之分,非常清洁,不如洗货之带有泥沙,为蛏秧中之最优者。

3.捉货 捉货为以手捕获者,最大者长约一厘米半,饲养时成长迟缓,故获利大,死亡亦少。

(二)蛏苗搬运法

养殖户需要种苗时,须于冬节前后向苗商定购,定购时须先付货价之半数,订明送达日期与地点,由苗商负责运送,价格常随种苗之大小、产量与需要之多少,运送地点之远近而定。搬运时,于蛏秧捕获后,无论何种均用直径五〇公分,高约一三公分之篾籊装置,上盖以盖。每籊容量约二十余斤至四十余斤(视蛏秧大小而异)。惟数量过多时,沿途容易死亡。蛏秧搬运时,沿途切忌日光及天雨,故须置日光不到而凉爽之处。又以体小壳薄极易死亡,天热时尤甚,故最好一夜运到。如系远距离运送,则每隔十二小时须在海水中浸养片刻。此时不可摇动,以防损伤及将附着壳上之浮泥洗去。运到后,由行家转售与养蛏者。

(三)养殖法

蛏秧须大小均匀,含水极少,前端壳缘有一黄色斑而栖息层深者,则成长迅速,不易死亡,反之有白色点者不良,又贩卖前会浸水者亦不佳,泥涂之未经养蛏者较好,少多之涂宜于蛏秧,浮泥有六至七公分,毋须过深,潮流迟缓浸在水内之时间不宜过久,泥多者易于大蛏,表面有呈黄绿色而带油光之浮泥八至一〇公分,满潮时水约二公尺,干潮时退尽者好,无浮泥层而坚硬者劣,蛏秧购到可即浸于海水内,死者即浮上水面,可除去之,然后用泥马(一名海踏一名撬)撒播之,泥马用松木杨木制成,长二公尺,高六六公分,阔一八公分,用法以右足立其上,左足在泥涂上用力向后撑之,泥马即向前行,播种时泥马上置一篮,篮中盛秧,用手取秧撒播之,其量视秧之大小及涂之优劣而不同,粗货每一公尺半平方约半公斤,细货约十分之一公斤,秧播入五分钟后,即攒入泥内,蛏田四周插细竹等作为目标,年内捕起者名一年蛏,最大者五公分至十公分,第二年捕起者名二年蛏,本区普通均为二年蛏,有时亦有三年蛏,至捕获时仍用泥马,普通用手插入泥中采取,但亦有用蛏刀采取者,蛏刀长五〇公分,阔六分半,有木柄长一七公分,采取时左手执蛏刀斜(四十五度)插入泥涂内,乃将蛏刀用力向身边一扳,泥即翻起,观其蛏孔之有无而采取之,如见蛏孔之边缘泥色变黑,则蛏已死可无庸采取矣,用蛏刀有三种利益。(图 6-24)

图 6-24　纹藤壶

1.倾斜面大容易观察蛏孔。

2.可判别蛏之生死。

3.蛏不易落腾,每日每潮,春天可捕四十斤,冬天

只能捕二十斤,因冬天栖息层深,春天栖息层浅也。

养至翌年春之蛏,重约十七公分,每年清明节起至中秋节止,有人到养蛏地方收买,当场过秤,客商购得后用搬运器照运送蛏苗之方法运往市场,惟大蟶体大壳厚,故运送较易,途中每日最好养海水内四至五分钟,大蛏优之优劣其区别法如下。

(甲)优良 1.蛏在泥涂表面所凿之孔内有清洁之水;2.栖息层甚深,约为体长之八倍;3.用足践踏气孔附近之泥涂时,气孔内之水能急激喷出,五公分之蛏,能喷射十三四公分之高;4.气孔之距离达体长二倍余;5.壳呈淡青色而薄;6.体肉丰满,二壳缘不能合拢。

(乙)不良 1.气孔表面有浮泥,甚者非俯首细察不能辨认;2.栖息层甚浅,不过体长之二至三倍,甚者至栖息于表面者亦有之;3.用足践踏气孔附近之泥涂时,气孔内之水射出甚缓,或徐徐流出,是由于栖息层浅孔内水不多及不通畅之故;4.气孔距离仅等于体长或体高;5.壳呈黄色或茶色而厚;6.体肉瘠瘦,二壳缘紧闭。

蛏之害敌,为赤鱼、雷箭鱼、清潮鳗、香螺、虾蟹、沙蚕、野鸭等,风及潮亦与蛏有害、蛏死亡时期多在夏初及秋季十月,蛏秧害敌为虾蟹、鲷鲟、螺蛳、沙吞鸟等,至若遇田内施肥腐烂之金花草水(黄褐色)全涂蛏秧及其他小生物立即死灭。

(四)长成度及灾害

蛏子之长成度及灾害分述如下:

1.养殖场位置高低与蛏之成长及死亡率均有关

系,即潮退时露出时间过长过短,均不适宜,而低处死
亡率尤甚。(图 6-25)

图 6-25　三疣梭子蟹

2.蛏之长成度,小者三十日后增重六·一五至一
二·三〇倍,六十日后一·五四倍,中者三十日后
四·三六至六·〇〇倍,六十日后一一·六七至一
五·六七倍,八十日后一四·三三至一七·六七倍,
一百日后一八·〇〇至二三·三三倍,大者三十日后
二·八八至三·四八倍,六十日后四·六九倍,八十
日后四·五五至一五·六一倍,一百日后一一·九七
至一七·二七倍,即小者长成度远胜于中大者。

3.海水比重达一·〇一八以上,蛏子即不能久
存,达一·〇二〇以上,则殆完全不能生存矣。

4.蛏田表面浮泥殆完全为系蛏子之主要食饵,此
项食饵海水比重至一·〇二〇以上,水温达摄氏二十
七八度,即行死灭。

5.蝗子壳长与壳高之比,壳长在四五公里以下时
约为三·〇〇·一以下,壳长在四五公里以上时约在

三·〇〇·一以上,即壳愈长则其比亦愈大。

(五)销路

本区所产蛏蚶,除供给本区市场外,均用航船运往宁波一带销售。①

温州养蚶"场地与养蛏场地类同,惟蚶生长在泥面,易被盗窃,尤须注意防护,本区适宜之产地在乐清者有蒲岐、沙头、白沙、盐盘等处,在玉环者有北岙、大小坟岙等处"。② 温州养蚶的苗地集中在乐清的沙头。温州养蚶的作业时期有苗采业时期和播种期,其中苗采业时期,"蚶苗非每年均有出产,有时四五年始产生一次,发生期约在八九月间,采集期约在四五月间";播种期,"播种无一定期,大约在每年四五月间"③。蚶的放养方法有采集法、养殖法和收获期三个阶段,其中"种苗采集时,系用一麻袋,口有一竹筐作斜方形,底边长一四时,顶边长一一时,斜边各阔七时,袋长二尺半,采集时将袋持往产苗最盛之泥面,用竹片将产有种苗之油泥拨入袋中,然后置水中冲洗之,去其浮泥杂质,余者即为种苗";养殖中"放养与蛏苗同,惟蚶田之形式大小长短可随意,播种期亦不定,故放养量随种苗之大小而定,小者每亩播种一四斤至一五斤,大者不等,即放养之种苗稍多时,亦可候其稍长再行移殖分养,但播种时须合其散布均匀";收获期"养蚶利厚工省,放养多以三年为期,花蚶生长泥涂表面,收获时可以用手

---

① 方扬编:《瓯海渔业志》,温州市图书馆藏 1938 年 8 月内部编印本,第 93—97 页。

② 方扬编:《瓯海渔业志》,温州市图书馆藏 1938 年 8 月内部编印本,第 97 页。

③ 方扬编:《瓯海渔业志》,温州市图书馆藏 1938 年 8 月内部编印本,第 97 页。

取拾或用耙收集"①。蚶的搬运销路和养蛏业基本一样。

对浙江近海养殖影响最大的是海洋灾害。1932 年,合岙、三山、昆亭、梅山、郭巨等地海涂出现"赤潮",大批贝、藻、虾、蟹、鱼类死亡,养蛏连续三年无收。灾害过后,浙江近海养殖又遭受台风侵袭,损失惨重②。

1940 年,宋修阜在《浙江建设》期刊的战时特刊第 4 期中刊登《乐清之水产养殖业》,详细记叙了当时温州乐清地区的各种近海养殖状况,这里全文摘录,以便更为直观地了解民国时期温州的水产养殖业。

乐清之水产养殖业

宋修阜

乐清沿海,为一连续弯入与凸出之地形,大概弯入部份之海岸线长,凸出部份之海岸线短。弯入部分全为泥涂或细沙之上升海岸,凸出部分则多为山礁或岩岸。前者在习俗上每称之为"岙""湾""塘"或"窟",后者则称之为"头""角""嘴"或"山"。就其凹凸部分错综罗列之形状,约可归纳以下之原则,即两个"头""角""嘴"或"山"之间,必形成一"岙""湾""塘"或"窟",两个"岙""湾""塘"或"窟"相邻之处,必有"头""角""嘴"或"山"突介于其间。该县东南沿海一带,如斯之弯"岙"凸"头"有五六十处之多,举其名之著者,如陈家塘、蒲湾、桐岙、下塘、清阳塘、杏湾、劳岙、樟

---

① 方扬编:《瓯海渔业志》,温州市图书馆藏 1938 年 8 月内部编印本,第 97、98 页。

② 宁波市镇海区水产局、宁波市北仑区水产局合编:《镇海县渔业志》,内部发行,1992 年版,第 64 页。

岙、淡水岙、外岙（图 6-26）、背山岙、东窟与跳头、朴头、礁头、柴山、东山、大颚埠头、龙山、华秋山、长山、

图 6-26　瘤荔枝螺

嘴沙头、沙角、崎头等，每一弯入部分，虽非优良之渔捞场所，要亦各自形成一超等之养殖区域。分布于该区域之水产生物，俨已蔚成自然群落；而与乐清渔业前途之关系最大者为：蚶、蛏、牡蛎、鲻、鲈五种。此等生物各因其形态、习性而异其分布状况，例如：蚶之习性居于水深十米内外之泥底，外壳坚硬，无需深潜泥中，故其自然栖息地带往往在近"海"之一边泥涂上，以免露出水面时间太长，惨遭烈日之曝晒。蛏之壳薄体长，性较畏缩，习于潜居泥穴中，潮来则上升穴口摄饵，潮落则下潜穴底休息，其自然栖息地带常在靠岸之一边泥涂中，涉水深度则较蚶之地带为浅。牡蛎喜居咸度较淡之水中，坟闸外灏沟之处为其最适宜之栖息区域，唯若无相当附着物则难免陷没泥中而窒死。鲈、带同为溯河鱼类，春暖则由海入河索饵，秋冷则由河入海度冬，鲈以动物性为食饵，带则纯以植物性有

机物为饵料,虽皆有春来秋去之泗游习性,然其大部
生活时间则为栖息于堤内,介于河流、港汊、池塘、湖
沼之中。由上可见该区生物分布之梗概:蚶之栖息地
带较外于蛏,蛏之栖息地带较外于牡蛎,牡蛎之栖息
地带又较外于带鲈,例如带鲈可沿河流而上溯至溪沼
中,而完全为淡水之溪沼则必无牡蛎产生,牡蛎可附
着于离海二十里之芙蓉水,及几全为淡水之水涨溪
中,而蛏则极少见有栖息于此处者。陈家塘、白溪、小
芙蓉皆为蛏苗产地,而蚶苗则几不可见,是各种生物
群落之栖息地带各有其极限也。然此处所谓蚶、蛏、
牡蛎、带鲈之栖息地带,亦不过就其大概而言,实则各
群落之间并无天然界线。例如栖息池中之鲻鲈,时常
泗游于蚶蛏、牡蛎栖息之地带。生于最沿岸之牡蛎,蚶
田以外之海底中仍可繁殖。蛏之自然栖息地带本较蚶
之自然栖息地带为高,但蚶群之外仍有蛏之繁殖,蛏群
之内亦时有蚶之踪迹。且人工胜天,自然环境多可改
造,倘能善用科学管理,则蚶田地带之外,未尝不可另
辟蛏场,蛏场地带之内未尝不可广筑蚶田。是各群落
之自然界限将愈因人为之移殖、搁土等方法而被打破
矣。但该县沿海泥涂、汊澪、池沼,多未充分利用,欲言
水产养殖,自仍以顺应各种生物之自然栖息地带而各
别区划经营,方可人工资本省,而收获利益丰也。兹将
区该现有之各种水养殖业概况分连于后。

一、蚶养殖业

乐清蚶之养殖业起源于何时,现已年代湮远,无
从查考,但若以其沿岸多为贝壳堆积而成,则不难想
见过去贝类之繁盛实远胜于今日也。据老于经营斯

业者谈,往昔该县并无天然蚶发生,只以泥涂适宜养
殖此种贝类,故每年不惜远自山东省石岛湾等处采购
蚶苗,由福建货船(图 6-27)装运来乐移殖。后以忽遇
天灾(?)无法防止,所有蚶类尽行死灭,养蚶事业一败

图 6-27　峡山渔港

涂地,从此数十年间无人再过问斯业者。迨至民国廿
三年,沿海一带之泥涂上,忽有天然蚶苗发生,数量之
多,为向来所未见,遍地密布情形,一望无异恒河之
沙!于是蚶类养殖业遂复勃兴。计先后继起经营斯
业者有翁垟、海瀄、沙头、盐盘、南岸、蒲岐、杏湾、华
湫、南岳、朴头、白溪等处,所筑蚶田约有五六万亩,投
入资本共达二三十万元,每年生产总额约五六十万
元,如能继续扩筑蚶田,增加资本组织合作社共同经
营,成立指导机关,改进养殖技术,则斯业之发达,前
途正未可限量也。据临海乡杏湾养蚶合作社吴云兴
先生之估计:如资本充足,所有泥涂普遍利用,则全年
产额当可增加至五百万元至一千万元。是项养殖业

之盛衰,攸关乐清渔民生计,至深且巨,实不容吾人忽视焉。兹将现在养蚶事业之经营分为蚶田之修筑,蚶苗之采购,日常作业,害敌之驱除,用具之种类及收获之利益等六节分志于后:

(甲)蚶田之修筑

蚶田之修筑,在施工以前,须先具备呈请书向县政府申请,报领沙田,经派员勘丈核准,按亩缴纳报领费款,证为沙田占有,始得开始利用。即经营蚶类养殖业所使用之水下涂面须依照土地法缴纳税款。渔业上之水产养殖场被认为农业上之农产耕作场,以致应享渔业法上之权利,一变而为须尽土地法上之义务。此种土地法与渔业法应用范围之扩张与缩小,直接关系渔民权利义务之减轻与加重,间接影响蚶田修筑之难易与水产养殖业之兴衰。唯事关县政设施,非短文所克详论,兹姑从略。渔业人以沙田名义领得涂面后,即招工集股从事修筑蚶田,其修筑时间多在冬春二季。集股方法完全一本"有钱出钱,有力出力"之原则,即富者以金钱投入为合作股本,贫者则以人工折资充作合作股本,其劳资互助合作之精神殊值赞扬提倡。通常一日之工资折银五角,二日或十日即可作为一股本之代价。修筑之蚶田普通每段为三百亩,然亦有因资本之多寡而异其面积之大小者。例如:养蚶合作社之蚶田多在三百亩以上,个人或小资本经营者即七八亩亦可从事修筑。蚶田修筑之第一步,即将泥涂掘高约为一尺半之平台,形状多为四边形,台下四周留有沟洫,台上四边打成五六寸高之围坦,坦内涂面摊成极度平匀,以便潮落后仍有海水贮溜其中,自

然发生之蚶苗即可由此生长。如此一段蚶田,再以短坦隔成三溜,每溜之面积普通为一百亩,溜内再筑矮坦将其隔成十三号,每号之面积约为七八亩,每号修筑之费用平均为人工十二个,行需工资五六元。蚶田以所养蚶子之大小可以分为细蚶田、中蚶田、大蚶田三种。盖低处(靠海方者)油泥多,专供一年养殖之用,高处(靠陆一方者)专供三年以上养殖之用,以其时常露出收获便利也。中蚶田则修筑于前二者之间,专供二三年养殖之用。

(乙)蚶苗之采购(图6-28)

蚶之繁殖方法与其他贝类相同,即于成熟时期雌雄同放精卵于水中,行体外受精,受精之卵变为幼生(lava),暂时营浮游生活,经过相当时日,渐变成二枚贝形下降于泥涂上,始成为无数之蚶苗。蚶苗在发生期间,海水为之变质,据云夜间有红光映射,即为蚶苗发生之先兆,渔夫视此红光为海上财气,故敬之如神明。是时多为秋末冬初,是年冬季如不下雾,则蚶苗之发生必特别旺盛。至明春四、五月间,涂上蚶苗即已

图6-28 生虾皮

长成,约如绿豆大小,其生于蚶田中者任其自然成长,其生于田外之泥涂上者,沿海渔夫即利用淌袋及淌刮将涂上蚶苗连泥刮入袋中,不时置于水中洗涤,使其粘泥从麻袋目中漏出,然后剩于袋中者,纯为桃红色之蚶苗。此种采集洗涤工作俗名谓之"蚶淌"。每人一日之工作,约可淌得蚶苗一二斤,收售最高价格每斤约值一元。养蚶者每从渔夫收买立即分殖于冬蚶田中,如无天然蚶苗发生时,则从他处采购移殖。该县过去蚶苗全由山东石鸟航运而来,殊多不便,近年来各蚶田所养殖者十分之六七为天然蚶苗,即自然发生于筑成之蚶田中者,十分之三四为采购蚶苗,即购自渔夫在蚶田以外所采集者。因此购苗费较往昔大为减省,且无运搬之劳,便利殊多。以上为春季采购蚶苗之情形。至如秋季采购之蚶苗,即不能立即放养于蚶田,应先密集于田中一隅,使其团聚度过冬季,候至明春三四月间,始能分发放养。迨苗养殖成长,其野生者虽不及其同季发生而养殖于蚶者为大,终胜春季采购之蚶苗焉。故此时买卖价格,通常不以斤计而以颗论,大概每元为五六百颗之谱。如系购自邻近蚶田中所养殖者,则其大度自与同年养殖之蚶无异,每元只可购买四五百颗。此种蚶苗多为补充蚶苗缺少之用,每季约予增加原量之三四成。淡水岙养蚶合作社,专收买一年以上之野生中蚶子为蚶苗,此种蚶苗多为南岙山人所采集。该处专以采集中蚶子为业者约有百人,其法三五人驾一小船至各地泥涂上,亦有至玉环各泥涂者,纯用手拾,朝出夜归,每三日可采集一挑,重约八九十斤,售价连泥每元十四五斤。颗粒

至不平均，可分为大、中、小三种。养蚶者收买之后，先用大孔蚶筛筛出其大者，再用小孔筛筛出其中蚶子，其漏于筛下者即为小蚶子，然后分别放养于各种蚶田中。此种蚶苗撒布之距离平均约为一寸上下，即小者每亩约为一百斤，中者三百斤，大者五百斤。大者多为二三年之蚶子，不再养殖亦可出卖。据该社试验结果，中蚶子成长度每月约可增加体重百分之三〇·六，即每斤之蚶苗，每月可增加体重六两。此种蚶苗已至相当大度，海鸭鱼类均不易为害，故养殖甚有把握。

（丙）日常作业

蚶田既经修筑完成，蚶苗亦经依法布殖，此后蚶场管理应由常设专工若干人处理之，此种作业可统称为日常作业，兹撮要列述如下。

（A）蚶田之修整　蚶之养殖时间普通为五年始成熟，在此五年中，完全为泥筑之蚶田，每日因潮汐激荡，易遭冲毁塌坏之虞，故每三百亩之蚶田，须日雇常工六人，开日或每日寻择修补一次，以免蚶田塘内无水存贮，影响蚶之成长，故蚶田之修整，须费大量时间与工资，为日常作业中之最重要者。如能仿效台区象山港之养蚶法，将蚶田改为用石块等坚固材料建筑，则自可省却许多修补人工，免去每日寻择修补之劳，但建筑之方法与经费，尚非目下之乐清养蚶业者所能办到。

（B）溜水之放泄　蚶田筑于满潮线（图6-29）间之近海区域，潮来则湮没海中，潮落则透露水外，如田边短坦未被冲毁场壤，则溜内或塘中必有海水贮溜，此种

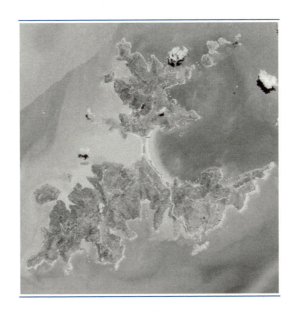

图 6-29　檀头山岛

贮溜之水原为便于蚶之摄饵,增加其营养效率,但如有为害之鱼类、花螺等存留田中,时适足贻害,损失甚大,故田内溜塘中海水之绝对永久贮溜,于蚶之养殖实有害无益。欲祛其害,须于潮水将升之时,在每一溜塘之角,用锄开掘一缺口,使溜塘残余之水放泄净尽,以便捕捉与驱除为害之鱼螺。

　　(C)蚶苗之分殖　蚶田筑成之后,第一次布殖蚶苗,如系春季苗,则以每亩十五斤之密度播种,此后分殖须现其大小与被害之多寡而定。即其受害多者则补充之数应多,少亦如之。其颗粒大则分殖之数应少,密度应稀,颗粒小则分殖之数应多,密度应密。要以维持始终不失一年蚶每亩十五斤,二年蚶将一亩分殖为二亩之谱为适度。唯此种分殖除有特别需要外,

无须常作，一年中大规模实行一次足矣。

（丁）害敌之驱除

养蚶之害敌最重要者约有海鸭、鱼类、花螺等数种，兹将其为害情形及驱除方法分述于下。

（A）海鸭　海鸭为一种冬来秋去之候鸟，终身成群结队迁移栖息于海河区域，全以水产生物为食饵，在渔场上有时可为搜索鱼群之信兆，如善于观察利用，则其裨益甚大。惟于水产养殖业，尤于养蚶业，其为害之烈，旷世无匹，堪称害敌之王。春季蚶苗初播之时，每成群飞落，蚶侵入田间掠食，防范稍有疏忽，则未有不将蚶田刹时变成废区者。盖此时蚶苗粒小，贝壳薄弱，海鸭吞噬固易易也。若养至二年以上，则颗粒已大，贝壳强硬，海鸭掠食不易，不复能为大害。春夏二季，海河区域各种水产生物繁殖甚伙，海鸭不必专恃蚶苗为食饵，迨至冬季，他种生物或潜移外海，或蛰伏泥土，唯有蚶苗为其仅存之食饵，故此时尤应严加防范。驱除之法，除派船驻守蚶田外，并须常鸣放火药铜铳以惊散之。

（B）鱼类　鱼类以蚶为食饵者，皆为口齿坚利之伦，其著者有赤鳐、河豚、黑鲷（图 6-30）三种。赤鳐为四方形之扁压型软骨鱼类，俗称魟鱼，横口坚齿，尾具毒剑，一旦闯入，蚶苗辄被吞噬；且以其形扁，体重，翼厚，匍匐搪行，所过之处，蚶苗多为振惊而毙，为害之烈不亚于海鸭，为鱼类中之尤者。河豚为固颚类，俗称为乌郎，仅有门齿四个，坚硬如铁石，任何贝类，入口即成粉碎；每于春季结成二三十尾之群，随潮之升降，往来蚶田之中，觅食蚶苗，无分大小，俱被其害。

黑鲷俗名海草鸡,为棘鳍鱼类中之一种,北方称之为嘉级鱼,鳞硬棘坚,口坚齿利,亦于春季群游沿海,以尾鳍拨扬泥涂,寻觅蚶苗而嚼食之,以其动作迅速,每潮嚼食蚶苗,为数甚巨。以上三种鱼类之防御方法,唯有于蚶田之四周竖立高约一丈之木杆,围张渔用网片以保护之,于是潮来则鱼类不易侵入,如已侵入,亦必于潮落时罗网而被捕,纵能为害,亦以一次为限。

图 6-30　黑棘鲷(俗称:铜盆鱼)

　　(C)花螺　花螺为七阶螺层表面有胡麻斑点之螺,大者如莉萌,小者如橡子,匍匐泥涂寻捕蚶类,口具酸性液腺,分泌出口之毒汁,胶糊于蚶壳之顶部,将其侵蚀一小孔。盖蚶壳为石灰质构成,遇酸则渐渐溶化,花螺之酸液滴滴分泌,蚶壳则渐渐溶化,于是遂蚀成一极圆之小孔,形同细工穿凿,备极奇巧。螺吻即自此孔伸入壳内,吮食蚶肉。据渔夫云:花螺食蚶,涨潮食一,落潮食一,一日潮水涨落共四次,即每一花螺一昼夜间须食同体大小之蚶四个。此种害敌多为与蚶苗同时发生于蚶田中者,驱除之法,惟于落潮之时,将溜塘残留之水放泄净尽,用人工一一捡出之。此外

尚有黄鳍、蛔触与红潮,亦可谓为养蚶之害敌,惟黄鳍为害不烈,蛔触系零星侵附,红潮则发生无常,故不赘述。

(戊)用具之种类

养蚶所用器具,种类不多,构造亦简,兹列举其名称、构造,并说明其用途于下:(1)蚶笼——蚶笼为竹篾编制之笼,直径一尺六七寸,缘深半尺,常三四个累为一起,作为挑担之一头,收买蚶苗,运搬成蚶多用之。每个价仅二三角。(2)蚶篮——蚶篮亦为竹篾所编制,主部与笼大同小异,唯下底直径约较口径小二分之一,上有弯梁一,以便提携,日常下田工作时,用之捡拾花螺。每个价格与笼相差无几。(3)蚶筛——蚶筛亦为竹篾所编制,直径二尺,缘高不足二寸,底部编成方形孔目,外加粗大篾片编成拳大之六边孔形以资坚固。淘汰细蚶,选择蚶粒,分殖蚶苗时常用之。(4)蚶打——蚶打为一木棒钉有七八根铁钉之器具,木棒长约一尺以半径一寸,钉为铁丝截制,长约三寸,以七八分之距离,钉列于木棒上,一端留为三寸之柄,日常蚶田工作时用以疏蚶起涂,聚于一处以便拾取,或从田中选采较大之蚶使用之。(5)蚶刮——蚶刮为一片弯面之竹板,长不盈尺,宽约二寸,厚二分,边、角、利棱,均经磨圆,采集蚶苗时用以刮取泥涂,使苗连泥集于一起,刮于淌袋中洗涤之。(6)淌袋——淌袋为一麻编之囊状密网(图6-31),目有稀密,要不超过一分。囊长约二尺半,上阔底缩,口部装以竹制之梯形框,框之两底边,长者一尺二寸,短者一尺,左右两边各长半尺。框之短边与袋口不相缝合,并线以细绳作为把柄。从泥涂采集蚶苗，或由蚶田采洗成蚶时皆用之。(7)蚶船——即普通之小舢板，长约一丈，平底，用以驻守蚶田，或随潮汐之升降，往来于蚶田海岸之间，担任连输交通工作，遇必要时并可用人力推动，使其在泥涂上滑行，体小轻盈，为用颇称便利，于收获成蚶时功用尤大，故亦有称为泥溜者。(8)围网——多为渔捞用过之旧网片，辏编而成，宽约丈许，长度以蚶田面积之大小而异，要以围绕蚶田一周或足遮挡靠海一方之半周为度，网目之大小均可应用，本无若何关系，唯网片以斤两计价，网目大则重量轻，网目小则重量重，同一网片每因目之稀密而大异其经济价值，是采办之时不能不加以选择也。但过大之网目则失其保证防卫之效用，如过小则又徒废不赀，并无超越功能，故选择网片多以一寸目为宜。(9)铜铳——为一小炮式之铜筒，其装置，可分为铳筒与手柄两部。铳筒为三个同口径之铜管安排于一同一底上而成。各管之根部皆有一小孔，为安插火药点芯之用。管之口径约六分，管长约八寸，手柄紧接铳筒之下，长约六寸，为便于手持向外高举点火发放之用。春夏两季，海鸭成群，侵入蚶田为害，全赖鸣放此铳以惊散之。往昔海鸭来侵，多用土枪射击，不仅防守蚶田，驱除害敌，且有许多猎物可以收获，近民枪被收，铜铳遂成为驱逐海鸭之唯一利器矣。(10)麻袋——红麻编制与普通麻袋无异，为收获成蚶装运外埠销售之用。(11)镢、锹——即普通农用之镢、锹，为修筑田内溜、塘、沟洫等日用之器具。此外如泥马、竹箕等亦常使用，为养蚶重要器具，留待蛏养殖业章中详述，兹从略。

图 6-31　用于编织渔网的苎麻网线

（己）收获之利益

　　蚶之成熟时间为五年，即在此五年内，蚶成长与日俱增，其肉体年有加重。但养蚶者多为经济周转计算，不待成熟而于养至三年时即行收获销售。据有经验者云：蚶之成长度第一二年最速，三年后则渐缓；新收当年春季之蚶苗，每市斤约有二十万粒，养至第三年之蚶子，百余颗即有一市斤重。依此推算，如无死伤损折，则每斤蚶苗经过三年之养殖，可有二千市斤蚶子之收获。换言之，即每一蚶苗之体重在此三年中各增加至二千倍，其成长率之大，实属罕见。蚶苗收购价格，最高额为每元一市斤，成蚶之销售价格最低额为五分一市斤，即每廿市斤可售银一元。照此计算，则一元之本，可得百元之利，生产利益之优厚，恐无有能与养蚶业比拟者。但实际收获与理想之利益相去甚远，就调查所得，各处收获之利益多者为十一

倍,少者仅五倍半,平均为八倍半不足。即一市斤之
蚶苗,仅可养成一百七十市斤之蚶子。每元之本银获
利不过七元五角而已。二十余万粒之蚶苗,经过三年
之养殖其得以长成为蚶子者,为数只有一万七千余
颗。生成率仅占百分之二·七,即蚶苗百粒中,有九
十八颗先后被天灾害敌所消灭,其死亡率之大,亦诚
足惊人! 故养蚶事业表面上虽有八倍之利益,但实际
上除去一切开支、利息,所得纯益亦不过二分耳。今
后应如何消除敌害,避免天灾,使蚶之生成率增大,使
其理想利益与实际收获间之距离缩短,实为政府亟待
筹划之要务也。

二、蛏养殖业

蛏养殖业过去在乐清本极发达,至民国十六年前
后为其全盛时代,嗣忽发生蛏苗死亡灾害,沿海一带
蛏子几致完全灭亡。浙江省立水产试验场曾派技师
研究蛏子死殇原因,编有试验结果报告。唯以所采方
法尚有研究之必要,终无法挽回蛏子死殇之命运于万
一,乐清之养蛏业遂从此一蹶不振。迨至近数年来,
沿海泥涂渐复有蛏苗发生,荒废已久之蛏场,又被重
加整理、利用,业已破产之养蛏业似有渐趋复兴之象。
且以养殖方法简单,经营资本经微,虽无大利可获,但
经营极易,故养蛏户数较养蚶者为多,几完全为农家
副业。兹将经营是业之概况,就调查所得,分为蛏场、
蛏苗、放养、收获、害敌,及用具各节列递于后。

甲、蛏场　蛏之养殖场无须外加人工修筑,仅就
原来之泥涂应用即可。沿海泥涂因潮水之冲刷,表面
本极平滑,占倾蛏场可于四周划一浅沟,或于四角拓

以竹竿为标记,面积之大小可随经营者之自由划定,但大多数为矩形或方形田亩。选择时应注意下列之条件:(1)须为沿海倾斜度(图6-32)缓慢之涂地,若沿岸波度过陡,则润涝不均,摄饵营养极难普遍,且潮落流急,泥涂易被冲刷,蛏苗栖息不安,往往随流他徙,渔夫诱称"养蛏者时运不济,蛏苗常自动飞去",诚愚妄可笑!乐清沿海涂清江口南岸,北自清江渡,南至大颗垟头一段二十余里,涂面过高,多建筑为盐田外,其余概为缓漫涂地,皆可利用为养蛏场所。(2)泥涂层之深度须在二三尺以上,且有少量之细砂混杂其中。盖纯然无沙之浮泥,则必稀薄如浆,蛏秧尚可暂时浮存,稍长则无法营穴以居;但如沙质太多,则泥涂必变坚硬,不仅有机养分缺乏,即营穴栖息亦不易也。(3)表面须有黄绿色之油泥。蛏之主要饵料为植物性浮游生物,即身具油滴及叶绿素之硅藻类,此种生物集体浮于泥涂表面,必呈现为黄绿色之油泥;故有此种油泥漂浮之涂地,即证明其为蛏之良好摄饵场。(4)水之深度须在大潮时满潮二公尺左右,落潮时,涂面暴露时间不可太长,以不超过三四小时为宜,小潮时落潮以完全不露出为佳。因蛏之栖居唯在泥涂,而其主要生活则仍在水中,如潮来则上升穴口摄饵,潮落则潜居穴底休息,一日间摄饵数量之多寡,可以其在水中吸呼时间之久暂而推定。(5)海水盐分不可过高,或过低,比重须在一·〇一一与一·〇二〇之间。据笔者亲自测验,清江渡之海水比重为 1.017P.,芙蓉之海水比重为 1.0185P.,白溪之海水比重为 1.014P.,朴头之海水比重为 1.018P.,水涨之海水比

重 1.015P.，余如宅前、蒲歧、沙头等处亦均在 1.014
－1.018P. 之间。（6）须地势弯入，不受风波浸扰，凡
沿岸称"头""角""嘴""山"等极端之直角多不相宜，盖
此等突出部分之极端，最宜遭受大风巨浪之侵扰，浮
游生物无法停留，蛏苗即无以安居摄养故也。他如
（7）须敌害之繁殖较少，（8）须无巨量淡水之冲洗，及
（9）须水流通佳良等，均为选定养蛏场所应注意之
条件。

图 6-32　东门渔港

乙、蛏苗　蛏之繁殖方法与前述之蚶大致相同，
亦系体外受精变为幼生型，经过浮游生活期间，遂下
降为潜居生活之蛏苗。当营浮游生活时，随波逐流，
漂没无定，落于适宜之场所，则得庆生存，其落于不适
宜之场所者则旋遭天亡。乐清沿海泥涂多为蛏苗盛
产之区，过去临海各县蛏苗之供给皆仰赖该县，其出
产最多之处为陈家塘、白溪、蒲歧、白沙、下塘（图 6-
33）、翁垟等处。据当地人云：民国十六年蛏苗生产最
旺，陈家塘一处即出产二万元，蒲歧万余元，白溪、白
沙、下塘、翁垟等处合计四万余元，全县年产总额约有

七八万元之谱。今年陈家塘所产蛏苗仅值千余元,据此估计,全县生产总额不过五千元而已。蛏之繁殖时期大致亦与蚶同,多在秋冬二季之间。据查蛏在九月前后(约当阴历仲秋节)行生殖作用,精虫与卵在水中发生受精现象。迨至冬至前十日左右,泥涂表面发现有一层深灰色之油泥状细点,盖蛏之幼生已渐变成二枚贝形而下降矣;再过二十日则渐由深灰之细点而变为灰白色之蚶秧。至翌年一二月间,即可从事采集,此时所采之蛏秧甚小,状似混于泥涂中之糯米粒,称为第一期秧,或"细货",每市斤约可秤得八千粒至一万粒。"细货"之采集方法,系于蛏苗发生之前,在泥涂上筑成许多长六尺、宽四尺之塘,塘之四周以泥筑成六七寸高之矮坦,每四个塘之中央,掘一直径四尺深约一尺半之潭,为洗秧之必要设备。塘与塘间须有沟洫相通,宽约三尺,深与塘底相同,以便采秧时之往来工作。至正二月间,发现有天然蛏秧密生之处,即利用采秧铲将蛏秧与泥涂水平铲起,放于塘内,候潮水往来冲荡,塘内泥涂自然荡平,所有蛏秧即密布于塘之表面,俟出售时再铲于茫秧袋中,置于潭中洗涤之,此种工作谓之"洗货"。细货运销各地放养后,已是四五月,留于泥涂上之蛏苗,已长至相当大度,再采集之,则称为第二期秧,或"粗货"。粗货采集多用手插于泥涂中,连泥掘起,然后将手伸张,蛏穴裂开,蛏秧即行露出,因系用手张扬泥涂而得,故亦名"扬货"。此种蛏秧每斤约可秤得六百粒至八百粒,颗粒少,价值廉,放养之死亡率亦小。每当春风和煦之日,沿海渔民无论妇孺老小,多以拾捡蛏苗为业,如水涨、白溪、蒲岐等处,背挂竹罾,折腰涉足于泥涂上者,日不下五六百人之多。平均每人一日可捡得蛏秧三四斤,价值一元二三角,殊于贫穷之渔村,经济不无小补。乐清蛏苗产地,以陈家塘为最盛。该乡(临溪乡)竹排业公会与挑夫业公会各欲霸占,驯致发生械斗,涉讼未已。此时常有秧商牙行候于岸上专事零星收买。乐清蛏苗采购习惯,须于冬节前预向秧商订购,先付货价之半数,约定交货日期与送达地点,由秧商负责连送。货价之高低,须视蛏秧之大小,采购数量之多少及运送地点之远近而定。蛏秧之运送方法,关系养蛏之整个利益,故无询何种蛏秧,于采捕后均用直径五十公分,高约十三公分之篾箅装置,上覆以盖,每箅容量视蛏秧之大小分为四十斤或二十斤。搬运时沿途切忌日光及天雨,故最好于一夜运到,如系远距离运送,则须每隔十二小时,放于海水中浸养一次,惟不可振摇以防损伤,或将附着壳上之浮泥洗去,以减少其湿度之保存。

图 6-33　裙带菜

丙、放养　蛏场既经选定,蛏苗业已购得,即可从事于放养工作。蛏秧之放养谓之播种,在播种之前,对于蛏秧应经一番检查,即其颗粒须大小均匀,第一期秧与第二期秧不可混养于一处。其有含水极少,前

端壳缘有一黄色斑点者，为强壮而栖息较深之秧，将来成长必甚迅速，不易死亡。反之若有白色斑点者，必为不健全之秧，成长难期良好，应视为劣种。欲将死秧完全除去，须将蛏苗连箬浸于海水内，如有死者，必尽行浮于水面（图 6-34），应悉数捞去之，以免鱼目混珠。待检查完竣，将其分盛于竹篮中，置于泥马（一名海踏或撬）上，然后以右膝跪于泥马上，以左足用力向后蹬涂，滑行于蛏场上，左手扶持涂马徐徐前行，右手从篮中取秧播种之。撒布之稀密，须视涂之优劣与蛏秧之大小而定。盖泥涂未经使用养蛏，而表面呈有黄绿色带油光之浮泥者，为优良养蛏场，撒播之密度应密。反之则养料缺乏之泥涂，撒播之密度应稀。又蛏秧小者（即细货）应多播，其大者（即粗货）应少播。普通多以重量计算，盖为每一方丈之面积内，粗货半公斤，细货则为十分之一公斤。蛏秧播于涂上，五分钟后即潜入泥中，营穴居生活矣。据渔夫云：蛏秧于运搬或放养时期中最怕暴雨雷鸣，盖其感觉最灵，而性最畏缩，此时生长未久，遽忽采取出涂，已使其饱受痛苦与虚惊，若再于运搬途中复遇雷鸣，则必震惊吓死无疑。避免之法，于雷鸣时悬挂空中，或可因不直接感受地震而减少死亡之数亦未可知。又播种之初，尚未及潜伏栖息即骤遇暴雨，必因雨水之比重与海水相差太大而毙命。故蛏秧之运搬与放养，务应选择天气清明之日行之，否则难免横遭不测之灾。播种时期不可太早，太早则易被海鸭吞噬，最好于五月间海鸭飞去时播种，较为稳妥。

图 6-34　石花菜

　　丁、收获　蛏秧播种后,日常作业甚少,除初播种时须常往查看有无海鸭等为害,应行加以驱逐及附带捡去涂蒜外,即可静候收获,人工需用甚少。蛏本需三年始可成熟,但养蛏者多为目前利益及资本易于周转起见,每有不及一年即行收获者,有养至二年收获者,间或亦有养至三年始行收获者。放养当年捕获之蛏称为“一年蛏”,养至二年捕获者称为“二年蛏”,养至三年者称为“三年蛏”。蛏之成长速度以第一年为最快,放养后一个月之蛏秧,小者(细货)能增加体重五六倍,两个月增加体重十倍。大者(粗货)一个月能增加四五倍,二个月能增加十倍,一百日后约能增加至原来蛏秧体重之二十倍。是以四五月放养之蛏至冬至即可收获,最大者长有五公分。第二三年则可随时收获,但以夏秋不易保存,故收获时期仍以冬春为宜。是后蛏之成长纵大,度亦不过略有增加而已,甚少有超出六七公分者。收获方法普通携竹笼跪泥马驰赴蛏场,用手插入泥涂中采取。蛏之栖息穴上有二小孔,一为吸水孔,一为喷水孔,视两孔距离之大小,可推知蛏体之长短。大概蛏之体长为其孔距之二倍半。采蛏者可任意在涂面选择挖取其大者。唯蛏穴甚深,多在其体长六七倍以上,用手一一挖取,成效甚

慢,每人一潮(约三小时)只能采获一小篮,重约十余斤,殊有指导改用蛏钩之必要。较为进步之收获方法有利用蛏刀采取者,即以左手执蛏刀以四十五度之方向斜插入泥涂内,用力将铲于蛏刀上之泥涂翻于一边,刀下之蛏穴历历在目矣,然后判断蛏之有无而采取之,可免空捞死蛏之劳。盖蛏已死者,其穴之缘边细泥变为黑色,经蛏刀截翻其上部,可一望而知为死蛏,无须妄事采取,且有蛏之穴深度亦只余半截(图6-35),采取亦自易而迅速也。普通使用蛏刀,冬季每人一潮可采蛏二十斤,是时海水之温度下降,蛏之栖息层较深,若在春季则每人一潮有四十斤蛏子可收获,其速率较用手挖取增加三倍。蛏子之优劣肥瘠,于收获时极易判别,盖优良蛏子之特点为:1.喷水孔及吸水孔口有清水贮存者;2.栖息穴深达体长之八倍者;3.用足踏蛏穴附近泥涂有水自喷水孔急激射出者;体长五公分之蛏子喷水约有十五公分之高度,适当其体长之三倍;4.喷水孔与吸水孔之距离为体高之二倍者;5.壳呈深豆绿色而薄者,为饱食硅藻之象征;6.肉体肥满二壳缘不能合拢者。而不良蛏子之特点则为:1.喷水孔与吸水孔口为浮泥所掩,非俯首细察不能辨认者;2.栖息穴浅不过体长之二倍或三倍者;3.用足踏蛏穴附近泥涂,喷水孔之水喷出甚缓或徐徐流出者;(以其栖息穴浅,贮水无多或流通不畅,故其喷出较缓)4.喷水孔与吸水孔之距离仅等于体高者;5.壳呈深黄色或褐色而厚者,为摄饵不足之象征;6.肉体瘦瘠,二壳缘紧闭者。蛏之售价普通每元二十斤。丰收时每元之秧可采五元之蛏,平常一元之秧,仅得二三元之蛏而已。乐清所产蛏子,除供给本县食用外,多运销温州、宁波一带。年产总额向无统计,据估计旺盛时约达二三十万元,近则不过一二万元耳。

图 6-35　管角螺

戊、害敌　蛏之害敌称类甚多,尤以蛏秧初播之时为甚,即虾蟹亦可残食,甚至雨水、雷鸣、暴日,均能酿成灾殃,此时秧之生命可谓四面八方受敌,危殆已极。兹就常见之害敌分为四类,列举如下。(A)鸟类:鸟类之食蛏者,为海鸭与沙吞鸟二种。海鸭之食蛏,每在播种之初,稍长则皆潜居泥中,不易啄食,且海鸭冬来春去,如俟其飞夫后再行播种,及冬季再来,蛏子已长大深居泥中矣,故海鸭虽为养蛏之劲敌,倘播种适时,尚无大害。沙吞鸟形体较小,为数不多,只能为害于蛏秧时代。蛏场防范鸟类之方法,普通多于蛏场泥涂上遍插长约一尺五六寸之细竹篦,其距离约为三四寸,高出涂面约一尺。于是海鸭不敢飞落,河豚等鱼类亦不敢闯入。插竹篦之方法,除一一分插者外,

尚有丛插者,其插法以竹篾五六根为一丛,密集插于蛏场上,距离约在二寸左右,遥望宛如茂盛之稻田。

(B)赤潮:在芙蓉等处调尺查过去蛏子死亡之原因,据一老于养蛏者云:"自民国二十年起,每至八九月间,海中时有红水发生,蛏子随即尽行死亡。"按此处所谓"红水"当系水产养殖学及海洋生物学上之"赤潮"。赤潮为数种植物性浮游生物同时发生于海中之现象,即 Ganganlax,Peridinium,Ceratium 等鞭毛藻类,繁殖于海中,分泌红色液质,能使海水俄忽变为赤褐色,有苦涩味而略带黏稠状,故亦名苦潮。此潮经过之处,上中层之鱼类多中毒而陷于晕迷状态(图 6-36);若一旦袭入养蛏场所,则所有贝类必因鳃被糊蔽而窒毙,实为贝类养殖业之无上害敌。乐清沿海蛏子往忽死亡殆尽,既据称有红水发现,赤潮当为其主要原因。水产试验场过去研究蛏子死亡之原因时,系将各地之泥涂采于实验室中,用同一地方之海水,分别增减其盐分比重与温度而观察其反应,试验其对于海水物理变化抵抗之极限,即温度比重超过如何限度蛏子即行

图 6-36　拟穴青蟹—雄

死亡,故所得结果为海水比重增加至1.020以上,或水温增加至28℃时,蛏子即行死亡,实则乐清过去蛏子死亡时,海水曾否达到如此大之比重,是否升到如此高温,则未被研究者所注意,诚肥憾事。而其死亡之主要原因为生物的,非理化的,亦同被忽略,无怪其所得结果无补于蛏子之死亡也。(C)鱼类:鱼类足为蛏子之害敌者,除养蚶业中所述之河豚、赤蛏、黑鲷三种外,尚有赤鱼、雷箭鱼、清潮鳗等数种,为害情形亦略与养蚶相似:唯赤鲟、黑鲷,独于蛏秧为害最烈,及蛏子稍长,潜穴既深,则不复能为大碍,而其种类则常为蛏子终生害敌,只不过时间上有春秋之别而已。盖鱼类为游泳生物,往来迁移纯以水湿而定,春来秋去正与海鸭相反,然皆依时移动不稍失候。(D)其他:蛏之害敌除上述主要三类外,尚有香螺、螺螂、沙蚕、虾、蟹等类长期定着生物,以其不成群落,极易被人疏忽,实则零星残害蛏子之数量,积日累月计之,亦颇可惊。对此等害敌,除勤于捕杀外,别无他法。此外如大雨时巨量淡水之冲刷,阳光暴晒涂面之温度太高,田内施肥腐烂之金花草水流入蛏场,以及蛏场涂蒜等生物之过量繁殖等,或则害及蛏秧之生命,或则影响蛏子之成长,要皆可视同养蛏者之害敌焉。

　　己、用具　养蛏所用器具,紧要者有下列数种,用法已分详以上各节中,兹仅略述构造如下:(1)木铲——为一木制之大铲,可分为铲、柄二部,全长约四尺,铲部占去大半截,宽约九寸,厚如木掀,柄部顶端按一长约五寸之横木,以便把持运用。(2)洗秧袋——为一挡网式之有柄袋状囊网,囊之口径约二

尺,囊深一尺五寸,以麻编成,目与采蚶苗所用之渦袋相若,囊口穿结于粗铁丝制成之圈上,然后与一木柄相固结,如一把大罩篱然。柄径一寸五六分,长约二尺。(3)蛏秧运搬箩——竹篾编制,径五十公分,深为十三公分,上有篾盖,每个容量约为蛏秧二十余斤至四十斤(以蛏秧之大小而不同),大体与蚶箩之构造无异。(4)泥马——为松木或杨木制成之小舟,长约二公尺,宽十八公分,头尖,尾部略关,前昂,中空,后敞,底部平滑,腰部竖有扶手,作为驾驶时之把柄。用时膝跪于舟中后部,一足踏涂后蹬,每蹬约可滑行一丈,往来涂上,随意所之,颇称迅速便利。(5)蛏刀——为木板制成之犬刀状器具,刀片长约二尺,前阔后狭,前宽二寸余,刀尾昂起,按有横木为柄,柄长五寸。

三、牡蛎养殖业

牡蛎俗称蛎蛤,就其形状之长与圆可分为二种,一为圆蛎,一为剪刀蛎。圆蛎性喜浅水,故养殖者较多,剪刀蛎体形细长如剪刀,生于深水枯潮中、亦不露出,采取较难。但就其内部观察,二者或为同种,因附着地带之海洋环境及生成年龄而异其外部形态,亦未可知。牡蛎养殖几完全无需资本,远较蚶、蛏养殖为易,清江渡沿江以上之大小芙蓉,朴头山沿岸以北,直至水涨以及越出县境之停头,小户人家几家家皆利用农闲养殖一二船。但率多小规模经营,而又墨守成法故所获甚微,遂少为人注意。实则稍加指导改良,必为一种故极有希望之养殖业,收获利益当不在蚶蛏之下。兹将该县养蛎概况分为蛎田、采苗、放养、收获列述于后。

　　甲、蛎田　　蛎之自然繁殖场所为堤坝以外,海港以内之(图 6-37)没澪区域,盖此处为汽水区域,水温常在二十摄氏度上下,比重常在一·〇一〇与一·〇二〇之间,最适合于牡蛎之附着与繁殖;其他如地势之坡度,潮流之缓急,底质之软硬,水深之干满等亦无一不适合于养蛎场之选择条件,故稍加人工整理即变为良好蛎田。乐清蛎田之分布率多集中于此区域。例如:芙蓉镇、方缸屿、小芙蓉、新塘、陡门头、宅前、跳头、陈家塘、淳头等处之蛎田,无一不具备上述之条件。蛎田之分布多在澪沟之两帮,修筑方法极为简单,即将泥涂挨片掘为高约一尺,宽四尺,长一丈之泥台,泥台之长方向与澪沟水流成垂直形。各台之间相隔约二尺,形成泥水排泄之沟,以便往来工作,免踏蛎田。蛎田必须筑成泥台之原因,为附着蛎苗之石块放于涂上,经久不动,倘无高台间成沟澫以溉泥水,则必因水流冲荡,寻为泥涂所掩,石块陷没涂中,蛎苗有被窒毙腐烂之虞。

图 6-37　南田岛风门口

乙、采苗　牡蛎之发生与蚶蛏无异,均系体外受精,经过浮游生活期而变为二枚贝,唯蚶苗、蛏秧多落于泥涂,蛎苗则附着于石块,前二者之繁殖场所比重较高,蛎苗则可发生于江流溪口,是其异点。蛎苗之发生时期亦在冬季,唯须至翌年春间始被吾人肉眼发见。据新城塘一带之养蛎者云:"水涨、芙蓉等处之溪石,每年三四月间即有蛎苗附着,初发现时,有如苍蝇屎满布其上者,即知有蛎苗发生,此后则利用种田之暇,随时运搬放养。"采苗方法因地域而不同,大概朴头山以北皆至水涨采苗,朴头山以南多至大芙蓉采苗,而方缸岙附近则就地培养。就其性质与方法似可分为野生蛎苗与培养蛎苗两种。兹将两种蛎苗发生之场所及采集方法分述如下:(A)野生蛎苗——野生蛎苗之产地一为芙蓉,一为水涨。二处之地势环境颇多相似之处。芙蓉为清江之支流,水与芙蓉海相通;水涨为水涨溪之河口,乐清海之尽头,二者皆有大量溪水自山中冲流而下,同有拳大之卵石满布于咸水、淡水混淆之区域。有淡水混合则比重小(二处比重皆为一·〇一四),适牡蛎幼生之浮游,有卵石罗布则地盘坚固,适于蛎苗之附着。二者皆为蛎苗繁殖场必备之要件,今既兼备,故每年皆有大量野生蛎苗发生其间。水涨蛎苗发生最多之处,在陈家塘以东,淳头以南,扫箕屿以西之一大片浅滩,此浅滩之面积广约五六方里,东南北三面皆为水流围绕,故名三水滩。滩之成因系由溪水挟带山中砂砾、石块冲积而成。潮满时湮没水中,潮落时全部露出,滩上石块几块块皆为蛎苗附着器。每年四五月间淳头、跳头、宅前、新城塘、朴头一带之养牡蛎者,或用竹排(淳头用),或用小船(朴头等处用),或用篓挑(新城塘用),纷往搬取。直至七八月尚有继续挑搬者,此时蛎已长大如瓜子。惟该地溪水太大(图 6-38),地质又不肥沃,虽为天然之蛎苗温床,却非牡蛎之养殖场所。故大好财源,任令他处捡运以去,而本地食用犹须向临近各地购买。近以禁运与各地涉讼未休。曾有制止各地前往搬运石块之禁,而各地正为此与水涨争执,经年缠讼不休,芙蓉蛎苗产地,情形与水涨相同,唯面积较为零散,石块多散在芙蓉镇溪中,及芙蓉海之各沿岸溪口间,此区域之石块除为芙蓉海沿岸养蛎者利用外,尚可供给焦头、清江渡、新池等处之搬取。搬取时多用船只,将附着蛎苗之石块,一一捡放于船中,载满运往蛎田放养。每户最多者十五船一少者五船。捡石与放石之工作普通为五人合作,即二人住返捡运,三人放石于蛎田。若以运搬石块人工计本,平均每户约可养十八元之蛎苗。(B)培养蛎苗——培养蛎苗法,今唯方缸屿与其南岸之埠头可以采行,法极简便,即于每年三四月间(约当小满前后),赴各溪寻觅拳头大之卵石,运归放于筑好之蛎田上即可。迨五月初即见有蛎苗附着于石上,密时有个个相累者。从溪中新捡之卵石曰"生石",蛎苗附着更易。如一时溪石运搬不及,将上年用过之石块,敲去其附着之蛎壳,亦可利用;惟蛎壳甚难敲尽,对于蛎苗之附着数目不无影响。故名此种用过之石块曰"乏石",非至不得已时不肯使用。此处有一疑问,即新塘离方缸屿咫尺之近,地质、水温、比重均经测验,无不相同,何以方缸屿可就地培养蛎

苗,而新塘则须遽赴芙蓉运搬野生蛎苗?温区渔管处,初以此处无蛎苗发生,故于其上流之方缸屿设置箱式瓦片蛎苗器,并于其下流之清江渡试用"生石"蛎苗法(即仿效方缸屿之培养蛎苗法),同于四月十二日下水。嗣经检查,均有蛎苗附着,多已长至指端大小,而尤以瓦片蛎苗成绩最佳,由此试验足证新塘非无蛎苗发生,且可采用培养头苗法无疑。

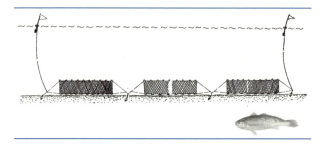

图 6-38　小黄鱼定刺网

丙、放养　牡蛎之培养方法,因采苗方法而不同。如为野生,蛎苗采得之后,或用船筏,或用篓担,搬运至蛎田附近,然后将石块陈列于蛎田涂上。嗣逢雨后,潮落须将石块一一起出,稍移其位置,以防山洪暴发,时被冲散或埋没而窒毙也。如再用沟水冲刷浮泥,以畅其呼吸与摄饵,则收效更大。其于八九月始行放养者,蛎苗已至相当大度,且放养期近,起石之工作自较三四月放养者为省。如为就地培养蛎苗,因石块着泥时间较长,起石之工作似应较多,但方缸屿南沿岸一带,涂质较硬,而起石工作反不多费。由此可知,如能将蛎田改用石筑,或仿效厦门蛎石养蛎法,自可省却起石与冲洗之劳。旧法养蛎最大弊病,为误信牡蛎必须一日露出水面两次,否则不能生长及蛎田为从泥涂中发起,故养殖牡蛎必须放于泥涂上。此两种谬说一日不打破,则垂下式牡蛎养殖法一日不能采用,陷没窒毙之患亦一日不能避免。据圣江乡蔡乡长云:三年前曾有人于清江中试作浮木养殖,其法系浮周径约一尺,长约二丈之杉木干于水面,系以周二寸长约二丈之薰绳,江底以六七尺长之木椿固碇之,奈所附着者皆为蛎蒲冲(按即藤虫之俗名)而非牡蛎,遂贻乡人笑柄,垂下式养蛎试验因以失败。又清江渡小学胡校长云:过去曾有人作如是想:清江每年三月十五、四月初二两汛大潮,或系一潮生曲嘴(亦滕囊俗名),一潮生牡蛎,于是插竹采苗与放石采苗同时为之,结果石上所附着者多为牡蛎,而竹筷附养者全为藤壶,且现在蛎田上为防害敌侵入所插之竹篾亦皆累累而无双蛎附着。因此插筷养蛎法亦无人采用。有以上两种事实,于是蛎苗系从泥涂发起,且必附着于石上以便露出水面之说,遂深入人心,牢不可破。近闻温区渔管处设计之木筏垂下式养蛎法,虽已采得蛎苗,唯因时局关系而木筏尚未下水。蛎本三年始成熟,但因旧法养殖,放养日期过久,石必沉(图6-39)陷泥中,将蛎窒毙腐烂变为空壳,故多当年收获剥肉售卖,鲜有养至二年以上者。据养蛎者云:越年放养不如当年收获有利,因牡蛎之成长度以第一年为最速,即一畦之牡蛎当年收获可得牡蛎八斤,若养至二年收获则所得牡蛎不足十六斤,至多亦不过十二斤左右。若养至三年收获,则成率更减,至多亦不过十五斤而已。且越年养殖,每届春季四五月间,自外海游来之海草鸡(鲷)、乌郎(河豚)及虎鱼等为害至烈,

甚有数日之间蛎田牡蛎尽成空壳者。此等鱼类之侵入，虽可插竹篾以防御之，但因沉没腐烂之弊无法避免，终不如当年收获者之牟利丰厚也。

图 6-39　用于固定渔网的石头沉子

　　丁、收获　三四月放之牡蛎，当年十一月即可开始收获，直至明年二三月。七八月放养者亦可继续收获。此时剥取之牡蛎形体甚小，状甚瘦瘠。据养蛎者云：天气愈寒冷，则牡蛎之肉体愈肥大，而滋味亦愈鲜美，故冬季采剥者，多肥大而味美。迨至翌年二三月采剥者，则较瘦小而味劣矣。牡蛎究能长至若干大？现今尚未有人能判定，笔者沿清江上溯至芙蓉，路经石路亭崖下，以潮落水涸舟被搁浅，江崖泥涂尽行露出，发现江崖泥层中腐烂之大蛎壳甚多，当采得数片，惜多残缺不全，然犹长满一尺，厚约四寸。若就现存牡蛎壳之长，之厚，比例推算之，则其当年之全体长度为八尺上。若是巨大之牡蛎，殊属惊人，当年芙蓉海中牡蛎之繁荣，亦可想见。后赴山外村等处收买大蛎壳制造蛎苗附着器，收得之蛎壳亦有许多体长在四寸以上者，且甚新鲜，多为近一二年中始行采剥者。此等大形牡蛎皆为清水潭中石上所产;盖以该潭离海较远,河豚等鱼类不能深入为患,水又极深,渔夫探采不易,故得享其天年。养蛎者收获牡蛎,普通多于潮落蛎田露出之时,将竹排(淳头用)或船(芙蓉用)划于蛎田附近,捡拾养满七八个月之石块,堆放于船或竹筏上,满载而归,卸于村首之茅棚中,交付家人从事剥肉。其养殖亩数较少或距离较近者,则多用条篓直接挑于家中剥取之。剥肉方法系用铁锥能掀揭牡蛎之上壳,掘断肉柱,将蛎肉盛于瓷钵中,壳即堆积于茅棚旁边,贮作蛎灰烧制之原料。新塘、方缸屿、大小芙蓉、山外村、新城塘、淳头等处,村外蛎壳堆积如山,一望而知其为盛产牡蛎之渔村。淳头剥取蛎肉与芙蓉、白溪等处之剥取蛎肉,在方法上有一不同之点,即白溪、芙蓉等处剥下之蛎肉,系存放于半盛淡水之瓷钵中,蛎肉(图6-40)因液泡而饱吸水分,呈色淡而肥大之状,出售时则从水中捞出,如一时不能出售,每多换去其浸水,如是蛎肉之原汁,渐以抛弃,而天然美味每随之消失殆尽,殊属可惜。淳头方面之养蛎者似深知蛎汁之可贵,剥取之蛎肉皆存放于干钵中,蛎体内本有天然之浆汁甚多,即不另外浸加淡水,采得之蛎肉,亦为半流动之状态,并不干燥,且鲜味不减,甚得蛎肉本来之美,故认货者多乐购之。收获利益之多寡,须视养殖者起石、冲刷、加工之勤惰而定,大概石块泛没少者,每船之石块可获蛎肉三十斤,成绩劣者则不过二三斤而已。蛎肉每斤价约一角,以产量不多,无货出口,率多聚于虹桥,转运永嘉等处销售。

图 6-40　三抱鳓鱼

四、鲈鲻养殖业

　　鲈鲻同为近海鱼类，皆具溯河洄游习性，秋冬栖息于近海，产卵于咸淡两水混合之河口附近，春夏时幼鱼沿港汊上溯湖江河湖沼等淡水区域，至秋冬西风起时，复入海中度冬。鲈系杂食性，鲻则纯以植物性之有机物者：如腐植土，藻类等为食饵。成长迅速，当年体重可达半斤。鲻之游泳异常活泼，常跃出水面五尺以上，渔夫利用其习性以"等法"捕获之。此等鱼类幼苗，至春季三四月间，已长至体长一寸上下之淡黄色小鱼，成密集群沿港汊上溯，经河口、闸门以达于江河或湖沼之中。乐清之水涨溪、清江渡、芙蓉海、石马河以及各堤坝闸口、湾内河流之间，每届春季三四月，到处皆为此等鱼苗之密集场所。渔夫每于闸口、江沿、湾旁或设搬罾，或用小抄网（水涨溪中用）捕之。罾网平均每十分钟举一网，每网可获半斤，抄网每五分钟举一网，水涨溪雨沿水浅流缓之处，每网足可捕获一斤左右。鲈鲻之混合尾数皆为鲈多而鲻少，经检查其所占比例，为鲈估百分之八十，鲻仅百分之二十。鲈苗体长八分，鲻苗体长一寸，鲈苗体色淡黄而半透明，鲻则背蓝腹白，全不透明，一望瞭然，极易区别。此等小鱼每斤仅售价一角，其尾数当在二千尾以上，如能养殖至冬季,则平均每尾以体重半斤计,其所获利当千百倍于目前。渔夫无知,只顾蝇头小利,春季以数罟截捕幼苗于河口闸门之外,秋季西风变凉,鲈鲻汇集入海要口,复竭泽而渔于堤塘之内,如此残害幼鱼,其影响于鲈、鲻将来之繁殖及渔业经济至深且巨,政府亟应根据此种事实,一方提倡利用荒废湖沼养殖鲈、鲈①,一方速订禁渔期、禁渔区,及鲈、鲻体长限制之单行法规,以资保护,查鲈三年成熟,体长可达一米,重约七八公斤。鲻亦三年成熟,体长半米,重约三四公斤。鲈是否能在淡水中成长繁殖固有问题,但鲻能在湖沼中养殖长大,殆无疑义。乐清沿岸堤坝以内之沟渠、池塘,遍地皆是(图 6-41),亩数虽未经调查测量,但如能普遍利用,春禁鲈鲻鱼苗之残害,秋于闸口装设铁丝网,遮断其入海之去路,并严加保护不准滥捕,俾资养殖成长,则年产户额之增加,当右出于吾人意料之外者。此种公有水面之利用,最好以地方合作社之方式经营之,庶可共同保证,以收验休之效,将来所获利益半为私人股息、红利,半归公家发展地方事业,以符"川泽之息,归诸公有"之义。现在只江清镇有一二家养殖鲻、鲈者,其法至为简单,即将春季捕获之鱼苗,放养于无出入口之小池塘中,毫不加以人工设备,只任其自然生长而已,至秋冬即以网罟捕卖之,获利微薄,尚谈不到为一种养殖业也。

---

① 此处应为"鲻"。

图 6-41 棱鲛

　　上述四种水产养殖,蚶、蛏、牡蛎皆为泥涂养殖,鲈、鲻则为湖
沼养殖。若就其水之咸淡加以区分,则蚶、蛏皆可称为咸水养殖,
牡蛎为汽水养殖,鲈、鲻则不妨称为淡水养殖。蚶之养殖经营不
易,而其获利则最大;蛏,与牡蛎经营较易,唯一则易为害敌侵扰,
一则以土法拙劣,易于泥涂中窒死,均无利可获。只有鲈、鲻养
殖,既无须大量资本,复无促为大害之灾敌,唯徒以荒废水面未加
利用,公共规则未经订立,致自然之大利废弃于地,川泽之萑息,
任人戕害,言之不胜浩噗。深望地方人士速起提倡渔业养殖,组
织合作团体,呈请政府订立保护法规,共同遵守力行,则兴起昌盛
易于折枝反掌,乐清沿海民之福利,实深赖之。①

---

　　① 宋修阜:《乐清之水产养殖业》,《浙江建设》战时特刊第 3 期,
1940 年 10 月,第 107—122 页,载民国浙江史研究中心、杭州师范大学选
编:《民国浙江史料集刊(第二辑)》第 37 册,国家图书馆出版社 2009 年
版,第 283—298 页。

参考文献

一、古籍

[1] 左丘明.国语[M].上海:上海古籍出版社,2015.

[2] 司马迁.史记[M].北京:中华书局,1963.

[3] 班固.汉书[M].北京:中华书局,1964.

[4] 赵晔.吴越春秋[M]//王云五主编.丛书集成初编.上海:商务印书馆,1937.

[5] 沈莹.临海水土异物志辑校(修订本)[M].中国农书丛刊综合之部.北京:农业出版社,1988.

[6] 陈寿.三国志[M].北京:中华书局,1959.

[7] 陆云.陆云集[M].中国古典文学基本丛书.北京:中华书局,1988.

[8] 皇甫谧,等.帝王世纪·世本·逸周书[M].济南:齐鲁书社,2010.

[9] 范晔.后汉书[M].北京:中华书局,1965.

[10] 杜佑.通典[M]//景印文渊阁四库全书:第六〇三册史部第三六一册·政书类.台北:台湾"商务印书馆",1986.

[11] 房玄龄,朱长春.管子榷[M]//编纂委员会.续修四库全书:第九七〇册子部·法家类.上海:上海古籍出版社,2002.

[12] 欧阳修,宋祁.新唐书[M].北京:中华书局,1975.

[13] 王溥.唐会要[M]//景印文渊阁四库全书:第六〇六册·史部,第三六四册·政书类.台北:台湾"商务印书馆",1986.

[14] 李昉,等.太平御览[M]//景印文渊阁四库全书:第九〇一册子部第二〇七册·类书类.台北:台湾"商务印书馆",1986.

[15] 钱易.南部新书[M]//唐宋史料笔记丛刊.北京:中华书局,2002.

[16] 陆游.老学庵笔记[M]//历代名家小品文集.西安:三秦出版社,2003.

[17] 脱脱,等.宋史[M].北京:中华书局,1977.

[18] 宋濂.元史[M].北京:中华书局,1976.

[19] 明实录[M].台北:"中央研究院"历史语言研究所,1961.

[20] 朱元璋.大诰武臣[M]//编纂委员会:续修四库全书:第八六二册史部·政书类.上海:上海古籍出版社,2002.

[21] 刘惟谦,等.大明律[M]//编纂委员会:续修四库全书:第八六二册史部·政书类.上海:上海古籍出版社,2002.

[22] 戚继光.纪效新书[M]//景印文渊阁四库全书:第七二八册子部第三四册·兵家类.台北:台湾"商务印书馆",1986.

[23] 陈子龙,等.皇明经世文编[M]//编纂委员会.续修四库全书:第一六〇册集部·总集类.上海:上海古籍出版社,2002.

[24] 郑晓.今言[M]//元明史料笔记丛刊.北京:中华书局,1984.

[25] 陆容.菽园杂记[M]//元明史料笔记丛刊.北京:中华书局,1985.

［26］宋应星.天工开物［M］.明崇祯丁丑年(1637)涂绍煃刊本.

［27］王士性.广志绎［M］//元明史料笔记丛刊.北京:中华书局,1981.

［28］顾炎武.天下郡国利病书［M］//编纂委员会:续修四库全书:第五九七册史部·地理类.上海:上海古籍出版社,2002.

［29］张廷玉,等.明史［M］.北京:中华书局,1974.

［30］清实录［M］.北京:中华书局,1986.

［31］计六奇.明季北略［M］//编纂委员会.续修四库全书:第四四〇册史部·杂史类.上海:上海古籍出版社,2002.

［32］伊桑阿,王熙,等.［康熙朝］大清会典［M］//文海出版社有限公司.近代中国史料丛刊三编(第七十二辑).台北:文海出版社有限公司,1992.

［33］御定全唐诗［M］//景印文渊阁四库全书:第九〇一册集部第三六四册·总集类.台北:台湾"商务印书馆",1986.

［34］清高宗.皇朝文献通考［M］//景印文渊阁四库全书:第六三二册史部,第三九〇册·政书类.台北:台湾"商务印书馆",1986.

［35］董诰,等.钦定全唐文［M］//编纂委员会.续修四库全书:第一六四五册集部·总集类.上海:上海古籍出版社,2002.

［36］李斗.扬州画舫录［M］//清代史料笔记丛刊.北京:中华书局,1960.

［37］昆冈,刘启端,等.钦定大清会典事例［M］//编纂委员会编.续修四库全书:第八〇〇至八〇九册史部·政书类.上海:上海古籍出版社,2002.

［38］陈逢衡.竹书纪年集证［M］//编纂委员会.续修四库全书:

第三三五册史部·编年类.上海：上海古籍出版社,2002.

[39] 严如煜.洋防辑要[M]//台湾学生书局.中国史学丛书续编：中国南海诸群岛文献汇编之四.台北：台湾学生书局,1985.

[40] 郑光祖.一斑录[M]//海王邨古籍丛刊.北京：中国书店,1990.

[41] 王夫之.礼记章句四十九卷[M]//编纂委员会.续修四库全书：第九八册经部·礼类.上海：上海古籍出版社,2002.

[42] 顾祖禹.读史方舆纪要[M]//编纂委员会.续修四库全书：第六〇九册史部·地理类.上海：上海古籍出版社,2002.

[43] 简朝亮.尚书集注述疏[M]//编纂委员会.续修四库全书：第五二册经部·书类.上海：上海古籍出版社,2002.

[44] 王先谦.庄子集解八卷[M]//编纂委员会.续修四库全书：第九五八册子部·道家类.上海：上海古籍出版社,2002.

[45] 查继佐.东山国语[M]//周宪文.台湾文献丛刊(第163种).台北：台湾大通书局,1999.

[46] 百吉.郑氏史料初编[M]//周宪文.台湾文献丛刊(第157种).台北：台湾大通书局,1999.

[47] 林绳武.海滨大事记[M]//周宪文.台湾文献丛刊(第213种).台北：台湾大通书局,1999.

[48] 福建省例[M]//周宪文.台湾文献丛刊(第199种).台北：台湾大通书局,1999.

[49] 赵尔巽,等.清史稿[M].北京：中华书局,1976.

[50] 中国第一历史档案馆.雍正朝汉文朱批奏折汇编[M].南京：江苏古籍出版社,1989.

[51] 赵树贵,曾丽雅.陈炽集[M]//中国近代人物文集丛书.北

京:中华书局,1997.

[52] 中华人民共和国杭州海关.近代浙江通商口岸经济社会概况:浙海关、瓯海关、杭州关贸易报告集成[M].杭州:浙江人民出版社,2002.

[53] 俞光.温州古代经济史料汇编[M]//温州文献丛书(第2辑).上海:上海社会科学院出版社,2004.

[54] 吴松弟.美国哈佛大学图书馆藏未刊中国旧海关史料:1860—1949(第219册)[M].桂林:广西师范大学出版社,2014.

[55] 白斌,王园园,柏芳芳.二十五史宁波史料集[M].宁波:宁波出版社,2014.

二、地方志

[1] 李吉甫.元和郡县图志[M].北京:中华书局,1983.

[2] 王存.元丰九域志[M].北京:中华书局,1984.

[3] 胡榘,罗浚.[宝庆]四明志[M]//编纂委员会.续修四库全书:第七〇五册史部·地理类.上海:上海古籍出版社,2002.

[4] 陈耆卿.[嘉定]赤城志[M]//宋元方志丛刊.北京:中华书局,1990.

[5] 罗叔韶,常棠.[绍定]澉水志[M]//中国地方志集成·乡镇志专辑(第20册).上海:上海书店,1992.

[6] 梅应发,刘锡.[开庆]四明续志[M]//编纂委员会.续修四库全书:第七〇五册史部·地理类.上海:上海古籍出版社,2002.

[7] 袁桷,徐时栋,等.[延祐]四明志[M]//宋元方志丛刊.北京:中华书局,1990.

[8] 冯福京,等.[大德]昌国州图志[M]//景印文渊阁四库全书:第四九一册史部,第三四九册·地理类[M].台北:台湾商务印书馆,1986.

[9] 王元恭.[至正]四明续志[M]//编纂委员会.续修四库全书:第七〇五册史部·地理类.上海:上海古籍出版社,2002.

[10] 徐硕.[至元]嘉禾志[M]//景印文渊阁四库全书:第四九一册史部,第三四九册·地理类.台北:台湾"商务印书馆",1986.

[11] [永乐]乐清县志[M]//天一阁藏明代方志选刊.上海:上海古籍书店,1963.

[12] 杨寔.[成化]宁波郡志[M]//中国方志丛书·华中地方(第496号).台北:成文出版社有限公司,1983.

[13] 王瓒,蔡芳.[弘治]温州府志[M]//天一阁藏明代方志选刊续编(第32册).上海:上海书店,1990.

[14] 倪玑.[正德]嘉善县志[M].正德丁丑年(1517)刊本,哈佛大学汉和图书馆藏.

[15] 张璁.[嘉靖]温州府志[M]//天一阁藏明代方志选刊,上海:上海古籍书店,1963.

[16] 崔桐.[嘉靖]海门县志[M]//天一阁藏明代方志选刊.上海:上海古籍书店,1963.

[17] 叶良佩,等.[嘉靖]太平县志[M]//天一阁藏明代方志选刊.上海:上海古籍书店,1963.

[18] 赵文华.[嘉靖]嘉兴府图记[M]//中国方志丛书·华中地方(第506号).台北:成文出版社有限公司,1983.

[19] 刘伏,欧阳熙.[嘉靖]瑞安县志[M]//中国科学院图书馆.稀见中国地方志汇刊(第十八册).北京:中国书店,1992.

[20] 毛德京.[嘉靖]象山县志[M]//天一阁明代方志选刊续编
(第30册).上海:上海书店,1990.

[21] 张时彻,周希哲.[嘉靖]宁波府志[M].明善堂览书画印
记,安乐堂藏书记,早稻田大学图书馆藏.

[22] 胡宗宪,薛应旂.[嘉靖]浙江通志[M]//天一阁藏明代方
志选刊续编(第24册).上海:上海书店,1990.

[23] 张时彻.[嘉靖]定海县志[M]//中国方志丛书·华中地方
(第502号).台北:成文出版社有限公司,1983.

[24] 程文箸,王叔果.[嘉靖]永嘉县志[M]//中国科学院图书
馆.稀见中国地方志汇刊(第十八册).北京:中国书
店,1992.

[25] 朱冠,耿宗道,等.[嘉靖]临山卫志[M]//中国方志丛书·
华中地方(第564号).台北:成文出版社有限公司,1983.

[26] 袁应祺,牟汝忠,等.[万历]黄岩县志[M]//天一阁明代方
志选刊.上海:上海古籍书店,1963.

[27] 刘应钶,沈尧中.[万历]嘉兴府志[M]//中国方志丛书·
华中地方(第505号).台北:成文出版社有限公司,1983.

[28] 刘方誉,林继衡,王光蕴,等.[万历]温州府志[M]//中国
科学院图书馆.稀见中国地方志汇刊(第十八册).北京:
中国书店,1992.

[29] 姚宗文.[天启]慈溪县志[M]//中国方志丛书·华中地方
(第490号).台北:成文出版社有限公司,1983.

[30] 樊维城,胡震亨,等.[天启]海盐县图经[M]//中国方志丛
书·华中地方(第589号).台北:成文出版社有限公
司,1983.

[31] 何汝宝,邵辅忠.[天启]舟山志[M]//中国方志丛书·华
中地方(第499号).台北:成文出版社有限公司,1983.

[32] 程楷,等.[天启]平湖县志[M]//天一阁藏明代方志选刊续编(第27册).上海:上海书店,1990.

[33] 宋奎光.[崇祯]宁海县志[M]//中国方志丛书·华中地方(第503号).台北:成文出版社有限公司,1983.

[34] 张素仁.[康熙]海盐县志[M]//上海书店出版社.中国地方志集成·浙江府县志辑(第21册).上海:上海书店出版社,1993.

[35] 李友泌,华大琰.[康熙]宁海县志[M].清康熙甲寅年(1674)刊本,哈佛大学哈佛燕京图书馆藏.

[36] 洪若皋,等.[康熙]临海县志[M].清康熙二十二年(1683)刻本,哈佛大学哈佛燕京图书馆藏.

[37] 赵士麟,张衡,等.[康熙]浙江通志[M].清康熙二十三年(1684)刊本,哈佛大学汉和图书馆藏.

[38] 金以埈,吕弘诰,等.[康熙]平阳县志[M]//中国科学院图书馆.稀见中国地方志汇刊(第十八册).北京:中国书店,1992.

[39] 汪源泽.[康熙]鄞县志[M]//上海书店出版社.中国地方志集成·浙江府县志辑(第18册).上海:上海书店,1993.

[40] 胡祚远,姚廷杰.[康熙]象山县志[M]//北京师范大学图书馆.北京师范大学图书馆藏稀见方志丛刊(第十四册).北京:北京图书馆出版社,2007.

[41] 吴永芳.[康熙]嘉兴府志[M].清康熙六十年(1721)刻本,哈佛大学汉和图书馆藏.

[42] 张联元.[康熙]台州府志[M].清康熙六十一年(1722)尊经阁藏板,哈佛大学汉和图书馆藏.

[43] 嵇曾筠,李卫,沈翼机,等.[雍正]浙江通志[M]//上海书店出版社.中国地方志集成·省志辑·浙江(第5册).上

海:上海书店出版社,2001.

[44] 孙诏监,曹秉仁,等.[雍正]宁波府志[M].清雍正七年(1729)刊本,哈佛大学哈佛燕京图书馆藏.

[45] 冯鸿模,杨正笋,等.[雍正]慈溪县志[M]//中国方志丛书·华中地方(第191号).台北:成文出版社有限公司,1975.

[46] 高国楹.[乾隆]平湖县志[M]//中国科学院图书馆.稀见中国地方志汇刊(第十六册).北京:中国书店,1992.

[47] 章昱,吴庆云.[乾隆]瑞安县志[M]//上海书店出版社.中国地方志集成·浙江府县志辑(第64册).上海:上海书店出版社,1993.

[48] 王梦弼.[乾隆]镇海县志[M].清乾隆十七年(1752)刊本,哈佛大学汉和图书馆藏.

[49] 史鸣皋.[乾隆]象山县志[M].清乾隆二十四年(1759)刊本,哈佛大学汉和图书馆藏.

[50] 李琬,齐召南,等.[乾隆]温州府志[M]//中国方志丛书·华中地方(第480号).台北:成文出版社有限公司,1983.

[51] 曹膏,唐宇霖.[乾隆]奉化县志[M].清乾隆三十八年(1773)刊本,哈佛大学汉和图书馆藏.

[52] 战鲁村.[乾隆]海宁州志[M]//中国方志丛书·华中地方(第591号).台北:成文出版社有限公司,1983.

[53] 唐若瀛.[乾隆]余姚志[M].清乾隆四十六年(1781)刊本,哈佛大学汉和图书馆藏.

[54] 钱维乔,钱大昕.[乾隆]鄞县志[M].清乾隆戊申年(1788)刊本,哈佛大学汉和图书馆藏.

[55] 王恒.[乾隆]平湖县志[M].清乾隆五十五年(1790)刻本,哈佛大学汉和图书馆藏.

[56] 白庆霖,戚学标.[嘉庆]太平县志[M]//上海书店出版社.中国地方志集成·浙江府县志辑(第50册).上海:上海书店出版社,1993.

[57] 王彬,徐用仪.[光绪]海盐县志[M]//上海书店出版社.中国地方志集成·浙江府县志辑(第21册).上海:上海书店出版社,1993.

[58] 许瑶光.[光绪]嘉兴府志[M]//上海书店出版社.中国地方志集成·浙江府县志辑(第12册).上海:上海书店出版社,1993.

[59] 于万川,俞樾.[光绪]镇海县志[M]//编纂委员会.续修四库全书:第七〇七册史部·地理类.上海:上海古籍出版社,2002.

[60] 杜冠英,胥寿英,吕鸿涛,等.[光绪]玉环厅志[M]//上海书店出版社.中国地方志集成·浙江府县志辑(第46册).上海:上海书店出版社,1993.

[61] 王葆初,陈重威,等:[光绪]定海厅志[M]//中国地方志集成·浙江府县志辑(第38册).上海:上海书店出版社,1993.

[62] 彭润章.[光绪]平湖县志[M]//上海书店出版社.中国地方志集成·浙江府县志辑(第20册).上海:上海书店出版社,1993.

[63] 赵惟崊.[光绪]嘉兴县志[M]//上海书店出版社.中国地方志集成·浙江府县志辑(第15册).上海:上海书店出版社,1993.

[64] 邵友濂,孙德祖,等.[光绪]余姚县志[M]//上海书店出版社.中国地方志集成·浙江府县志辑(第36册).上海:上海书店出版社,1993.

[65] 杨泰亨,冯可镛.[光绪]慈溪县志[M]//中国方志丛书·华中地方(第213号).台北:成文出版社有限公司,1975.

[66] 朱正元.浙江沿海图说[M]//中国方志丛书·华中地方(第200号).台北:成文出版社有限公司,1974.

[67] 王瑞成,张浚,等.[光绪]宁海县志[M]//上海书店出版社.中国地方志集成·浙江府县志辑(第37册).上海:上海书店出版社,1993.

[68] 李前泮,张美翊.[光绪]奉化县志[M]//中国方志丛书·华中地方(第204号).台北:成文出版社有限公司,1975.

[69] 李登云,钱宝镕,陈珅.[光绪]乐清县志[M]//上海书店出版社.中国地方志集成·浙江府县志辑(第61册).上海:上海书店出版社,1993.

[70] 沈同芳.中国渔业历史[M].万物炊累室类稿:甲编二种乙编二种外编一种(铅印本).上海:中国图书公司,1911.

[71] 王祖畬,等.太仓州志[M]//中国方志丛书·华中地方(第176号).台北:成文出版社有限公司,1975.

[72] 陈训正,马瀛,等.定海县志[M]//中国方志丛书·华中地方(第75号).台北:成文出版社有限公司,1970.

[73] 方扬.瓯海渔业志[M].温州市图书馆藏1938年8月内部编印本.

[74] 项士元.海门镇志[M].临海市博物馆编刊,1988.

[75] 舟山渔志[M]//编写组.舟山渔志.北京:海洋出版社,1989.

[76] 宁波市镇海区水产局,宁波市北仑区水产局.镇海县渔业志[M].内部发行,1992.

[77] 浙江省水产志编纂委员.浙江省水产志[M]//浙江省志丛书.北京:中华书局,1999年版.

三、报刊

[1] 望海观渔[N]. 申报(第一百廿六号),1872-09-24(2).

[2] 挑冰入水[N]. 申报(第一千六百十九号),1877-08-04(2).

[3] 捕鱼防盗[N]. 申报(第一千八百四十九号),1878-05-07(2).

[4] 革办书吏[N]. 申报(第二千三百七十五号),1879-12-09(2).

[5] 大鱼赛会[N]. 申报(第二千四百二十四号),1880-01-27(2).

[6] 绥靖海盗告示[N]. 申报(第二千五百零四号),1880-04-22(2).

[7] 东湖月波居士来书[N]. 申报(第三千八百八十一号),1884-02-05(2).

[8] 渔人鬬案[N]. 申报(第四千二百念四号),1885-01-13(3).

[9] 论镇海施赈之善[N]. 申报(第四千三百零九号),1885-04-15(1).

[10] 明州琐志[N]. 申报(第六千六百二十一号),1891-09-25(2).

[11] 匪徒纵火[N]. 申报(第七千二百七十四号),1893-07-22(1-2).

[12] 月湖打鱼歌[N]. 申报(第八千六百廿二号),1897-04-20(2).

[13] 月湖渔唱[N]. 申报(第八千六百三十九号),1897-05-07(2).

[14] 四明官场纪事[N]. 申报(第九千三百廿二号),1899-03-31(2).

[15] 狡谋难逞[N]. 申报(第九千四百二十号),1899-07-07(9).

[16] 甬郡官场纪事[N]. 申报(第一万七百九十五号),1903-05-11(3).

[17] 甬江杂志[N]. 申报(第一万一千二百九十五号),1904-09-26(3).

[18] 改办渔船经费拨充乡约学堂经费:宁波[N]. 申报(第一万二千零二十三号),1906-10-08(9).

[19] 渔业公所举定董事:宁波[N]. 申报(第一万二千二百三十八号),1907-05-18(12).

[20] 甬属渔民总数(宁波)[N]. 申报(第一万二千五百六十三号),1908-01-16(4).

[21] 渔盐又须改章:宁波[N]. 申报(第一万二千六百五十号),1908-04-19(4).

[22] 筹拨印山学堂赔款:宁波[N]. 申报(第一万二千七百五十九号),1908-08-09(2).

[23] 诬控巡丁之理由:宁波[N]. 申报(第一万三千十七号),1909-05-02(4).

[24] 渔民聚众之强横:宁波[N]. 申报(第一万三千七十六号),1909-07-01(4).

[25] 渔民因税滋闹详情:宁波[N]. 申报(第一万三千七十一号),1909-06-26(4).

[26] 重要渔况:集美第二渔轮渔捞报告[J]. 渔况,1930(2):1-2.

[27] 重要渔况:镇宁渔轮渔捞报告[J]. 渔况,1930(2):2-3.

[28] 二十二年份上海市各渔轮渔获类别产量统计表[J]. 上海市水产经济月刊,1934(12):6-7.

[29] 水产画报:上海市渔轮专号(上)[J]. 上海市水产经济月刊,1934(1):1-4.

[30] 水产画报:上海市渔轮专号(下)[J]. 上海市水产经济月刊,1934(2):1-4.

[31] 金之玉. 定海县渔业之调查[J]. 浙江建设,1935(4):31-32//民国浙江史研究中心,杭州师范大学. 民国浙江史料集刊(第二辑)第 37 册,北京:国家图书馆出版社,2009:177-178.

[32] 朱通海. 镇海县渔业之调查[J]. 浙江建设,1936(4):28//民国浙江史研究中心,杭州师范大学. 民国浙江史料集刊(第二辑)第 41 册,北京:国家图书馆出版社,2009:106.

[33] 陈同白.十年来之浙江水产事业[J].浙江建设,1937(11)：
140//民国浙江史研究中心,杭州师范大学.民国浙江史
料集刊(第二辑)第43册,北京:国家图书馆出版社,2009：
330.

[34] 宋修阜.乐清之水产养殖业[J].浙江建设战时特刊,1940
(3):107-122//民国浙江史研究中心,杭州师范大学.民
国浙江史料集刊(第二辑)第37册,北京:国家图书馆出版
社,2009:283-298.

[35] 王金台.奉化的蚶子养殖业(附图)[J].新渔,1949(10):13.

[36] 徐荣.上海机轮渔业的起源与发展[J].古今农业,1991
(1):77-79.

[37] 韩昭庆.明清时期(1440—1899)长江中下游地区冬季异常
冷暖气候研究[J].中国历史地理论丛,2003(2):41-49.

[38] 邱仲麟.冰窖、冰船与冰鲜:明代以降江浙的冰鲜渔业与海
鲜消费[J].中国饮食文化,2005(2):31-95.

[39] 马一知.白杜汉代古墓惊现满罐奉蚶,证明早在2000多年
前奉邑先民已尝此佳肴[EB/OL].中国宁波网,2005-
11-29.

[40] 陈朝霞,王力军.奉化发现跨越汉唐古墓群,对研究浙东历
史有意义[EB/OL].浙江在线新闻,2006-05-25.

[41] 苏永霞.从《全唐诗》看唐代渔业[J].农业考古,2010(4)：
219-227.

[42] 白斌.清代浙江海洋渔业行帮组织研究[J].宁波大学学报
(人文科学版),2011(6):78-82.

[43] 倪浓水,程继红.宋元"砂岸海租"制度考论[J].浙江学刊,
2018(1):156-163.

[44] 白斌.民国时期上海渔轮经济发展与影响分析(1932—

1937)[J].国家航海(第二十辑),上海:上海古籍出版社,
2018:1-10.

[45] 白斌.20世纪初舟山群岛现代海洋渔业教育研究[J].宁
波大学学报(教育科学版),2019(4):12-19.

[46] 顾小立,郑梦雨,冯源.浙江余姚发现早于河姆渡文化
1000年的史前遗址[EB/OL].新华网,2020-05-30.

[47] 冯源,顾小立,郑梦雨."河姆渡之祖"与中国海洋文化基因
[N].新华每日电讯,2020-6-19(10).

[48] 白斌,何宇.文献视域中的近代东海渔业经济——以上海
和宁波为中心的解读[J].宁波大学学报(人文社科版),
2022(5):86-94.

四、著作

[1] 李士豪.中国海洋渔业现状及其建设[M].上海:商务印书
馆,1936.

[2] 李士豪,屈若搴.中国渔业史[M].上海:商务印书馆,1937.

[3] 张震东,杨金森.中国海洋渔业简史[M].北京:海洋出版
社,1983.

[4] 魏丰,吴维棠,张明华,等.浙江余姚河姆渡新时期时代遗址
动物群[M].北京:海洋出版社,1989.

[5] 浙江省政协文史资料委员会.浙江文史集粹(经济卷)上册
[M].杭州:浙江人民出版社,1996.

[6] 欧阳宗书.海上人家——海洋渔业经济与渔民社会[M].南
昌:江西高校出版社,1998.

[7] 林华东.浙江通史(史前卷)[M].杭州:浙江人民出版
社,2005.

[8] 徐建春.浙江通史(先秦卷)[M].杭州:浙江人民出版

社,2005.

[9] 王志邦.浙江通史(秦汉六朝卷)[M].杭州:浙江人民出版
社,2005.

[10] 张如安,刘恒武,唐燮军.宁波通史(史前至隋唐五代卷)
[M].宁波:宁波出版社,2009.

[11] 龚延明,祖慧.鄞县进士录[M].杭州:浙江古籍出版
社,2010.

[12] 吕宗力.中国历代官制大辞典(修订版)[M].北京:商务印
书馆,2015.

[13] 孙善根,白斌,丁龙华.宁波海洋渔业史[M].杭州:浙江大
学出版社,2015.

[14] 白斌.明清以来浙江海洋渔业发展与政策变迁研究[M].
北京:海洋出版社,2015.

[15] 白斌,叶小慧.浙江近代海洋文明史(民国卷)(第一册)
[M].北京:商务印书馆,2017.

[16] 白斌,刘玉婷,刘颖男.宁波海洋经济史[M].杭州:浙江大
学出版社,2018.

[17] 白斌,张如意.蓝色牧场:话说浙江海洋渔业文化[M].杭
州:浙江大学出版社,2018.

[18] 布莱恩·费根.海洋文明史:渔业打造的世界[M].北京:
新世界出版社,2019.

[19] 白斌,顾苗央.浙江海洋文明史话[M].杭州:浙江工商大
学出版社,2020.

后 记

　　十余年来,我一直从事明清至民国时期浙江海洋渔业相关领域的研究,也出版过几本著作,但对浙江海洋渔业发展历史的整体把握,这还是第一次。相比盐业和其他涉海经济活动,中国古代对海洋渔业活动并不重视,传统历史文献对于海洋渔业经济活动的记载非常零散。因此,史前至隋唐时期涉及浙江海洋渔业活动的论述更多的是基于考古成果和有限资料的梳理与分析。随着以后新的考古发现和古籍文献的梳理,一些细节性的论述可能会发生变化。宋元至明清时期,浙江海洋渔业活动相关文献主要集中在国家政策法规、地方志和文人作品中。对浙江沿海地方志的系统梳理可以说是我在撰写本书中花费时间最久的工作,在有限的时间内我尽可能地查找所有相关地方志书。经过文献爬梳,地方志中涉及浙江海洋渔业的相关文献主要集中在物产和赋税当中。随着明清时期征税方式的变化,地方赋税中有大量涉及水产方面的征税条目。在没有浙江海洋渔业规模相关数据的情况下,对赋税税额变动的研究可以侧面印证明清时期浙江海洋渔业经济相比宋元时期规模更大,产量更高。基于此,本书在撰写过程中尽量保证文献引用的完整性。随着大量报刊档案等文献的整理和出版,近代以来的浙江海洋渔业研究,需要更为科学和细致的讨论。但遗憾的是,在本书定稿前,我还未能完成民国时期浙江海洋渔业相关文献的整理工作。因此,最后一章更多的是对当时相关资料

的一个梳理和展示,一些带有结论性的观点经过反复考量后最终还是删除掉了。相比中国古代时期,清晚期以来浙江海洋渔业研究有大量丰富的史料,其内容不仅包括渔业活动本身,还有与渔业相关的组织、法规、文学、民俗等内容,所要展示的内容完全可以单独成书。

在本书的撰写过程当中,首先,要感谢宁波大学张如安教授的热心推荐和浙江海洋大学韩表伟教授的盛情邀请,很荣幸能加入浙江海洋大学海洋文化研究团队从事浙江海洋渔业史的相关研究工作。在本书大纲和写作体例形成过程中,韩表伟教授毫无保留地提出了很多建议,并提供相关文献史料,希望我撰写出一本宏观的有一定学术层次的通俗读物。因此,本书的定位尽管是图文并茂的科普读物,但仍有大量的引用文献和注释,以支撑相关论点的合理性。其次,宁波渔文化促进会副会长、中国渔业协会渔文化分会副会长的何其茂先生提供大量图片和对我诸多请教的耐心指导。何其茂毕业于浙江水产学院(现浙江海洋大学)水产养殖系海水养殖专业,长期致力于海洋渔文化研究。对于我这种并非海洋渔业科班出身但又从事相关领域历史研究的青年学者而言,何其茂的指导让我更能准确地把握渔业文献记载当中很多专业术语的含义,更为全面地解读、分析和把握史料,这些都是从事史学研究所必须完成的基本工作。再次,要感谢我的两位学生叶怡希和何宇在本书撰写过程中协助我对于浙江海洋渔业文献的系统梳理。在相关数据库的支持下,叶怡希和何宇将生涩的文献记录一条一条地转为可供编辑的电子数据。这是一项非常枯燥而又耗费时间的融体力和脑力为一体的辛苦工作,但两位同学非常细致和耐心地完成了我所分配的任务。同时,要感谢宁波大学人文与传媒学院和历史学系对我从事相关领域研究的支持。宁波大学历史学系的历任领导陈君静教授、张伟教授和龚缨晏教授一直鼓励我坚持海洋渔业领域的研究工作,孙善根教授、刘恒武教授、李小红副教授、周丽萍副教授、童杰副教授、田力副教授、马骥博士、杨懿博士、来亚文博士、石鹏博士、王东博士、丁志远博士和奚丽芳博士等诸位前辈与同僚也在我的研究过程中提供诸多帮助,在此一并感谢。最后,感谢浙江工商大学出版社任晓燕主任和张晶晶女士在本书编辑过程中所付出的辛勤劳动。

白斌

2022 年 9 月 25 日于宁波大学甬江之畔